Ullstein Werkausgaben

Ullstein Werkausgaben
Lektorat: Hanna Siehr

Ullstein Buch Nr. 37047
im Verlag Ullstein GmbH,
Frankfurt/M – Berlin

Gekürzt um »Ellen Olestjerne«
und das Vorwort

Umschlagentwurf und Illustration:
Theodor Bayer-Eynck
Alle Rechte vorbehalten

Taschenbuchausgabe mit freundlicher
Genehmigung des Verlages Langen Müller
© 1980 by Albert Langen · Georg Müller
Verlags GmbH, München · Wien

Printed in Germany 1986
Druck und Verarbeitung:
Ebner Ulm
ISBN 3 548 37047 0

April 1986

CIP-Kurztitelaufnahme der Deutschen Bibliothek
Reventlow, Franziska Gräfin zu:
Autobiographisches: Novellen, Schriften,
Selbstzeugnisse / Franziska zu Reventlow.
Hrsg. von Else Reventlow. Mit e. Nachw.
von Wolfdietrich Rasch. –
Frankfurt/M; Berlin: Ullstein, 1986.
(Ullstein-Buch; Nr. 37047: Ullstein-Werkausgaben)
ISBN 3-548-37047-0
NE: Reventlow, Franziska Gräfin zu: [Sammlung]; GT

Franziska zu Reventlow

Autobiographisches

Novellen · Schriften
Selbstzeugnisse

Herausgegeben
von Else Reventlow
Mit einem Nachwort
von Wolfdietrich Rasch

Ullstein Werkausgaben

Inhalt

Altenburg

1886/87

Das einzige was in der ganzen Stiftseinrichtung* nicht schwierig war, war eben, daß das Anzeigen untereinander sehr verpönt war. Trotzdem war es sehr an der Tagesordnung. In diesem Falle war ich sehr in Wut, eine andere sagte mir, zeig sie doch an und ich tat.

Die Pröbstin war natürlich sehr zufrieden mit mir und sagte, es wäre sehr richtig, daß ich zu ihr gekommen wäre. Da fing meine Reue an. – Nachher bekam die andere vor allem Volke einen rasenden Segen und mein passendes und richtiges Verhalten wurde hervorgehoben. Da wuchs meine Reue entsetzlich, ich wußte nicht, wohin ich sehen sollte und wagte nicht, die Augen aufzuheben.

Als ich es tat, sah ich die Pröbstin gerade in der Tür verschwinden, Hildegard A. mit trotzig verbissenem Gesicht an ihren Platz zurückkehren, alle Gesichter sich mir zuwendend, mir Fratzen schneidend, die Zähne fletschend (was als Verachtungszeichen sehr gebräuchlich war), und ich fing an, meine Tat zu begreifen, mit Entsetzen! Kaum war die Stunde aus und wir auf dem Korridor, als die Flut der allgemeinen Entrüstung und Verachtung sich über mich ergoß. Das ganze Stift sammelte sich um mich und brüllte aus vollem Hals, was sie an französischen Schimpfworten wußten, am ärgsten die 3te Klasse, meine sonstigen Freundinnen. Die erste Klasse erschien auch und fragte, was es gäbe, und stimmte dann mit ein.

---

* Den tagebuchartig niedergeschriebenen Erlebnissen fehlen die ersten Seiten. Mit hoher Wahrscheinlichkeit haben diese – das ergibt sich aus dem Inhalt der gesamten Aufzeichnungen – nichts Wesentliches enthalten. In dem Roman »Ellen Olestjerne« hat Franziska Reventlow dieses Pensionsjahr in dem Freiadligen Magdalenenstift Altenburg anschaulich geschildert.

So wenig vom sogenannten Ehrgefühl ich auch damals besaß, überhaupt jemals besessen habe, diese Erfahrung brannte sich mir für immer ein. – Es wurde von mir verlangt, jene Hildegard Asseburg um Verzeihung zu bitten. Ich tat es nicht, obgleich damit alles wieder gut gewesen wäre. – Da ich die Gemeinheit einmal begangen, wollte ich sie nun auch in allen Konsequenzen durchführen. Erst nach den großen Ferien wurde die Geschichte vergessen. Hildegard A. und ich sind später die besten Freundinnen geworden und geblieben.

So kamen die ersten Sommerferien heran. Kurz vorher passierte noch eine große »Geschichte«.

Es war streng verboten, im Garten irgendwelche Früchte zu essen. Da wir in dieser Zeit öfters in den Garten kamen, erst arbeiteten, dann Umhergehen oder Croquet erlaubt war, so war natürlich bald eine große Verwüstung aller Stachel- und Johannisbeersträucher bemerkbar »trotz des Verbotes«!

Großes Verhör folgte. Die Erste jeder Klasse zog mit einem Bogen umher und notierte sich nach Ausfrage die Täterinnen. Von unserer ganzen Klasse, die 18 zählte, meldeten sich 6. Die anderen logen sich heraus. Ich wurde, da ich aus besonderer Liebhaberei gelbe Wurzeln roh gegessen hatte, unter einer besonderen Rubrik notiert. Die Stachelbeeren hatte ich – da sie mir zum Essen viel zu sauer waren – nur für meine damalige Flamme Leonie Massow, die sie aus Gesundheitsrücksichten massenhaft verschlang, gepflückt. Diese zog sich gewandt aus der Sache, und ich fiel natürlich wieder doppelt und 3fach hinein. Und kam mit dem anmutigen Zeugnis zu Hause an, daß ich mich an einem Diebstahl beteiligt hätte.

Der Abend vor den Ferien verlief sehr tumultuarisch. In jedem Schlafsaal schlief in einem abgetrennten Raum eine Lehrerin. Wenn diese, wie meist geschah, einen Tag früher fortfuhr, wurde dort ein Besen einquartiert, der uns beaufsichtigen sollte.

Natürlich von einer »Aufsicht« keine Rede. Ich habe selten etwas so wahnsinnig Wildes erlebt wie diese letzten Nächte vor den Ferien. Die ganze Nacht durch flogen Bettkissen, Pantoffeln und die zu diesem Zwecke sich famos eignenden blechernen Waschkannen durch die Luft und das Geschrei der Getroffenen ertönte dazu, andere balgten sich zu fünfen und sechsen in einem Bett herum, noch andere schlichen sich an die Betten, wo ruhigere und schlafbedürftige Individuen drin lagen, mit einer Wasserkanne bewaffnet, zogen den Unglücklichen die Bettdecken fort, spendeten ihnen einen kräftigen Guß Wasser und deckten sie freundlich wieder zu und gingen zum nächsten Bett. Die so Behandelten gerieten entweder in Wut und es entstand eine Prügelei, oder in Verzweiflung und sittliche Entrüstung, da trockne Wäsche nicht zu erreichen war.

Zuletzt war dann glücklich kein Mensch mehr im Bett, alles tobte durcheinander, der zur Wache befohlene Besen wollte aus seiner Höhle heraus, Ruhe stiften oder uns verklagen, wurde aber bei jedem Versuch so bombardiert, daß er schimpfend in seine Höhle zurückkroch.

Wenn es hoch kam, schlief man gegen Morgen noch einige Stunden. Der Schlafsaal sah am nächsten Morgen wie mehrere Schlachtfelder aus. Es folgte noch eine Andacht, wobei das Knien beim Vaterunser zur allgemeinen Prügelei ausartete und die Pröbstin wütend wurde, daß wir uns am letzten Morgen so betrügen. Aber keine hatte Ohren für irgendetwas, die Freude über die bevorstehende Befreiung war zu mächtig. Gegen 9 zogen wir truppweise zum Bahnhof. Wir, unsere 5, die beiden Asseburgs, ich und noch einige andere wurden von einer Lehrerin nach Magdeburg eskortiert. Es war glücklicherweise keine eigentliche, sondern eine Musiklehrerin, die wenig zu sagen hatte und an die man sich nicht kehrte. Wir waren demnach unterwegs wie die Wilden.

An der ersten Station ließen wir trotz Widerspruchs uns Bier ans Coupé bringen und bandelten zur Verzweiflung unserer Lehrerin mit dem Kellner an. In Magdeburg trennten wir uns.

5 Wochen Ferien, ich wurde zu Hause trotz meiner Obstsünden ziemlich gnädig aufgenommen, und mit Besserungsgelübden schied ich wieder, um in Magdeburg mit den anderen zusammen zu treffen.

Diese Rückreise nach Altenburg war sehr lustig. Wir nahmen mit unserer Lehrerin ein doppeltes Coupé ein, das durch eine offne Tür verbunden war. Sie saß mit 3en in der einen Hälfte, wo sich noch ein ziemlich schäbiges Ehepaar befand, ich mit den beiden Asseburgs in der 2ten kleineren Hälfte. Die 2 hatten eine Flasche Rotwein mit, die wir unbeobachtet mit Geschwindigkeit leerten und nun sehr lustig wurden.

Der im anderen Coupé befindliche Ehemann hatte sich eine Zigarre angezündet, ich ging nun hinein und sagte mit lauter Stimme zu unserer Lehrerin, Fräulein Bergt genannt, »Sagen Sie dem Kerl doch, daß er nicht qualmt.« Die Gattin des Angeklagten erhob sich entrüstet und sagte zu mir: »Mein Fräulein, sagen Sie bitte nicht, der Kerl qualmt, sondern der Herr raucht. Sie sind noch sehr jung!« Ich zog mich mit der Bemerkung, ich wüßte ganz genau, wie alt ich wäre, zurück.

Bei der nächsten Station stiegen 2 Herren, ein Offizier und ein Zivilist, ein. Als sie die Tür öffneten, schrie ich ihnen entgegen: Herr des Himmels, wer kommt denn da nun, worauf sie lachend fragten, ob sie nicht zu uns einsteigen dürften. Natürlich sagten wir ja. Statt sich nun in das anstoßende, größere Coupé zu begeben, blieben sie bei uns dreien und in 5 Minuten waren wir die besten Freunde. Sie wollten durchaus wissen, wer wir wären und lasen die Adressen von Postkarten, die wir nach Hause geschrieben hatten. Darauf stellte sich heraus, daß es Vater und Sohn namens v. Mellentin waren, die mit den Eltern der 2 Asseburgs gut bekannt waren. Als sie meinen Namen erfuhren, behauptete der Vater, der übrigens nicht sehr alt war, er kennte meinen Vater und ließ sich nicht ausreden, daß dieser in Pommern wohne. Auf meine gegenteiligen Versicherungen behauptete er, er wüßte es besser. –

In Leipzig stiegen die beiden aus. Wir trennten uns mit großem Bedauern, in fröhlicher, tumultuarischer Freundschaft. Nun erst stürmte Fräulein Bergt zu uns herein und wollte uns ganz rasend vorkriegen. Aber wir erzählten ihr, es wären »alte Freunde« unserer Eltern gewesen. – Dann ging das Stiftsleben wieder an. Ich arbeitete jetzt zum erstenmal mit großem Fleiß, um in die erste Klasse zu kommen. Übrigens stand mein Schicksal einmal sehr auf der Kippe. 3 Wochen nach der Rückkehr kam meine Cousine, Frau v. Asseburg, nach Altenburg, nahm ihre beiden Kinder und mich mit in die Stadt für den ganzen Tag. Ich hatte am Abend vorher 2 Briefe an meine Brüder geschrieben – die Briefe, die wir erhielten und die wir schrieben, wurden immer von der Pröbstin gelesen – und steckte dieselben am folgenden Tag in der Stadt ein. Dies kam durch eine Äußerung im nächsten Brief von zu Hause heraus. Am Sonntag mußten wir vor der Kirche einzeln zur Pröbstin hereinkommen, und sie beurgrunzte dann unsere Zeugnisse. Ich bekam einen ganz netten Schrecken, als sie mir eine donnernde Rede über den Betrug mit den Briefen hielt. Nur der Rücksicht auf meine Eltern hätte ich es zu danken, daß ich nicht sofort geschwenkt würde. Auf das heimliche Fortschicken von

Briefen stand nämlich die Strafe sofortigen Entlassens. Ich war ziemlich paff und beschloß, mit Ernst in mich zu gehen.

Dann kam eine zweite Obststehlgeschichte. Gott sei Dank hatte ich mich diesmal nicht beteiligt. Es waren zumeist die Kleinen. Zwei von diesen hatten des Guten zuviel genossen und gaben es eines schönen Nachmittags auf dem Korridor wieder von sich. Erst wurden die armen Kinder sehr bemitleidet. Dann kam der Sachbestand durch die Klatscherei der Krankenwärterin, genannt Antonie, ein infames Wesen, das die Rolle der Sonne spielte und alles an den Tag brachte, heraus. Das gewohnte Strafgericht folgte. Sie bekamen abwechselnd Katzentisch und silence. (Einen Tag niemand sprechen dürfen, tat man es doch, so wurde man von jeder ersten, die es hörte, angepetzt und die Strafe wurde verlängert, ging auch auf jede über, die eine mit silence Behaftete anredete.) Natürlich amüsierten sich die Gören königlich, wenn sie am Katzentisch saßen und der Kandidat mit niedergeschlagenen Augen an ihnen vorbei ging, um nur nicht zu lachen und die Pröbstin dann über den ganzen Tisch mit lauter Stimme schrie, daß sie nur Wasser und Brot zu essen bekommen sollten, wobei der Kandidat erst recht verlegen wurde.

Die Strafen waren überhaupt mehr wie genial. Die beiden erwähnten kamen eigentlich nur in der 3ten Klasse vor, das heißt, ich habe es fertig gebracht, einmal in der 2ten Klasse und einmal in der 1ten, als Komfirmandin silence zu bekommen und war sehr stolz darauf.

Die Erste jeder Klasse war verpflichtet, auf alles aufzupassen; wegen kleiner Vergehen wurde man notiert, z. B. wenn man cochon zu einer anderen gesagt hatte, wenn man in einem statt in zwei Unterröcken durch den Schlafsaal ging (eine wurde für diesen Fall vom Pastor auf

Befehl der Pröbstin ver . . . »weil sie es sonst doch wieder getan hätte«), wenn man um ½ 7 Uhr im Bett lag etc. pp.

Sprach man deutsch, so bekam man »die Kette«, eine schwarze Kette, die jede Erste und die 3 Ersten der ersten Klasse besaßen und zu verteilen hatten. Abends nach der Andacht mußte man sie mit tiefen Knicks der Pröbstin überreichen, wofür sie einem 1 M vom Monatsgeld abzog. (Ich habe meistens überhaupt keins zu sehen bekommen, weil es für lauter Strafen weggegangen war.) In jedem Schlafsaal (es gab 4 für die 50, die wir waren) herrschte ebenfalls eine Erste. Morgens ging alles gewöhnlich, doch ziemlich ruhig zu, aber abends war es oft für die Erste sehr schwierig. Es war eine bestimmte Ordnung, nach der Waschen, Ausziehen etc. vor sich ging, und diese wurde auf eine lächerliche Weise inne gehalten. »Aus Anstand« durfte es natürlich ja nicht zu gründlich gemacht werden. Dafür wurde man alle 14 Tage in ein warmes Bad gesteckt, wo man sehr viel Seife und ein paar Stunden brauchte, um einmal rein zu werden.

Dagegen fiel es keinem Menschen ein, Kleine und Große in den Schlafsälen von einander zu sondern, sondern alles wurde bunt durcheinandergeworfen, was zur Folge hatte, daß die Älteren sich abgewöhnten, auf die Kinder als solche zu achten, diese wiederum sehr scharf auf die Großen achteten und dabei herauskam, daß es in dem freiadeligen Magdalenenstift zu Altenburg eigentlich überhaupt keine *Kinder* gab. (Viele kamen mit 8, 9 Jahren dorthin.)

Auch untereinander, wie es wohl immer ist, pflegten die zarten jungen Mädchen alle sogenannte Scheu abzustreifen, um im ganzen mit recht herzlicher Rohheit miteinander zu verkehren.

Nicht *mit andern* aufgewachsen, wußte ich, bis ich mich daran gewöhnte, oft nicht, was ich hörte und mag dann etwas erstaunt ausgesehen habe. Denn sie neckten mich zuerst sehr mit meiner »Unschuld«, was mich tief beschämte. Indessen ein unwissendes Kind war ich damals längst nicht mehr, mit fehlte nur die Fähigkeit, über Sachen, die mich tief beschäftigten und ich eher zu verbergen suchte, mich mit einer gewissen Freiheit oder Offenheit auszusprechen. Allerdings konnte man diese Fertigkeit da lernen und noch vieles mehr. Ich zog mich nicht grade von den anderen zurück, war aber zu größerer Annäherung viel zu verlegen und unbeholfen, bis mich eine andere namens Leony Massow zu glühender Verehrung begeisterte. Nun fand ich meinen Lebenszweck darin, dieser Flamme zu dienen auf jede nur erdenkliche Weise, ich machte ihr die Arbeiten, nahm ihre Medizin ein (was mir oft heftiges Bauchweh eintrug, das mich aber in dem Gedanken »für sie« beseligte) und ließ mich dafür von ihr auf die elendste Weise behandeln. Sie nutzte mich auf jede Art aus und dankte es mir mit großer Verachtung. Das dauerte den ganzen Sommer. Im Herbst war die große Examenswoche, wo 8 Tage lang schriftlich und mündlich mit allem examiniert wurde. Ich bestand mit Glanz und kam in die erste Klasse, brouillierte mich bald darauf mit Leony M. und lag einer anderen Flamme zu Füßen, diesmal noch viel schlimmer. Sie hieß Editha Wartensleben, war sehr schön, wild, und ich brannte für sie in hellem Feuer. Alles, was ich an Leidenschaft in mir fühlte, konzentrierte sich auf sie, und diese eigentlich völlig unnatürliche widersinnige Schwärmerei weckte einen wahren Sturm in mir auf, dem ich mich willenlos hingab. Ich sonnte mich förmlich in jedem Wort und Blick von ihr, machte 39 Gedichte auf sie und versuchte, durch die dollsten Streiche ihre Aufmerksamkeit auf mich zu ziehen. Später habe ich mich noch oft sehr heftig für Mädchen begeistert, aber nie *so*.

Bald nach Michaelis, im November, gab es eine große Geschichte, nach Aussage Sachverständiger die größte, die jemals in Altenburg passiert ist.

Die Erste unseres Schlafsaals, Hedwig Siegsfeld, war bei der Pröbstin, was zuweilen passierte, zum Tee eingeladen. Editha war die Zweite und sollte sie vertreten. Sie gab aber völlige Freiheit im Schlafsaal. Sobald das Mädchen die Nachtlampe angesteckt und den Schlafsaal verlassen hatte, ging der rasanteste Radau vor sich. Alles tobte herum, wir stellten lebende Bilder, tanzten, bliesen auf einer Mundharmonika etc. Dann fiel es uns ein, eine Entdeckungsreise zu machen. Hinter unserem Schlafsaal waren verschiedene Räume, wo Schränke standen etc. Mit der Nachtlampe bewaffnet zog ich voraus, 7 andere hinterher. Einige waren in den Betten geblieben. Wir leuchteten überall herum, fanden nichts besonderes, wurden aber immer wilder. Wieder in den Saal zurückgekehrt, schoben wir dann den vor der Tür befindlichen Schirm zurück, wo eine Wache gestanden hatte. Im letzten Schlafsaal, wo eine Gabriele Pfeil, Feindin von meiner Flamme, Erste war, hörten wir Lachen und Sprechen. Es herrschte dort immer eine wüste Wirtschaft, da sie alles durchließ und es selbst, obwohl sie schon 18 Jahre alt war, am schlimmsten machte. Editha und ich schlichen also, Nachthemd bekleidet, mit bloßen Füßen über den langen Korridor an die anderen Schlafsäle, bliesen auf unserer Harmonika und warfen in den letzten einen Stiefel. Kein Mensch begriff, was da los wäre, dann liefen wir zurück, tobten noch, bis die Lehrerin und Erste heraufkamen und lagen dann schwer schnarchend in den Betten. –

Der selbe Witz wiederholte sich im Laufe einiger Wochen 3 mal. – Dann zeigte Gabriele Pfeil, die schon erwähnte Erste des 4ten Saales, uns an. Nun folgte ein nicht zu beschreibender Aufruhr. Editha W. wurde gerufen und blieb eine halbe Stunde drin, mußte alles gestehen und haarklein erzählen. Am nächsten Morgen kam ich dran, dann Gabriele Pfeil. Alles kam heraus. G. Pfeil hatte indessen sich selbst schmählich hereingeritten, aus ihrem Schlafsaal kamen die haarsträubendsten Geschichten zu Tage, die man jedoch nicht annähernd so schlimm wie unsere Taten fand! Sie und ihre Sippe kamen mit einem Verweis davon, während an Edithas und meine Eltern Briefe abgingen und es drauf und dran war, daß wir beide abgeflogen wären.

Die Worte der Pröbstin weiß ich leider nicht mehr, ich war indessen sehr erstaunt, daß sie mir vorwarf, ich hätte mit dem Spaziergang im Nachthemd über den Gang eine »Unsittlichkeit« begangen, während es weniger unsittlich war, daß die im 4ten Schlafsaal stets zu mehreren in einem Bett geschlafen und ähnliche Sachen gemacht hatten; ferner, daß es »unglaublich« wäre, daß wir 6 ein paar Stunden in eben demselben Kostüm getobt hätten, wo wir uns doch jeden Tag beim Zubettgehen und Aufstehen gemeinsam bewegten und uns mit sehr viel weniger Bekleidung zu sehen bekamen. Die Logik dieses Verfahrens war mir nicht ganz klar. Die anderen umstanden sämtlich die Tür der Pröbstin und erwarteten mich in Tränen schwimmend wiederzusehen und waren sehr erstaunt, als ich mich noch lange vor Lachen nicht zu fassen wußte.

Bis auf den Punkt »zu Hause« machte mir die Sache den rasendsten Spaß, die ganze Aufregung, die Komik der ganzen Mordgeschichte mit ihren Einzelheiten, das alles war so himmlisch erheiternd. Editha und ich waren unzertrennlich und genossen es immer wieder von vorne an und vergingen beinahe vor Übermut. Der Pastor mußte uns in der Klasse ausschelten, was unwiderstehlich war, zuletzt lachte er selbst mit.

Dann kam die Olle noch einmal in die Klasse und forderte die Mundharmonika. Dabei sagte sie, mich scharf ansehend: »Die Sünde ist unter Euch wie ein fressender Eiter.« –

Das Sonderbare war überhaupt, daß ich $^2/_3$, Editha $^1/_3$ von der Schuld bekam und die übrigen (ich war die allerjüngste) nur die Verführten waren. E. hatte sich von mir beeinflussen lassen, und es war nach dem Ausdruck der Pröbstin ein teuflischer Geist in sie gefahren. E. war nämlich ein großer Günstling, da sie schon 7 Jahre im Stift war.

Nach der nächsten Konfirmationsstunde redete mir der Pastor noch einmal unter vier Augen ins Gewissen, so nett, vernünftig, sogar mit Humor, daß ich von da an eine große Liebe für ihn faßte. Dann kamen die Briefe von zu Hause, oh weh, oh weh! Es war dies das zweite Mal, daß ich beinahe herausgeworfen wurde, wie bald würde es nun wirklich so weit kommen. Wir waren indes so frivol, daß wir alle unsere Briefe von zu Hause miteinander verglichen, welcher der dollste wäre, und ich sehr stolz war, daß meiner einstimmig für den dollsten erklärt wurde. Dann lachten wir wieder über alles und tobten weiter, von einer Geschichte zur anderen, ich fiel immer tiefer, zuletzt wurde Editha der Umgang mit mir verboten. Sie war inzwischen auch mehr zu ihren früheren Freundinnen zurückgekehrt.

Weihnachten zu Hause war es infolgedessen nicht sehr heiter. Ich fühlte mich sehr bedrückt und war froh, als ich wieder nach Altenburg zurück mußte! Am Neujahrsabend in der Kirche war ich so verzweifelt über meine Schlechtigkeit, wie selten vorher und faßte die schönsten Vorsätze.

Die ersten Wochen ging es denn auch, aber dann kam der letzte Krach, der mir den Hals brach. Es war Anfang

Februar, meine Schwärmerei für Editha Wartensleben hatte damals einen solchen Grad angenommen, daß sie mich völlig beherrschte. Ich war den ganzen Tag in einer fieberhaften Aufregung! Kam sie in meine Nähe, so zitterte ich vor Erregung (ich war um diese Zeit noch ziemlich viel mit ihr zusammen, sonntags die ganzen Tage). Ich wollte ihr nun brennend gern etwas zur Konfirmation schenken, pumpte mir zu dem Zweck von anderen 6 M zusammen und ließ ein Gedichtbuch, namens Edelweiß, von einer anderen bestellen, da, wenn ich es selbst bestellt hätte, die Pröbstin gewußt hätte, daß ich kein Geld mehr besaß. (Wir mußten ihr jeden Monat unsere Rechnung vorlegen.) So weit ging alles gut, ich bekam das Buch, legte es Editha mit einem Widmungsgedicht zu Füßen und war berauscht von ihrer Freude darüber. An demselben Tage hatten wir Turnstunde. In derselben sagte mir Editha, sie hätte nachher keine Lust zum Arbeiten, ob wir nicht zusammen uns in irgendeinen Schlafsaal verkriechen wollten und lesen. Ich war natürlich nur zu selig über den Vorschlag. Es war nebenbei gleich abzusehen, daß wir hereinfallen mußten, denn Editha sollte in der folgenden Arbeitsstunde die Erste vertreten. Natürlich würde die aufsichthabende Lehrerin nachfragen. Das bedachten wir auch noch und sagten der nächstfolgenden, Martha Zanthier hieß das Monstrum, sie möchte sagen, wir wären beide nicht wohl und hätten uns mit Erlaubnis der Pröbstin hingelegt (was zuweilen vorkam). Wir holen uns also nach der Turnstunde unsere Plaids und Bücher und entweichen in den Schlafsaal. Dort wird noch reingemacht; in einem Augenblick, wo der Besen herausgegangen war, stürzen wir durch den Saal und verstecken uns in eine der Abseiten. Wir wollten abwarten, daß das Reinmachen vorbei wäre und uns dann auf die entlegensten Betten legen und lesen: da saßen wir auf der Erde und warteten, hörten aber immer mehr Geräusche im Saal. Miss Collins tobte in ihrer Kabine, bürstete sich die Zähne (weshalb weiß ich nicht, da sie es sonst meines Wissens nie tat), dann wurde es still. Sollen wir herausgehen? Lieber noch warten! Da hören wir plötzlich Tritte, Stimmen, Rufen: Editha, Editha etc. Wir kriegen indessen einen Mordsschrecken, erkennen die Stimme von Edithas Freundin Paula K. Ich halte mit aller Gewalt die Türe zu, und wir denken, uns wird wohl gerade *hier* niemand suchen.

Schließlich, als es nicht aufhört, öffne ich die Tür ein wenig. Das steht Mademoiselle Ménégaux mit der Krankenwärterin und ca. 12 von uns. Wir kriechen mit furchtbarem Gelächter heraus. Die anderen konnten aber nicht mehr lachen und Madame M. war einfach kreideweiß. Sie hatte geglaubt, wir wären fortgelaufen und tobte nun los, daß wir ihr solche Angst gemacht hätten. Folgte großes Verhör; Editha und ich immer uns noch windend vor Lachen, antworteten mit der größten Frechheit, weil wir unsere Sache nun doch für verloren hielten. Ich hatte mein Buch in die Tasche gesteckt, Edithas – das von mir geschenkte – wurde konfisziert und zur Pröbstin gebracht. Diese erkennt es natürlich als dasjenige, das eine andere tags zuvor bei ihr bestellt hat und durchschaut den Betrug. –

Inzwischen gingen wir in die Arbeitsstunde. Ich fühlte mich so toll übermütig, daß ich, statt zu arbeiten, alle möglichen Allotria trieb, was bei dieser Lage der Dinge nicht sehr angebracht war. Die Mademoiselle war währenddem bei der Pröbstin gewesen. Nach der Stunde beschlossen Editha und ich, die Olle anzuöden, indem wir zu ihr gingen und ein freies Bekenntnis ablegten, wir dachten, dann ginge es vielleicht noch gut ab. Die Tür war verschlossen, nachher versuchten wir es noch einmal, als wir beide vor der Pröbstin standen, platzten wir aus, aber fürchterlich. Sie, wütend, schmeißt uns heraus, »Sie wolle uns nicht in ihrem Zimmer haben und würde nachher mit uns sprechen.« Oh weh! Das ganze Stift versammelt sich um mich und sagt, ich würde zweifellos geschwenkt, und mir sank der Mut. Die andern, von denen ich das Geld gepumpt hatte, und die, welche das Buch für mich bestellt hatte, fielen auch herein. Sie wurden gerufen und kamen heulend heraus, ich war verzweifelt, daß ich sie mithereingezogen hatte. Es wurde an ihre Eltern geschrieben, daß sie mitbetrogen hätten etc.

Nachmittags war Arbeitsstunde. Da erschien die Pröbstin in der Klasse und machte mich vor versammeltem Volk auf das rasendste herunter. Sie alle würden mich von jetzt an als ehrlos betrachten etc. Die Gegenwart der anderen befähigte mich, völlig ruhig zu bleiben. Ich steckte die Hände unter die Schürze und sah die Olle unentwegt an. Als sie ausgetobt hatte, tanzte sie ab. Gearbeitet habe ich an dem Tag nicht mehr viel.

4 Tage vergingen in höchster Spannung. Als ich dann Sonntag gelegentlich der Zeugnisse zur Pröbstin hereinkam, verkündigte sie mir, ich müßte Ostern fort, sie könnte so schlechte Elemente nicht behalten. Wenn ich nicht Konfirmandin wäre, wäre ich von einem Tag zum andern herausgeschmissen worden. Ich hatte das doch nicht geglaubt und wußte nicht, wo mir der Kopf stand, ich taumelte förmlich hinaus. Die anderen umringten mich, sie hatten es durch die Tür gehört, aber ich hörte kein Wort, ging so zu Editha und sagte ihr, ich wäre fortgejagt. Dann ging ich fort, hinauf auf den Korridor, um mich zu besinnen. Editha und eine Camilla B. kamen mir bald nach, erstere in heller Verzweiflung, weil sie sich die Schuld – nicht ganz mit Unrecht – zuschrieb. – Sie

darüber weinen zu sehen, machte mich so froh, daß ich das andere gleich vergessen hatte und wieder oben auf war.

Editha und ich waren den ganzen Tag zusammen und es war einer der schönsten, die ich je erlebt habe. Mir war alles einerlei, nur vor zu Hause hatte ich eine dumpfe Angst. Da kamen dann auch bald die Briefe, Zorn über mich, vor allem aber Furcht vor der Schande, die ich dadurch über sie brächte! Ich hatte ja nach den Worten der Pröbstin gelogen, gestohlen und betrogen. Diese Briefe erfüllten mich mit sehr gemischten Gefühlen, sie machten mir das Herz weich und dann wieder brachten sie mich in eine ganz rasende Wut. Sie hätten es ja doch einsehen können, daß Altenburg eine verfehlte Sache für mich war. Ich kannte es, sie kannten es nicht. Warum die Sache so aufbauschen, es waren ja doch die reinen Kinderstreiche. –

Die Zeit von da an bis Ostern war eine furchtbare. Erstmal der Druck, der wegen meiner Eltern auf mir lastete und wöchentlich durch ihre Briefe verstärkt wurde. Im Stift wurde ich von der Pröbstin etc. ignoriert, d. h. sie sprachen nur mit mir, wenn ich was pecciert hatte und verboten allen anderen den Umgang mit mir. Einige kehrten sich nicht daran, eine von den Kleinen, Charlotte Kutzleben, schloß sich gerade jetzt sehr an mich an und Luise Bodenhausen, die selbst im Stift und zu Hause schwarzes Schaf war, ebenfalls. Die anderen ließen sich nicht gerne mit mir sehen, was ihnen bei dieser Sachlage nicht zu verübeln war. Nur daß Editha sich den Verkehr mit mir verbieten ließ, brachte mich in eine düstere Verzweiflung. Meine Gedanken drehten sich fast ausschließlich um sie, und ich litt darunter ganz namenlos. Dazu kamen noch die Konfirmationsstunden, die mich sehr mitnahmen. Ohne alle die anderen Geschichten hätte ich sie wohl viel leichter genommen, aber nun machte es mir sehr viel zu schaffen. Ich gewann unseren Pastor sehr lieb, er war der einzige Mensch im Stift, von dem ich mich mit Liebe verstanden fühlte, und der sich gerade jetzt um mich kümmerte. Er legte sonderbarerweise eine Art Vorliebe für mich an den Tag und das tat mir gut. – Ich fühlte mich sonst entsetzlich allein und von allen guten Geistern verlassen. Die Folge war, daß ich noch einmal ganz toll wurde, einen Streich nach dem anderen machte. Ich wurde jeden Tag mehrmals angezeigt, hatte die schlechtesten Zeugnisse und trieb es auf die ärgste Weise. Der Pastor, der geglaubt hatte, ich wollte mich bessern, wurde auch an mir irre.

Besonders war die Tanzstunde, die wir 2 mal wöchentlich bei einem gänzlich versoffenen Tanzlehrer hatten, eine Gelegenheit, Geschichten zu machen. –

Diese Tanzstunde war übrigens eine der größten Irrsinnigkeiten des Stiftes. Wir hatten immer nur 8 von uns auf einmal Stunde, unter Aufsicht einer Lehrerin, während nebenan die andere Hälfte arbeiten mußte. Es kamen eigentlich immer Geschichten dabei vor. Editha z. B. warf einmal dem Geiger, einem sehr schönen Jüngling, eine Rose zu, wofür sie beinahe geköpft wurde!

Befanden wir uns in einem das Tanzen nicht erlaubenden Zustand, so durften wir deshalb nicht fortbleiben, wir mußten die Übungen mitmachen und während der Rundtänze dabei sitzen, äußerlich dadurch gekennzeichnet, daß wir keine Tanzschuhe anhatten. Der Lehrer pflegte uns dann jede einzeln zu fragen, was uns fehlt, und es entstand ein allgemeines Gelächter. Die wachhabende Lehrerin freute sich natürlich im Innern ihrer Seele mit.

In einer dieser Tanzstunden wurde mir Gabriele Pfeil, mit der ich seit der Schlafsaalgeschichte nicht gesprochen hatte, zugewiesen. Ich weigerte mich, trotzdem großer Skandal entstand, hartnäckig, mit ihr zu tanzen, und wurde erst vor die Pröbstin und dann vor den Pastor gefordert, der diesmal sehr ernstlich böse war. Ganz zuletzt habe ich mich mit ihr wieder versöhnt.

8 Tage vor der Konfirmation war Kaisers Geburtstag, der sehr gefeiert wurde, mit Gottesdienst und allgemeinem Überfressen. Am Abend vorher waren wir sehr patriotisch gestimmt und übten uns beim Zubettgehen darin, Vaterlandslieder zu gurgeln. Als die Erste einen Augenblick fort war, entstand großes Toben, Gesang, Tanz etc. Da kommt sie herein, hat es gehört und will den ganzen Saal anpetzen. Mir war es ziemlich schnuppe, hereinzufallen, und ich meldete mich, wodurch die anderen freikamen, und wurde zur Strafe mit meinen 2 Freundinnen Charlotte Kutzleben und Luise Bodenhausen zusammen eingesperrt in die Krankenstube, wo wir einen Mordsskandal machten und sehr vergnügt waren. Zum letzten Mal für lange Zeit war ich ausgelassen lustig. In den folgenden letzten Tagen brach ich gänzlich zusammen, meine Nerven waren ganz fertig, und ich hatte das Gefühl, als ob für mich überhaupt alles aus sei. Am Freitag Nachmittag verkroch ich mich in das letzte Bett des einen Schlafsaals, und lag dort stundenlang vor Kopfweh halb ohnmächtig. Charlotte Kutzleben fand mich schließlich, saß dann neben mir und legte mir Umschläge auf den Kopf. Abends wankte ich auf sie gestützt mühsam hinunter zur Andacht. Den nächsten Tag kam meine Mutter, sie war erst eine Stunde bei der Pröbstin, die ihr meine neusten Sünden noch schnell mitteilen mußte. Sie nahm mich dann mit in die Stadt. Wie das erste überstanden war, fing ich doch an, mich unbändig auf das Zuhausekommen, auf Husum und auf meine Brüder zu freuen. Abends wieder ins Stift zurück, ich packte mit Charlotte

K. meine Kisten etc., war sehr elend und in schändlicher Stimmung. Der Pastor kam noch ins Stift, zog mich in eine dunkle Klasse und sprach noch einmal mit mir. Er machte mich darauf aufmerksam, daß ich meinen Widerspruchsgeist, der die Quelle davon sei, daß es mir immer schlecht erginge und ich immer mißverstanden werde, besiegen müsse. Er selbst habe mich nie mißverstanden und vertraute mir, daß ich mich zum Guten ändern werde. Er hätte mir doch noch alleine Adieu sagen wollen.

In der Nacht habe ich kaum geschlafen und war den folgenden Tag nicht gerade in »Feststimmung« wie die anderen. Wir mußten vor der Kirche einzeln zur Pröbstin hereinkommen! Sie erteilte dann ihren Segen, meistens mit den Worten »Du bist mir eine liebe Schülerin gewesen. Der Herr segne dich«. Mir gab sie keinen Segen sondern sagte mir: »Sieh die verweinten Augen Deiner Mutter an.« In dem Augenblick packte mich eine solche Wut, daß ich mit den Zähnen knirschte und ohne, wie sie erwartet hatte, sie um Verzeihung zu bitten, aus der Tür ging. Dann gingen wir hinunter im feierlichen Zuge zur Kirche. Wir hatten sämtlich weiße Kleider mit langen Schleppen, stolperten natürlich eine über die andere oder rissen uns daran, bis wir in die Kirche kamen. Nun fing ich an, mich gehoben zu fühlen und die anderen Gedanken traten vor der Feierlichkeit des Augenblicks zurück. Wie ich am Altar kniete kam es mir vor, als ob der Pastor in ganz besonderem Tone und ganz allein zu mir spräche. Ich fühlte die Gegenwart Gottes und eine Welt von guten Vorsätzen, ein anderes Leben anzufangen, stieg in mir auf. Das ganze dauerte eine Stunde. Dann fand ein großes Frühstück statt, das uns schon wochenlang als Glanzpunkt vorgeschwebt hatte. Danach ging man wieder mit den Eltern in die Stadt. Edithas Vater, Paula K.'s Verwandte, meine Mutter und ich aßen zusammen. Nach Tisch war ich zwei Stunden bei Editha und ihrem Vater! Herrliche Stunden! Sie war nun zum Abschied noch einmal so freundlich und freundschaftlich gegen mich, daß alles andere vergessen und ich selig war.

Gegen 5 gingen wir ins Stift zurück. Um 7 sollte die Kommunion sein. Die Zwischenzeit wurde allgemein zu Versöhnungen benutzt. Man bat jede Lehrerin um Verzeihung und diese versicherten jedesmal, sie hätten nie etwas gegen die Betreffende gehabt. *Ich* habe mich an dieser Komödie nicht beteiligt, obwohl alle auf mich einstürmten, ich müßte es tun.

Leony Massow und ihre Schwester kamen noch zu mir und wir vertrugen uns nach halbjähriger Feindschaft wieder. Dann ging es wieder zum Segnen zur Pröbstin. Ich wurde von den anderen mit größter Mühe bewogen hineinzugehen, da ich es sehr unnötig fand, und sie erteilte mir mit großer Feierlichkeit eine Art Fluch – »Sie sähe ein, daß ich völlig verstockt wäre etc.!« Diesmal lachte ich, wie ich wieder herauskam. Es war mir ein Gefühl von Genugtuung, daß die Olle doch nicht mit mir fertig geworden war.

Um 7 die Kommunion. Dann schlief ich die letzte Nacht im Stift. Am anderen Morgen nahm ich von den anderen Abschied, sagte keiner von den Lehrerinnen Adieu, küßte der Pröbstin, die an der Treppe stand, ohne ein Wort zu sagen die Hand und zog ab.

Wir reisten bis Leipzig mit Editha etc. zusammen. Mich von ihr zu trennen wurde mir entsetzlich schwer.

Die übrige Reise war mir sehr wohltuend. Es war ein so angenehmes Gefühl von Ausruhen, und das tat mir sehr not. Ich machte endlose Gedichte an Editha und malte mir aus, wie anders ich von nun an zu Hause sein würde, vor allem mußte ich ja alles wieder gut machen.

So dachte ich damals, aber es ist aus alldem nie etwas geworden. – Es ging im alten Geleise fort. Ich kam mir so ganz anders geworden vor durch dieses eine Jahr, in dem ich so viel erlebt hatte und doch wollte ich es nicht erlebt haben. Ich dachte, ich hätte dort etwas gelernt. Gewiß hatte ich das auch, aber was! Meine Weltanschauung war noch eine sehr harmlose, als ich hingekommen war. Ich hatte gelernt, daß das Leben und vor allem die Menschen nicht so seien, wie ich es damals geglaubt. Es war jetzt so vieles im Leben, was bedrückend war. Außerdem hatte ich das Gefühl, daß mir sehr Unrecht geschehen wäre und daß ich jetzt noch mehr wie früher immer ungerecht, immer wie ein Stiefkind behandelt worden sei. Was hatte ich denn getan? Wenn ich vergnügt war, mußte ich toben. Konnten sie das nicht begreifen? Ich war kaum 15, als ich hin kam und sollte »vernünftig« sein. Aber ich war gerade damals in meiner größten »Wildheits«periode und hatte fortwährend das Gefühl, mich auslärmen, austoben zu müssen, das mit der Einschränkung nur wuchs. –
Jetzt wollte ich so ernsthaft werden, daß mich niemand mehr erkennen sollte, wenn das Lachen dann ja doch eine Todsünde war. Mit allen diesen guten Vorsätzen fuhr ich in Husum ein und sah mit Wonne den alten Kirchturm zwischen den Bäumen wieder hervorsehen und meine Brüder am Bahnhof. Ich versuchte es krampfhaft, Reue und Beschämung zu fühlen, oder wenigstens zu heucheln – es war zu schön, wieder zu Hause zu sein!

Gedichte

In den neunziger Jahren

ÜBER die weißen Kissen
hingeflossen das Blut,
der Lebensnerv zerrissen,
verloschen der Sinne Glut.*

Vom Bett herabgesunken
hängt schlaff die linke Hand.
Noch hält die rechte die Waffe
mit starrem Griff umspannt.

Draußen singen die Vögel,
flutet das Sonnenlicht,
drinnen flackert die Kerze
verlöschend im fahlen Licht.

Ein aufgeschlagnes Gebetbuch,
drin suchte er seine Qual
gestern abend zu lindern,
vergebens zum letzten Mal.

Eine rote Hyazinthe,
die er am Tage noch trug,
liegt nun verwelkt und vertrocknet
über dem finstern Buch.

Es lacht, wie einst im Leben,
noch jetzt, sein bleicher Mund –
ein krankes Kinderlachen –
er war ja nie gesund.

---

* Selbstmord des Vetters Georg Reventlow

SCHLING mir den Arm um die lechzenden Glieder,
leg deinen Kopf an mein sehnendes Herz,
küsse nur Lippen und Busen und Augen,
laß uns vergessen, vergessen den Schmerz.

Laß mit dem Leben, dem brausenden Leben,
voll uns durchschauern die Liebesnacht,
gib mir dein heißes, dein heißestes Lieben,
morgen schon trennt uns der helle Tag.

LASS uns, o laß uns nicht wieder scheiden,
halte mich fest, noch bin ich ja dein.
Laß uns zusammen jauchzen und leiden,
laß mich, o laß mich nicht wieder allein.

Ehe das Leben, das grausame Leben,
eisig uns trennt mit bitterem Weh,
gib mir den Tod in glühenden Küssen,
laß mich in deiner Liebe vergehn.

MAG nun wehn der Lebenssturm
unerbitterlich und rauh –
einmal in Wonne hab' ich doch
Freiheitssterne geschaut.

Mögen die Wolken in irrem Spiel
treiben im Himmelsraum –
hab' ich doch einmal an deiner Brust
geträumt den seligsten Traum.

Muß ich nun auch in heißem Kampf
sterben und untergehn –
einmal hab' ich doch dem Glück
ins leuchtende Auge gesehn.

WIR liebten uns einen Sommer lang,
einen kurzen Sommer lang,
um Leben, Glück und Liebe
war uns keinen Augenblick bang.

Doch als der Herbst gekommen,
da ward die Brust uns schwer,
da war die Lust verglommen,
die Liebe versunken ins Meer.

Ein andrer war gekommen,
und du warst fern von mir,
ihn liebten meine Sinne,
mein Herz war nur bei dir.

Weil ich euch beiden gelogen,
muß ich nun von euch gehn,
für mein zerrissenes Leben
bei Gott um Gnade flehn.

SIEHST du im Traum ein bleiches Weib,
dem Leiden Stirn und Aug' getrübt?
Denkst du noch an dein wildes Kind,
das ohne Maßen elend ist.

Das fern im Leben von dir geht,
dein Bild nur trägt in Herz und Sinn.
Die dunkle Nacht alleine sieht,
wie namenlos ich elend bin.

Da ruh ich in des andern Arm,
da brennt das Weh so heiß,
da nagt und wühlt in mir der Gram,
das Leid, das niemand weiß.

Siehst du im Traum ein bleiches Weib,
dem Leiden Stirn und Aug' geküßt?
Denkst du noch an dein wildes Kind,
das ohne Maßen elend ist.

O könnte ich singen, ich wüßt euch ein Lied,
gebt acht, ich greif' in die Saiten.
Ein schneidender Mißton, zerrissen und bang,
soll meine Worte begleiten.

Am jüngsten Tag euer heiliger Gott
mög er euch in Gnaden vergeben,
daß ihr mit Haß und blindem Spott
zertratet mein blühendes Leben.

Was reißt ihr, Saiten? Es stockt der Klang,
ein Seufzer nur zitternd und trübe.
Mein Herz ist krank, zum Tode krank,
mein Leben war nur eine Lüge.

WAR dir die Kindheit ein seliger Traum,
lächelnd erwachende Wonne?
Schien dir der unermeßliche Raum
Belebt von liebender Sonne?

Hat dir die Liebe mit weichem Hauch
die Kinderstirn umspielt?
Hast du die segnende Hand einer Mutter gefühlt?

Weißt du, warum ich hart geworden,
Kalt und hart?
Weil mir keiner Mutter Liebe
je gelacht.

ZUM letzten Mal sah ich in seine Augen
und sah sein Weib an seiner Seite stehn.
Der Schein des Glückes lag auf beider Wangen,
es wollte mir das Herz vor Leid vergehn.

Zum letzten Mal laß deine Hand mich drücken,
für Ewigkeiten ist's der letzte Gruß.
Lebt wohl in eurem morgenhellen Glücke,
weil in der Ferne planlos irrt mein Fuß.

DU hast es nie gewußt, daß ich dich liebte
mit ungestümer Glut vom ersten Tag.
Du ahntest nicht, wie meine Pulse bebten,
wenn deine tiefe Stimme zu mir sprach.

Wenn deiner Augen leuchtend helle Blicke
ins Herz mir drangen, flammte heiß mein Blut.
Du glaubtest mich ein Kind noch von Gedanken
und gegen dieses Kind warst du so gut, so gut.

In meines Lebens schmerzensvolle Kälte
drang mir von dir ein trostreich helles Licht.
Doch schien es fern mir, wie aus fremden Welten,
erreichen, fassen konnte ich es nicht.

Ich irrte nur in wildem Leid versunken
dem Sterne nach, der mir von weitem schien.
Und glühend wogten Sinne und Gedanken
in leidenschaftserregten Melodien.

Du ahntest nichts von meiner heißen Liebe,
von meinem Sehnen, das sich irr verlor –
Dein Lebensweg, er ging an mir vorüber,
und einsam war ich, einsam wie zuvor.

Die herbstlichen Sonnenstrahlen
durchschienen den alten Dom,
wir standen zum letzten Mal
im hohen Säulenraum.

Wo unseren jungen Herzen
selige Liebe geblüht,
da standen wir nun in Schmerzen –
verklungen das süße Lied.

Die einst zu seligem Traum
unser Leben geeint –
Unsere Liebe liegt zerbrochen
in Zeit und Ewigkeit.

Weisst du den Ort an heiliger Stätte,
wo in der Liebe junger Glut
zum erstenmal wir selig schwelgten
mit glühenden Wangen, heißem Blut?

Weißt du das hohe Bogenfenster,
durch das der Sonne letzter Schein
in das Gewölbe niederglühte,
zurückgestrahlt vom alten Stein.

Wie unter uns zu unsern Füßen
in ewger Ruh die Gräber deckt –
wie floh die Zeit mit heißen Küssen,
bis uns der Glocke Schlag erschreckt.

Die Uhr vom Turm mit schwerem Klange
sechs Schläge langsam niederdröhnt,
so seltsam dumpf und liebesbange
zum Abschiednehmen uns gemahnt.

Wie dann des Domes alter Küster
langsam den Gang herunterschritt,
der rostgen Schlüssel heisres Rasseln
begleitet seinen müden Schritt.

Dann an der Tür die letzten Küsse
und in den Abendschein hinaus,
du in der Deinen frohe Mitte,
ich einsam in mein ödes Haus.

Denkst du daran in stillen Stunden,
in Stunden süßer Wehmut voll?
Die ich dir schlug, vergib die Wunden.
Gedenke meiner ohne Groll.

ca. 1893

DER Herbstwind wirbelt die Blätter
in tollem Reigen herab,
er fegt die grünen Fluren
und legt den Sommer ins Grab.

Mich hält dein Arm umschlungen
zu qualvoll seliger Stund.
Deine Lippen brennen
Küsse auf meinem Mund.

Die Träne in meinem Auge
verschleiert mir den Blick.
Ich darf es ja nicht sehen
das Glück.

Und muß ich dich auch lieben
zu wahndurchtobter Pein.
Ich gehöre einem andern,
bin nicht dein.

Nur noch diese Stunde
laß mich im Traum –
Niemals soll er die Wunde
im Herzen schaun.

In meinem Herzen die Wunde,
die kennst nur du.
Seit dieser unselgen Stunde
find ich keine Ruh.

TREULOS bin ich gewesen
und hab dich einst doch geliebt.
Kannst du mir vergeben,
wenn ich dein Leben getrübt?

Treu hatt' ich dir geschworen,
Liebe und ewige Treu.
Aber in wilden Stürmen
brach sie entzwei.

Als du heim aus der Fremde kehrtest,
war ich dein nicht mehr.
Ich lag in anderen Armen
von brennender Liebe verzehrt.

Wüßtest du, was ich gelitten,
könnt ich dir's sagen:
Welten von Qual und Schmerz
in jenen Tagen.

Kalte Fernen
trennen jetzt unser Leben.
Ich folge anderen Sternen –
Kannst du mir vergeben?

ca. 1895

Es wogt um mich das Meer der Schmerzen.
Wüst brennt das Hirn, gedankenleer.
Nur eines, eines kann ich fassen,
ich habe keine Heimat mehr.

Hinab sank mir der Jugend Freude,
hinab in des Vergessens Meer.
Es blieb nur eine heiße Wunde,
ich habe keine Heimat mehr.

Noch immer rauscht das Leben weiter,
es glüht und leuchtet um mich her.
Doch meinen Jammer kann's nicht stillen –
Ich habe keine Heimat mehr.

ICH sitze am Fenster im Dämmerschein,
die Sonne sank längst schon herab.
Ein trüber Nebel deckt Wald und Hain,
o läge ich drunten im Grab.

Was je ich liebte, ist längst dahin,
verlassen bin ich, allein.

Gebrochen mein Herz von der ewigen Qual,
zertreten mein Leben, mein Sein.

Es faßte mich an so rauh, so kalt,
das Leben mit seinem Weh.
Ich habe wohl oftmals fröhlich gelacht,
meine Tränen hat niemand gesehn.

Im innersten Herzen hat es gebrannt,
das Weh so bitter und wild,
und niemand hat es gesehen, erkannt,
und niemand hat es gestillt.

Verloschen ist mir des Tages Glast,
die Welt liegt weit und leer.
Hinwerfen möcht ich des Lebens Last,
sie war mir schon lange zu schwer.

WEIHNACHTSABEND ist es und die Glocken läuten,
einsam sitze ich in düstrer Stube,
wilden Heimwehs schmerzzerrißne Beute,
krank an Leib und Seel' und todesmüde.

Weihnachtsabend ist es und die Glocken läuten,
Weihnachtsfreude jubelt nah und ferne,
wilden Heimwehs schmerzzerrißne Beute
starre ich verzweifelt in die Sterne.

WANDLE ich einsam über die Heide,
wenn der Wind vom Meere herüber streicht.
Rings um mich her nur totes Schweigen,
kein Leben, so weit das Auge reicht.

Da erwachen in mir der Kindheit Tage,
ich denke der einsamen, freudlosen Zeit.
Aufs neue erwacht im Herzen die Klage,
des einsamen Kindes einsames Leid.

Zurückgestoßen vom Mutterherzen
mit kalter Hand und nie geliebt,
von unverstandnen, sehnenden Schmerzen
die kaum erwachende Brust durchbebt.

Das ungestillte Sehnen nach Liebe,
es regt sich wieder so weh, so bang.
Weiter und weiter mit müden Schritten
geh' ich die einsame Heide entlang.

Skizzen und Novellen

1893–1917

Warum?*

In einer Mainacht erschoß sich der Sekundaner Hans Sörensen.

Er war noch ein Kind, wenigstens hielten ihn alle dafür, die sein lachendes, offenes Knabengesicht kannten. Und er lachte oft und viel, aber dann konnten seine Augen plötzlich mit einem so seltsam leeren, toten Blick vor sich hinstarren, als ob sie etwas suchten, das sie doch nicht finden konnten, oder als ob das Lachen ihnen weh täte. Niemand hatte ihm eine solche Handlung oder einen so jähen Entschluß zugetraut, niemand erraten, daß er einen schweren Kummer, eine innere Zerstörung in sich trug. Am letzten Nachmittag hatte er eine Verabredung mit einem Freunde, aber er kam nicht hin. Er saß in seinem Zimmer und ordnete seinen kleinen Besitz und seine Briefschaften. Dann machte er seine Schularbeiten für den nächsten Tag und ging aus. Seinem Stubengenossen, der ihn begleiten wollte, sagte er, daß er einen Bekannten besuchen wolle. Als er sich von ihm befreit hatte, ging er zu einem Waffenhändler und suchte sich zwei Pistolen aus. Er wolle sie zur Auswahl, sagte er, und er würde Bescheid schicken, ob er sie behielte.

Am Abend scherzte und sprach er wie gewöhnlich, und als sie nach Tisch um die Lampe herumsaßen, las er einen Roman zu Ende, den er am vorigen Abend angefangen hatte. Als die Uhr zehn schlug, gingen die Knaben zu

* Die Skizze »Warum?« erschien in den Husumer Nachrichten am 4. 11. 1893.

Bett. Als sie die Treppe hinaufstiegen, tönte sein helles Lachen noch einmal durch das abendstille Haus, und niemand wußte, daß er zum letztenmal hinaufgestiegen sei und daß man nur sein zerstörtes Leben wieder herabtragen würde.

Als sie sich niedergelegt hatten, las Hans wie jeden Abend in dem Andachtsbuch von seiner Mutter, dann löschte er das Licht aus und lauschte den Atemzügen seines Kameraden und stand ganz leise wieder auf, als er sich überzeugt hatte, daß jener schlief. Leise stand er auf und setzte sich an den Schreibtisch vor dem offenen Fenster, durch das die stille Nacht hereindrang. Fröstelnd saß er da und sah dem Tod ins Angesicht. Da – vor ihm stand das Bild seiner Mutter, und er schrieb an seine Eltern. Er dankte ihnen für alle ihre große Liebe, verzeihen sollten sie ihm, daß er so von ihnen gehe – er könne nicht mehr leben – und vergessen sollten sie ihn und wieder froh sein, wenn er fort war, fort und begraben. Daß sie nie wieder froh sein konnten, daß das dunkle Geheimnis seines zerrissenen Lebens auch ihres vernichtete, das hatte er nicht begriffen.

Die Pistolen nahm er mit ins Bett. Die erste versagte den Schuß – man hat es nachher sehen können – aber die Kugel der zweiten tötete ihn, über dem rechten Auge war sie in den Kopf gedrungen. Niemand im Hause wachte von dem Schuß auf, sie schliefen alle. Der andere Knabe atmete ruhig weiter, und die Kerze brannte flackernd herunter, bis sie gegen Morgen erlosch und die helle warme Sonne ins Zimmer drang.

Am nächsten Morgen fanden sie ihn so, der eine Arm hing am Bett herunter, die andere Hand hielt noch die Pistole. Der blonde Kopf war zurückgefallen, und das blasse tote Gesicht hatte seinen alten lachenden Kinderausdruck. Über dem rechten Auge klaffte die Wunde, aus der das Blut und das Leben wie ein roter wilder Strom über die weißen Tücher hinabgeflossen war. Vor dem Bett lag das aufgeschlagene Gebetbuch und stand die herabgebrannte Kerze. Auf dem Schreibtisch lag der Brief an seine Eltern vor dem Bild der Mutter – sein Abschied aus dem Leben.

Die Zurückgebliebenen konnten das qualvolle Rätsel nicht lösen, und sie mußten es durch ihr ganzes Leben tragen.

Und er war gestorben und hatte es mit hinabgenommen. – Warum?

Eine Uniform*

Lawntennis – auf dem grünen, schattenlosen Platz, abwärts von den hohen alten Bäumen, die in tiefem Schatten daliegen, mit dem weiten Blick auf Kornfelder und dahinter die blaue Ostsee. Heiß flimmert, flirrt und leuchtet die Sonne vom Sommerhimmel herunter, es ist nachmittags um drei, um die müde, heiße Stunde. Aber davon wissen die jungen Leute nichts, die hier *Lawntennis* spielen, und die Alten sitzen drüben unter der Buche und sehen nur zu, dem Einnicken nahe.

Auf dem Tennisplatz wird eine heiße Schlacht geschlagen, die Bälle fliegen durcheinander, kreuz und quer, und die jugendlichen Gestalten biegen, bücken und recken sich fast wie im Zirkus, um sie in Bewegung zu halten. Alle Gesichter glühen, hier und da fliegt wohl ein kurzes Lachen, eine flüchtige Scherzrede hin und her, sonst ist alles ganz in den Eifer des Spielens vertieft.

---

* Die Skizze »Eine Uniform« wurde erstmals von den Husumer Nachrichten am 7. 1. 1893 publiziert.

Ein Gang ist zu Ende, der Schauplatz wird ein anderer, neue Mitspieler treten ein, während die vorigen, zur Seite stehend, mit gespannter Aufmerksamkeit den Fortgang beobachten oder sich den kühlen Räumen des Schlosses zuwenden, um auszuruhen.

Ein junges Mädchen mit schwerem Blondhaar ging langsam und müde die breite, teppichbelegte Treppe hinauf. Das ganze Haus lag so still, sie waren alle draußen im Sonnenschein. Hier drinnen waren alle Läden geschlossen, daß kaum ein Strahl durchdringen konnte, alles schien zu schlafen. Die Tür zum Billardsaal war angelehnt, sie öffnete dieselbe leise und trat hinein, als sie den Raum leer fand. Auch hier waren die Rouleaux niedergelassen, die Staffeleien und Bücher standen umher, als ob sie sich wunderten, daß heute niemand sie anrührte, der Billardtisch sah so gelangweilt aus, und die weißen Kugeln lagen wie verirrt auf dem dunkelgrünen Tuch.

Da auf dem Sofa lag eine Uniform, und das blonde Mädchen wußte, wem sie gehörte, es war seine Uniform, die er für das Spiel am heißen Nachmittag mit der Tropenjacke vertauscht hatte.

Unten wurde das Tamtam geschlagen, um alle zum Diner zusammenzurufen. Die dumpfen Schläge dröhnten bis in den Saal hinauf und in die Ohren des jungen Weibes, das vor dem Sofa auf den Knien lag, den schmerzenden Kopf in das dunkle, kühle Zeug der Uniform hineingewühlt, liebesschwere traurige Küsse auf dasselbe drückend, während ihr schwere, angstgepreßte Tränen aus den Augen rannen.

Und er wußte nichts davon.

Moment-Aufnahmen*

Leben

Die Mutter meines Freundes war Morphinistin. Sie ließ mich einmal zu sich rufen, als es sehr schlecht mit ihr stand.

Es war mitten im Sommer.

Im ganzen Hause eine stille, eingeschlossene Kühle. Alle Fensterläden und Türen ängstlich gegen die Hitze von draußen abgesperrt.

Der alte Haushund lag von Fliegen umsummt auf einer sonnenbeschienenen Treppenstufe und knurrte verschlafen.

Drinnen ging alles auf Zehenspitzen. Jedem leisen Schritt hörte man die Angst vor dem Geräusch an, das die Kranke stören könnte.

Im Salon standen die Möbel still und schlafend umher. Der Flügel war geschlossen und bestaubt, es hatte wohl lange niemand darauf gespielt. Auf dem Tisch verwelkte Blumen in mattgetönten Majolikaschalen. Die Flügeltür nach dem anstoßenden Schlafzimmer stand offen. Es schlug mir daraus etwas entgegen, das an die kalte Atmosphäre einer Leichenhalle erinnerte, oder lag das in meiner Phantasie? Vor den Fenstern da drinnen waren schwere grüne Vorhänge dicht zusammengezogen. Wie durch weite Ferne abgeschwächt drang das Straßengeräusch von unten herauf.

---

* Die Husumer Nachrichten veröffentlichten am 10. 12. 1894 die vier Skizzen »Leben«, »Nachtarbeit«, »Frühschoppen« und »Mein Fenster« unter dem Obertitel »Moment-Aufnahmen«.

Neben der kranken Mutter, die mit stierem, leidendem Ausdruck in den mattweißen Kissen lag, stand die Tochter mit der Morphiumspritze. Ihr Gesicht war in dem Augenblick fast ebenso fahl wie das der Mutter, aber die eine junge Hand hielt den abgezehrten Arm ruhig und fest, während die andere das Instrument mit dem verwüstenden Lebenselixier handhabte. Dann legte sie den Arm leise wieder unter die Decke zurück, und nun lag die Mutter kaum atmend da, die Augen tief eingesunken wie bei einer Leiche, die schmalen Lippen starr geöffnet.

Als ich wieder auf die Straße kam, konnte ich nicht begreifen, daß der gewohnte Lärm des Lebens wieder um meine Ohren wogte. Ich konnte nicht glauben, daß es lebende Menschen und nicht Leichen waren, die sich an mir vorbeidrängten.

Wozu das alles, wozu ein ganzes Leben? Da oben hatte ich gesehen, was das Ende sein konnte.

Und wenn ich es ihnen erzählte, ob sie dann wohl noch ebenso weiter drängen und hasten würden allen ihren Begierden und Interessen nach.

Vielleicht würden sie mich nur auslachen und sagen: das wissen wir alles schon, oder sie würden sich gar nicht die Zeit nehmen, zuzuhören.

Und ich ging zwischen ihnen umher und konnte das Gefühl nicht wieder loswerden, daß mich der Tod selbst eisig angefaßt hatte da oben in dem dunklen Krankenzimmer, wo er neben dem Bett der Kranken wartete.

Es war so sonderbar, daß um mich her heißer Sommer war. Warum lebte ich noch, warum die anderen, warum lebte denn überhaupt noch etwas!

Mir fiel ein alter Vers ein:

– Dunkle Cypressen –
Die Welt ist gar zu lustig, es wird doch alles vergessen.

Nachtarbeit

Unten an der Isar ging ich entlang, wo Tag und Nacht an den Kanalisationswerken gearbeitet wird.

Tag und Nacht.

In der Mitte der Straße eine tiefe, lang sich hinziehende Grube, unten tief die Arbeiter, die unermüdlich die Erde emporschaufeln. Man hört nur das Klirren der Spaten und das Hinabrollen der aufgeworfenen Steine.

Gegen Abend haben die Männer da unten noch bei der Arbeit gesungen, jetzt sind sie längst zu müde, aber die Arbeit geht immer weiter. Durch die scharfe Nachtluft rieselt empfindlicher Frostschnee auf alles herab, der beißt auf der Haut und dringt schneidend in die Kleidung ein.

Hier und da hängt eine Laterne mit unruhig flackerndem Licht an einem der hervorstehenden Balken.

Durch die Nacht klingt das Rauschen der Isar und das Ächzen der Dampfmaschine.

Schwarz, blank, kolossal steht sie da. Der mächtige Schlot atmet Rauchwolken aus, durch welche einzelne Funken blitzen und wie Sternschnuppen verschwinden. Hinter der Maschine steht der Heizer. Seine Gestalt ist in schwarzer Silhouette gegen die helle Wand der die Maschine umgebenden Bretterbude abgeschnitten.

Dann und wann fährt er sich mit der Hand über die müden, von Rauch und Hitze brennenden Augen. Nun reißt er die Ofentür auf, flackernder roter Feuerschein fährt über sein Gesicht. Dann rasselt die Schaufel durch die Kohlen und füllt den aufgerissenen Schlund mit neuer Nahrung.

Auf einer Bank im Bretterverschlag sitzt ein zweiter Mann, den Kopf herabgesunken. Er scheint zu schlafen.

Der andere steht nach vollbrachter Heizarbeit wieder unbeweglich auf seinem Platz. Nur zuweilen fährt er sich über die Augen, während die Nacht mit unerbittlicher Langsamkeit vorrückt.

Über die Brücke hört man Studenten singen mit rohen berauschten Stimmen. Liebespaare drücken sich am Quai entlang.

Und drüben auf der anderen Seite, wo die neuerbauten hohen Häuser stehen, kommen die Theaterbesucher nach Hause, in Pelzen und hellen Abendmänteln. Einige von ihnen gähnen und reiben sich die Augen. Es war doch recht anstrengend, so lange dazusitzen.

Ein junger Mann und eine Dame unterhalten sich über Sozialismus und über die letzten großen Strikes.

»Sehen Sie, Fräulein, ein interessantes Motiv.«

Der müde Mann an der Maschine fährt sich über die Augen und schüttelt sich zwischen Nachtfrost und Kohlenhitze.

Frühschoppen

Ganz München war salvatortoll. Das berauschende junge Frühlingsbier wirbelte in allen Köpfen.

Im R.R.-Atelier war Salvator-Frühschoppen.

Aus Kisten und »Hockerln« war ein langer Tisch hergerichtet und mit Mal-Kitteln und Schürzen in allen Farben bedeckt. Darauf die steinernen Maßkrüge. Rund umher die mehr oder weniger viel versprechenden Genies der Malschule.

Gerötete Gesichter, heiserer Gesang aus bierbenommenen Kehlen, umgestürzte Krüge, Bierlachen auf Tisch und Fußboden.

Das Gelage dauerte bis in den Nachmittag hinein, dann ging man ins Café.

Die Straße, über die der Zug paarweise ging, lag im hellen Frühlingsnachmittagsschein.

Es war ein junger Norddeutscher darunter, der sich kaum mehr auf den Füßen halten konnte. Seine Augen irrten verschwommen über die Straße und wichen blinzelnd dem Licht aus.

An einer Straßenecke stand sein bester Freund im Gespräch mit einem anderen Herrn. Der Berauschte wollte auf ihn zu und mit ihm reden.

»Kommst du mit ins Café?«

»Nein.«

»Sieht man dich denn später noch?«

Der Angeredete sah ihm fest in die geröteten, unklaren Augen: »Heute nicht«, drehte ihm den Rücken und ging ohne ein weiteres Wort.

Der junge Mann sah ihm nach, wollte ihm nach, aber einer seiner Trinkgenossen zog ihn mit fort.

Der Blick des Freundes hatte ihm die Scham in die Seele hineingebrannt und zugleich den Trotz.

Sein Freund hatte nicht gewußt, daß er seit Wochen gehungert hatte.

Mein Fenster

Wenn ich morgens aufwache, sehe ich gerade auf mein Fenster. Es steht immer offen, ob mir der Himmel Schnee und Regen bis mitten ins Zimmer hereinwirft oder ob mir die Julisonne hereinsengt.

Gegenüber ist die Kaserne. Das Dach mit seinen vielen Giebeln liegt etwas höher wie meines. In den Giebelfenstern liegt die Morgensonne wie glühendes Kupfer. Ich liege im Bett zwischen Wachen und Schlafen und höre dem Leben da drüben mit halbgeschlossenen Augen zu. Der Tag liegt noch so frisch und unangerührt vor mir.

Vor dem Fenster steht meine Staffelei und wartet auf mich. Ja, dieser Tag soll mir wunderbar werden wie noch keiner. Es soll wirklich alles einmal Gesundheit und Leben sein.

Meine besten Tage sind, wenn es frühmorgens Militärmusik gibt. Da bin ich mit beiden Füßen zugleich aus dem Bett und am Fenster.

Wie die tapferen bunten Jungen da unten aus ihrer Kaserne herausmarschieren in ihren frischen heißen Tag hinein. Und auf der Straße treibt schon alles hin und her.

Ganz leise Morgennebel noch über den entfernteren Dächern. Und aus allen benachbarten Dachluken fahren schlaftruppige Köpfe heraus, die auch die Musik hören wollen.

Dann fange ich an zu arbeiten neben meinem Fenster, und die Luft von draußen fließt mir in Wellen um den Kopf und badet mich immer frischer, und es ist so still hier oben.

Abends, wenn die Arbeit eingeschlafen ist, stehe ich lange am Fenster.

Ja, wo ist mein heller, frischer Tag hingekommen? Er ist doch wieder müde und zerstückelt worden.

– – Schwarzrote Abenddämmerung über der Stadt. Zwei stumpfe Kirchtürme, einige starre Fabrikschornsteine und langgestreckte Dächer steigen in den letzten Schein hinauf.

Die Kaserne liegt dunkel, schwarz und ohne Leben. Nur oben sind einige Fenster erleuchtet, und zuweilen streift der Schatten einer einsamen Wache dahinter vorbei.

Darüber nachtschwarzer Himmel oder Sterne, oder der Mond wirft kalte grüne Schimmer über das dunkle Schieferdach.

Unten auf der Straße grade vor mir brennt eine einsame Laterne.

Manchmal sehe ich rückwärts in mein freundlich lampenhelles Zimmer.

Ich will an nichts denken, aber wenn ich die Gedanken zur einen Tür hinauswerfe, kommen sie zur andern wieder herein.

Grade hier muß ich an manches denken. Ich bin so tiefeinsam hier oben.

Wo sind meine Genossen geblieben? Früher kamen sie jeden Abend unter mein Fenster, und unser vertrauter Signalpfiff klang zu mir herauf.

Wie ich auf den Ton wartete, und wenn ich ihn hörte, dann war ich unten, meine vier Stiegen hinunter wie der Blitz.

Und dann waren wir bis in die tiefe Nacht zusammen.

Wie wir damals jung waren und begeistert. Die ganze Kunst und das ganze Leben, das hatten wir alles, gehörte alles uns. Und wir waren gute Brüder und teilten uns in alles.

Wo ist die Zeit hingekommen – und alles ist mit ihr gegangen.
Zuweilen denke ich, sie müßten wiederkommen, und ich müßte noch einmal wieder unsern Pfiff hören.
Aber es ist vorbei – und ich bin alleine.

Erinnerungen an Theodor Storm*

Am grauen Strand, am grauen Meer
Und seitab liegt die Stadt,
Der Nebel drückt die Dächer schwer
Und durch die Stille rauscht das Meer
Eintönig um die Stadt.
Doch hängt mein ganzes Herz an Dir,
Du graue Stadt am Meer,
Der Jugend Zauber für und für
Ruht lächelnd doch auf Dir, auf Dir
Du graue Stadt am Meer.

In Husum, der kleinen, grauen Stadt am Nordseestrand, zieht sich dicht am Hafen eine enge stille Straße hin, genannt die »Wasserreihe«. Dort steht ein schmuckloses Haus, umgeben von einem schwarzen Bretterzaun, über

---

* Frankfurter Zeitung Nr. 71/1897, Fußnote der Redaktion: Soeben erläßt ein Komité, dessen geschäftsführenden Ausschuß die Herren Commerzienrat E. Paetel, Dr. Julius Rodenberg und Prof. Erich Schmidt in Berlin bilden, einen Aufruf zur Errichtung eines Denkmals für Theodor Storm, das dem Dichter in seiner Heimatstadt Husum errichtet werden soll. Beiträge sind an die Verlagsbuchhandlung von Gebrüder Paetel in Berlin W, Lützowstraße 7, zu richten. Vielleicht tragen obige »Erinnerungen« dazu bei, dieses schöne Vorhaben zu fördern.

dem uralte Kastanienbäume ihr dunkles Laubdach emporwölben. In diesem Haus wohnte Husums Dichter Theodor Storm lange Jahre seines Lebens hindurch, hier hat er jene Novellen geschrieben, die auf dem Boden seiner Heimat spielen, auf dem Boden dieses abgelegenen, in grauen Nordseenebeln verborgenen Erdenwinkels, dessen intime Reize keiner so wie er zu belauschen und so unvergleichlich wiederzugeben wußte.

Seinem bürgerlichen Beruf nach war Storm, solange er in Husum lebte, Amtsrichter. Die Husumer pflegten, in der Liebe und Verehrung für ihren Sänger, seinen Titel stets zu ignorieren und nannten ihn zum Unterschied von zahlreichen Namensvettern nie anders wie »Dichter Storm«. Er selbst verabscheute alles, was einer Beweihräucherung ähnlich sehen konnte.

Als ihm einmal in einer Abendgesellschaft ein besonders begeisterter Verehrer in etwas aufdringlicher Weise zu huldigen bestrebt war, indem er stets aufs Neue sein Glas emporhob und, Storm zutrinkend, ausrief: »Dichter! – Dichter!«, da wandte Storm sich schließlich ärgerlich mit einem ziemlich laut gemurmelten »Schafskopf« ab und würdigte den armen X. keines Blickes mehr. Er wollte eben wie jeder wahre Künstler nur ein Mensch unter Menschen sein.

Storm hat nie zu denen gehört, die Unrast des Genies auf unruhig verschlungenen Wegen durch die Welt umtreibt. Ihn hat der kleine Kreis, in dem sein Leben verlief, nie im freien künstlerischen Schaffen eingeengt. Er hat sich die seltene Gabe der Lebensfreude am Kleinen und Kleinsten bis ins späteste Alter hinein bewahrt, obgleich das Leben auch ihm manches schwere Herzeleid zugefügt hat. Seine erste Frau, die von seltener Schönheit gewesen sein soll, starb bei der Geburt des 7. Kindes. Ihr hat er die ergreifenden Verse nachgedichtet:

Das aber kann ich nicht ertragen,
Daß so wie sonst die Sonne lacht,
Daß wie in deinen Lebenstagen
Die Uhren gehen, Glocken schlagen,
Einförmig wechseln Tag und Nacht;

Daß, wenn des Tages Lichter schwanden,
Wie sonst der Abend uns vereint;
Und daß, wo sonst dein Stuhl gestanden,
Schon andre ihre Plätze fanden
Und nichts dich zu vermissen scheint.

Indessen von den Gitterstäben
Die Mondesstreifen schmal und karg
In deine Gruft hinunterweben
Und mit gespenstig trübem Leben
hinwandeln über deinen Sarg.

Storm heiratete später noch einmal. Sein Familienleben
war auch in zweiter Ehe das denkbar glücklichste. Seine
Gattin wußte mit liebevollem Verständnis das Heim des
schaffenden Mannes zu einer wohltuenden Häuslichkeit
zu gestalten, und die Kinder hingen mit fast schwärmeri-
scher Verehrung an ihm, dessen heiter jugendfrisches
Gemüt Verständnis für alles hatte, was jung und frei
emporwuchs. Das Storm'sche Haus war eine wirkliche
Idylle, man mochte kommen, wann man wollte, an Win-
terabenden, wenn die zahlreiche Familie beim warmen
Kaminfeuer beisammen saß und der Dichter mit seiner
klangvollen, etwas leisen Stimme vorlas, manchmal seine
eigenen Werke – oder an Sommertagen in dem lauschigen
Garten, den er selbst mit liebevoller Sorgfalt pflegte.
Storms äußere Erscheinung hatte etwas von einer Mär-
chengestalt an sich, der kleine, etwas gebeugte Mann mit
dem langen, schlohweißen Bart und den milden hell-

blauen Augen, der in seinem schwarzen Beamtenrock so still und unauffällig einherging. So sah man ihn Tag für Tag, im Sommer mit einem breitkrempigen, weißen Strohhut, winters mit brauner Pelzmütze und dickem, weißem Shawl um den Hals, durch die winkeligen Gassen der kleinen Stadt gehen, um seinen Amtsgeschäften obzuliegen oder seinen Spaziergang zu machen.

Storms Lieblingsweg war der Seedeich, der, hart an der Stadt beginnend, sich meilenweit in die grüne Marsch hineinschlängelt. Gegen Westen blickt man auf das Meer mit den vorgelagerten, meist »wie Träume im Nebel« liegenden Inseln und landeinwärts auf weite grüne Wiesenflächen, die in unabsehbarer Ferne mit dem Horizont verschwimmen. Mit der Heimatliebe aller eingebornen Küstenbewohner, die selbst in der schönsten Gebirgsoder Waldgegend die andern oft unverständliche Sehnsucht nach diesem unendlich weiten Horizont ihres Flachlandes nicht los werden, hing Storm an seiner Heimatgegend. Stundenlang konnte er an Sonntagen dem Anschlagen der Wellen gegen den Strand und dem einförmigen Schrei der Seevögel lauschen oder in die rotblühende Heide, die sich auf der andern Seite der Stadt hindehnt, hineinwandern.

In religiösen Sachen war Storm völliger Freidenker und pflegte auch mit seiner Meinung nicht hinter dem Berge zu halten. Das war vielleicht das Einzige, wodurch er die strenge an dem guten alten Brauch des sonntägigen Kirchganges festhaltenden Mitbürger hier und da vor den Kopf stieß, ausgenommen noch, daß einige besonders charakterfeste ältere Damen der Gemeinde manchesmal an den »zu freien« Stellen seiner Werke Ärgernis nahmen. Aber im Ganzen war man doch milde und tolerant in der kleinen Stadt und »vergab« dem Menschen, was der Dichter etwa »fehlen« mochte, und Storms liebenswürdige Persönlichkeit trug über alle Bedenken gegen seine Ansichten in diesen oder jenen Lebenssachen stets den Sieg davon.

Eines eigentümlichen Zuges möchte ich hier noch Erwähnung tun. Storm glaubte trotz seiner rationalistischen Lebensauffassung an alle möglichen Geister. Es war so eine Art Märchenglauben in ihm. Er verkehrte viel in der Familie des Landrats*, dem das alte, malerisch von Ulmen umkränzte Schloß Husums mit seinen weiten Räumen, großen Sälen, Wendeltreppen und unheimlich düsteren Gängen zur Amtswohnung diente. Nachdem Storm Husum schon verlassen, kehrte er alljährlich zu längerem Besuch im Schlosse ein und war dann durch keine Macht der Welt zu bewegen, sein Quartier in einem der ziemlich zahlreichen Zimmer aufzuschlagen, in denen es »spuken« sollte. Abends vermochten wir Kinder ihn öfters zum Erzählen von Geister- und Spukgeschichten, dann konnte ihn selbst das Gruseln so heftig ankommen, daß er stets eines von uns als Begleitung mitnahm, wenn er sich nach den entlegenen Gastzimmern, die er bewohnte, begeben wollte.

Damit habe ich schon vorgegriffen. Im Jahre 1880 verließ Storm Husum, um frei von Amt und Bürden seinen Lebensabend in dem anmutigen holsteinischen Dörfchen Hademarschen zu beschließen. Er baute sich dort ein eigenes Haus und lebte die Jahre, die ihm noch vergönnt waren, nur seinem Schaffen und seiner Häuslichkeit. Jedes Jahr kam er auf längere Zeit wieder nach Husum. Der Abschied von der alten Heimat wurde ihm stets aufs Neue schwer und er sprach in den letzten Jahren sogar davon, sich wieder ganz dort niederzulassen.

Aber es kam nicht mehr dazu. Theodor Storm starb im

---

* Verfasserin ist ein Kind dieser Familie.

Juni 1888. Er war schon lange schwer leidend gewesen, aber vom Sterben wollte er nie etwas wissen. Ihm, der zeitlebens ein Priester des Schönen gewesen, erschien der Tod als etwas Häßliches, Grauenvolles und er sprach oft in bezug auf sein Alter davon, wie schön auch das Abendrot noch sei, wenn die Sonne niedergegangen.

In seiner grauen Stadt am Meer liegt er begraben, auf dem kleinen, lindenbeschatteten, alten Kirchhof. Die Husumer haben ihren Dichter nicht vergessen und legen ihm noch manchen roten Heidekranz auf die schmucklosen, grauen Steinplatten nieder, welche die Storm'sche Familiengruft decken.

In seinem Testament hatte Storm ausdrücklich verlangt, ohne Geistlichen und ohne Glockenklang begraben zu werden. Kurz vor seinem Tode hatte er noch einmal darauf hingewiesen, daß er sein letztes Bekenntnis in folgenden Worten seines Gedichtes »Ein Sterbender« niedergelegt habe:

> »Auch bleib' der Priester meinem Grabe fern,
> Denn nicht geziemt sich's, daß an meinem Sarge
> Protest gepredigt werde dem, was ich gewesen,
> Indeß ich ruh' im Bann des ew'gen Schweigens.«

Totenfeier*

Wir hatten uns einmal heiß und leidenschaftlich geliebt. Damals waren wir beide jung und traurig und litten am Leben wie an einer Krankheit. –

---

* Die Skizze »Totenfeier« wurde wahrscheinlich 1893/1894 geschrieben und in Zeitschriften zuvor nicht publiziert.

Einer ließ den andern in sein Leid hineinblicken und dann kam es allmählich zu dem gewöhnlichen Ende der idealen Jugendfreundschaften zwischen Mann und Weib. Wir träumten von Seelenharmonie, aber in Wirklichkeit redeten nur unsere Sinne miteinander.

Dunkle Naturstürme erwachten und trieben ihr Spiel mit uns. Jeder Blick, jeder Ton, jede leiseste Berührung schauerte ein neues, heißeres Begehren in uns hinein. – Wir lasen damals die »Kreutzersonate« und redeten und schwärmten eine Zeitlang von Reinheit und platonischer Liebe, und dabei fühlte jeder, wenn er den andern ansah, daß das törichte Lügen waren, die vor dem Leben in Nichts zerfielen.

Die Reaktion der Natur kam in plötzlicher Erkenntnis, und mit der vollen Vehemenz unserer ungehemmten Jugendkraft warfen wir uns einem rasenden Sinnenrausch in die Arme. – –

Und dann, als der Rausch ausgebraust und das Gefühl der matten Ernüchterung kam, da hatten wir den richtigen Zeitpunkt des Auseinandergehens versäumt.

Darüber kam es alles.

Wir konnten nicht mehr zusammenbleiben. Die äußeren Verhältnisse trennten uns. Da begingen wir den großen Fehler. Wir verlobten uns, das heißt: wir wollten aneinander festhalten, uns treu sein und uns später heiraten.

Wir schrieben uns. Lange, öde Briefe. Pflichtschuldig verhandelten wir alles miteinander, was wir lebten und dachten -- aber unser Interesse berührte sich nicht in allen diesen Dingen. Nur am Schluß des Briefes – da kamen Worte, aufregende Liebesworte, die brannten wie heiße Umarmungen und brachten wollüstige Träume ins Gehirn und in die Glieder. –

Zwischendurch sahen wir uns wieder. Aber dann waren die Hindernisse – die anderen Menschen, die uns für verlobt hielten und von unserm wahren Verhältnis nichts ahnten.

Nur für Augenblicke konnten wir uns dann die Einsamkeit zu zweien stehlen, die unserer brennenden Sehnsucht not tat.

Das waren Zeiten qualvoller und befriedigungslos aufreizender Erregungen. Einmal waren wir nach langer Trennung wieder allein zusammen. – Im Mai, an einem fremden Ort, wo wir uns sicher wußten.

Kurz vorher waren Mißverständnisse zwischen uns gewesen. Peinliche, schriftliche Auseinandersetzungen.

Auf beiden Seiten war erst ein unangenehmes Gefühl zu überwinden. Es war eben etwas zwischen uns getreten. – Dann Aussprache und es war alles wieder gut.

Und wieder erlagen wir unseren Sinnen. – Aber die Schönheit war davon.

Wir wohnten im Hotel – als Ehepaar – unter falschem Namen.

Tagsüber machten wir Ausflüge. Und nachts versuchten wir, unsere sterbende Liebe wieder aufzuwecken.

Es war anders wie früher.

Eine quälende Nervosität überfiel uns mitten in den glühendsten Umarmungen, und unter den wildesten Küssen riß es uns plötzlich aus den nachtschwülen Betten empor und jach auseinander.

Dann suchte jeder für sich für den Rest der Nacht sein Lager auf, und wir schliefen bis tief in den Morgen hinein.

Der Mißklang zitterte den Tag über in uns nach – und die nächste Nacht kam es wieder.

In dieser Qual schien uns beiden die kurze Zeit unseres Beisammenseins zu einer Ewigkeit ausgerenkt.

Nach einer Woche mußten wir uns wieder trennen. Jeder kehrte zu seinem gewöhnlichen Leben zurück.

Mit einem gereizten, fast feindlichen Gefühl sah ich ihn fortfahren und mir noch lange zurückwinken. Dann kam der Zug nach Norden und ich stieg ein.

»Der Herr war wohl Ihr Bräutigam?« fragte ein ältlicher Reisegefährte in wohlwollendem Ton.

»Ja«, sagte ich und machte ein glückliches Gesicht, versank dann in meine Fensterecke und träumte mich durch die vergangenen Tage und Nächte zurück.

Dabei ging eine Veränderung in mir vor . . .

In dem monotonen Hinfahren durch die stille Lüneburger Heide ebneten sich die widerstreitenden Empfindungen. Die Nerven wurden wieder ruhig. Die Gereiztheit verlor sich. Ein lässig wohliges Gefühl, eine genußträumende Ruhe schmeichelte mir durch die Glieder.

Ein paar Tage blieb das so, ein paar Tage.

Dann kam die Zeit, wo zerstörende Kräfte in mein Leben eingriffen und es von Grund auf durchwühlten. Ich mußte das alles allein durchmachen. Was ich bisher meine Liebe genannt hatte, schlich nur wie ein ohnmächtiger Schatten neben den mich bewegenden Ereignissen her.

In dem furchtbaren Anstemmen gegen das Schicksal und in dem Kampf mit den Menschen, die sich mir gegenüber als seine Werkzeuge aufwarfen, wäre meine einsame Kraft fast gebrochen.

Da, wo ich einer zweiten, vollen Kraft bedurft hätte, war meine Liebe mir nichts gewesen. Ich hatte sie in jener Zeit fast vergessen.

Und als ich dann dem Leben wieder ins Auge sehen konnte, wußte ich, daß ich allein war, ganz allein. Toteinsam – und totmüde.

Aus der Stadt, wo mein Leben Schiffbruch gelitten hatte, ging ich fort in die Einsamkeit – an einen weltfernen Ort zwischen Meer und Heide. – Von da schrieb ich den Brief, der uns trennen sollte.

Zwischen den Zeilen des Briefes starb meine Liebe. Nur die letzten heißen Schmerzen, die während des Schreibens in mir auszuckten, ließen mich fühlen, daß sie einmal gelebt hatte.

Er schrieb nicht wieder. Er kam selbst. Er stand eines Tages vor meiner Tür.

Der Nachmittag lag in schweren grauen Wolken über der Marsch. Die Kühe brüllten dumpf gegen den Himmel und einzelne Seevögel schossen kreischend an uns vorbei.

Wir gingen nebeneinander auf dem breiten Marschwege durch den Koog.

Er fragte mich vieles, und durch seine hastig nervösen, abgerissenen Fragen vibrierte eine wahnsinnige Aufregung.

Ich brachte jede Antwort nur in stumpfem, trocknem Ton heraus. Mir war die Kehle wie zugeschnürt, und wo sonst das Herz gewesen war, fühlte ich nur einen schweren Druck.

Es war tot und schwieg dadrinnen – aber um seinetwillen sehnte ich mich, daß es noch einmal reden möchte.

Über uns am Himmel brach das Gewitter los, der strömende Regen sauste und peitschte und goß um uns her.

Wir fanden ein kleines Wirtshaus an der Innenseite des Deiches und sahen von der niedrigen Gaststube in das Wetter hinaus.

Dann kam es, als ob die Spannung, die auf uns lag, sich allmählich löste. Ein elementares Empfinden, über das ich mir keine Rechenschaft geben konnte, trieb mich, riß mich in seine Arme und löste mir die Sprache.

Er hörte schweigend zu und zog nur meinen Kopf näher an seine Brust heran, wo er so oft geruht hatte.

Ich fühlte, wie er auf mich niedersah und fühlte seine heißen Tränen auf meiner Stirn. Es schnitt mir stechend durchs Herz.

Er war glücklicher als ich – in dem Augenblick –, er litt – er konnte noch leiden.

In mir war alles starre, leblose Dunkelheit.

Mir tat nur noch weh, daß es in ihm noch zuckte und leben wollte, was ich getötet hatte.

Die Flut ging wieder ins Meer hinaus, und das Gewitter ging mit hinab.

Vor den Fenstern wurde es klar, und die Natur lachte erfrischt auf.

Bis in den Abend hinein hatten wir so, traurig umschlungen, in der dumpfen Stube dagesessen mit unserer toten Liebe.

Als wir ins Freie hinaustraten, lag es wie Kirchhofsfrieden um uns her. Das letzte rote Abendlicht lag weit hinaus auf dem Meer, das sich wie ein matter Spiegel in großen, blaugrünen Flächen hindehnte.

Langsam gingen wir am Strande entlang, dem Dorf zu.

Eine dunkle, schweigende Mauer lag der Deich hinter uns. Gegen den fahlen Abendhimmel zeichnete sich die gespensterhafte Silhouette eines Pferdes ab, das den einen, mit schwerer Kette belasteten Fuß klirrend nachschleppte.

Als wir an den Hafen kamen, lag er im Mondschein da. Dann zogen Wolken über den Mond und alles ging in Nacht unter. –

Und wir hatten unsere tote Liebe begraben. –

Ein Bekenntnis

Die junge Frau hat es mir selbst erzählt an einem Abend, als wir zusammen vor dem Kamin saßen, und das Märchenlicht der rotumschirmten Lampe in ihre träumerischen grauen Augen hineinsank.

Wir hatten vorher von der Nordsee gesprochen.

»Es war damals, als wir eben verheiratet waren. Der Arzt schickte mich ins Seebad, während Adolf eine sechswöchige Übung zu machen hatte. – Man fürchtete damals für meine Lunge. –

Es war so schwer, sich trennen zu müssen, wo das Glück eben angefangen hatte.

Wir waren bis zu einer kleinen Heidestation zusammen gereist, dann fuhr mein Mann landeinwärts, und ich der Marschgegend zu.

In dem kleinen Badeort kam ich um Mittag bei strömendem Regen an und hatte bald eine Wohnung gefunden. Von dem Balkon aus konnte ich auf das Meer sehen. So hatte ich es mir gewünscht.

Die ersten Wochen lebte ich ganz einsam, nur meinen Gedanken und meiner Gesundheit. Ich lag am Strande oder machte weite Spaziergänge am Deich entlang und zuweilen mehr landeinwärts in die blühende Heide hinein, und wenn ich heimkam, ließ ich mir das Ruhebett auf meinem Balkon herrichten und brachte lange Stunden damit zu, auf die Nordsee hinauszusehen. Da kam dann die Vergangenheit mit Heimatsklängen vom Meer herauf, traurige, mit tiefem Weh ins Herz einschneidende Töne. Und mir fehlte die warme greifbare Gegenwart meines Glückes, um die Schatten zu vertreiben.

Mit quälender Unruhe konnte es mich oft erfassen, und als ich etwas kräftiger geworden war, fuhr ich oft allein im Boot in das Meer hinaus, zuweilen, wenn der Abendhimmel feine goldrote Reflexe auf die lichtgraue, wunderbar ruhige Meerfläche warf und dann dunkler und dunkler wurde, bis ich die das Fahrwasser bezeichnenden »Baken« kaum mehr unterscheiden konnte. Oder an anderen Tagen, wenn die See stürmische Wellen gegen die Steindämme warf und meine kleine weißgetünchte Nußschale wie eine Möwe mit den Wellen auf und nieder tanzte. Wenn ich dann heimkam, schüttelten die Schiffer den Kopf und bei den Badegästen galt ich bald für tollkühn oder lebensmüde.

Aber mir war es am liebsten, wenn das Meer so ungestüm war. Es kam mir dann auf einmal ein so wilder Lebensmut, ein so intensives Lebensgefühl in die Adern, daß mir das Herz laut klopfte, und ich es nicht lassen konnte, laut in das Wellentoben hinauszujauchzen und hinauszusingen.

Die mitgebrachte Arbeit blieb gänzlich liegen. In dieser Zeit war die Ruhe viel zu schön, um zu arbeiten. –

Mein einziger Verkehr war ein alter Herr, den ich einmal beim Mittagstisch kennengelernt hatte, und der meistens durch ein schweres inneres Leiden an sein niedriges Zimmer bei einem Fischer gefesselt war. Er schalt oft über meine Unvorsichtigkeit und weissagte mir die Schwindsucht, wenn ich hustete. Zuweilen erzählte er mir von seinem Leben, und dann schalt er auf die verdammten Weiber. Er schalt überhaupt immer auf irgend etwas, aber ich kam doch gerne zu ihm und war sehr traurig, als er eines Morgens ohne Abschied fortgereist war. Er wird wohl nie wieder an die See gekommen sein. Der Tod sagte sich schon damals deutlich in seiner fahlen Gesichtsfarbe und in den immer starrer werdenden Augen an.

Die letzten Wochen gingen ganz anders hin. Das Meer hatte mir die Gesundheit wiedergebracht, und die Trennungszeit ging zu Ende. Ich fühlte mich in nie gekannter Wonne am Leben wieder jung und gesund werden. Die krankhaften Gedanken gingen von mir, ich sah zum ersten Mal das Leben lachen. –

Dann lernte ich verschiedene Menschen kennen und war schließlich in eine lustige Gesellschaft hineingekommen, die sich aus allen Gegenden Deutschlands zusammengefunden hatte und dem Lebensgenuß in allen Formen, die das kleine Seebad darbot, fröhnte. Es waren drei Rheinländer darunter, die es verstanden, Leben in die Gesellschaft hineinzubringen. Mit einem von ihnen, der bei der Gesellschaft den Spitznamen ›Aujust‹ führte, war ich besonders gut Freund.

Eine tolle, frohe Jugendlust war unter diesen Menschen über mich gekommen. Aujust war der fleischgewordene Sonnenschein – Siegfried – mit einem Sprung mitten auf die Bühne. Und seine Lebensfreude teilte sich allen mit. Alle hatten ihn gern. Hundertmal konnte er in seiner naiven Naturwüchsigkeit im Gespräch oder in den Umgangsformen den vorgeschriebenen guten Ton verletzen, niemand brachte es fertig, ihm böse zu sein. Daß er seinen Ehering in der Westentasche trug und daheim Weib und Kind hatte, wußte man allgemein, und er selbst machte kein Hehl daraus, daß er dem Ewigweiblichen, wo er nur konnte, seine Huldigungen darbrachte.

In dieser Zeit war alles schön. Und wenn es so geblieben wäre, so wäre alles gut gewesen. Aber es brauchte nur ein geringes Etwas, um zwei Naturen, wie die unsrigen, in einem gefährlichen Punkt zusammentreffen zu lassen.

Das kam an einem milden Morgen.

Wir waren nach einem kleinen Deichwirtshaus weit draußen an der Landspitze gegangen, die drei Freunde, Fräulein Mahr, eine Ostpreußin, und ich. In der kleinen Weinlaube des Wirtsgartens saßen wir und tranken Grog. Der Doktor S. bändelte mit dem Schenkmädchen an, sie mußte sich zu uns setzen und mittrinken. Der alte Stadtrat und Fräulein Mahr gingen früher zurück.

Die Lustigkeit fing an wild zu werden. Die Liese hatte

sich an des Doktors Seite gesetzt, er umschlang sie und wurde immer dringender. Sie wehrte sich, es wurde ein förmliches Ringen unter Toben und Lachen. Wir beiden sahen zu, uns stieg das Blut heiß zu Kopf.

Aujust lehnte sich an mich: ›So sieh doch, wie die es machen, komm, Kind, komm.‹

Ich lachte ihn gezwungen aus. Ich fühlte, wie er unter dem heißen Begehren litt, und wie jung wir beide waren, und wie sich von dem Augenblick an ein sinnliches Moment in unsern Verkehr drängte.

Dann stand ich auf und zog ihn mit hinaus ins Freie. ›Nach Hause, Aujust, wir müssen gehen.‹

Der Doktor und Liese waren auch aufgestanden. Er hielt sie wild und fest im Arm. Ich gab ihr die Hand, sie machte einen Arm von ihrem Bedränger los und hielt mir eine rote Nelke hin. ›Zum Abschied.‹ –

Aujust hatte meinen Arm genommen und tobte seine Glut in Worten aus, während wir auf dem Deich warteten, bis der Doktor uns heiß und atemlos nachkam. Mit brennenden Köpfen und wie zerschlagen kamen wir alle drei um Mittag heim. Wie ein glühender Wüstenwind hatte der Sinnentaumel uns alle gestreift.

Am nächsten Tage wollte ich abreisen. Abends feierten wir Abschied. Da kam die Stimmung vom Morgen wieder in unser Zusammensein. –

Gegen Mitternacht hatte sich der größte Teil der Gesellschaft zurückgezogen. Wir hatten erst im großen Gasthaussaal gesessen. Es war Klavier gespielt und getanzt worden. Der Doktor stellte dem hübschen Schenkmädel nach. Dann, ich weiß nicht mehr wie es gekommen war, saßen Aujust und ich mit unsern Gläsern draußen auf der Bank vor dem Hotel, und wie es dann kam, daß wir über allerhand intime Sachen redeten. Von der Ehe sprachen wir, und es faßte mich unendlich traurig an, auch aus diesem lachenden Mund das alte Lied von der Ehe zu hören, leidenschaftliche Liebe, Glut, Sinnenrausch, Ernüchterung – und dann das ganze Leben miteinander fortleben zu müssen.

Ich war weich gestimmt und zugleich sinnlich erregt, er legte seinen Arm auf die Rückwand der Bank, und ich lehnte mich daran.

›Und morgen gehst du nun auch fort, dann habe ich meine tolle Ella nicht mehr. Dann ist auch das wieder vorbei. – Warum willst du fort?‹

›Aujust, ich gehe ja zu meinem Mann.‹

›Hast du ihn lieb?‹

›Und ob ich ihn lieb habe! Und das dauert auch. Ganz gewiß, Aujust.‹

›Hast du mich denn nicht auch ein bißchen lieb, Ella? – So sei doch ein wenig toll heute Abend. Du bist ja so still.‹

›Mir wird das Fortgehen von euch allen schwer. Unser Zusammenleben hier war doch so schön und fidel.‹

Wir schwiegen beide eine Zeitlang, dann fing er wieder an:

›Kind, willst du mir nicht zum Abschied einen Kuß geben, nur einen?‹

›Ach, warum denn, Aujust, geht es nicht ohne das? Siehst du, ich tu' es nicht gerne.‹

›So mach' doch, Kind, du bist ja ganz töricht heute abend.‹

Ich fand mich selbst töricht in dem Augenblick; was war es denn?

Und er zog mich warm an sich und murmelte: ›Du gute Maid, du tolles, liebes Kind, habe Dank.‹ – War das Sünde? Mein Gewissen regte sich nicht. Es war so anders, so ganz anders – wie früher bei anderen. Es war so traurig und so sinnlich zugleich.

Fräulein Mahr kam zu uns hinaus, die anderen waren heimgegangen.

Dann kam Käthe, die Kellnerin, um nach dem Doktor zu fragen. Der war schon zu Bett gegangen, der alte Stadtrat auch. Die drei Freunde wohnten zusammen, es war nicht weit weg, und Aujust machte den Vorschlag, sie wieder zu holen.

Jeder von uns nahm sein Glas mit, und wir gingen die kleine Gasse hinab, klopften ans Fenster, stießen mit den mitgebrachten Gläsern dagegen, bis wir die beiden glücklich aus ihrem Schlaf aufgerüttelt hatten, und sie in flüchtig übergeworfener Bekleidung zum Fenster hinaussprangen.

Dann ging es ins Gastzimmer zurück, wo das Gelage von neuem begann, toll, jugendlich, ausgelassen bis zur vollsten Orgie.

Fräulein Mahr und der Stadtrat präsidierten mit einem Rest von Vernunft.

Ein Berliner Opernsänger, Harry genannt, seinen wirklichen Namen weiß ich nicht mehr, raste am Klavier eine wilde Tanzmusik daher, Aujust und ich tanzten um den Tisch herum. Der Doktor hatte sich eine große Schürze vorgebunden und hantierte mit Käthe am Schenktisch. Umgestürzte Gläser, wildes Lachen und das erste Tageslicht schon in den Fenstern.

Gegen vier Uhr waren alle müde geworden.

Der Doktor und Käthe waren stillschweigend verschwunden und kamen nicht wieder.

Aujust wollte mich nach Hause bringen. Er war wahnsinnig erhitzt und aufgeregt. Wir gingen durch die mondhellen Straßen des kleinen Strandortes.

Wie vorhin bat er, aber jetzt glühend und brünstig: ›Kind, Kind, so küß mich, küß mich doch.‹

In mir tobte und brandete die Lust immer wilder. Als wir

an meiner Haustür standen, küßte er mich mit brennendem Mund wieder und wieder. Dann warf ich mich wild in seine Arme.

›Mein tolles, tolles Kind!‹ –

Dann gingen wir an den Deich hinaus bis zur ersten grünen Bretterbude. –

Ich kam erst in der vollen Morgensonne wieder nach Hause, warf mich aufs Bett und lag bis gegen Mittag in schwerem Schlaf.

Dann ging ich nach dem Gasthaus hinüber, um von allen Abschied zu nehmen. Aujust war nicht da. Man sagte mir, er schliefe zu Mittag. Ich ging nach seinem Quartier. Das Fenster stand offen. Als ich anklopfte, fuhr er verschlafen vom Sofa in die Höh', lehnte sich dann mit verschränkten Armen auf das Fensterbrett.

›Ich wollt' dir Adieu sagen.‹

›Kind, bist du mir böse?‹

›Nein, Aujust, das kann ich nicht.‹

›Aber Kind, du, das war ein verflucht dummer Spaziergang gestern, verzeih' mir, das kam eben so.‹

›Ich bin dir nicht böse.‹

Am Bahnhof sagten wir uns das letzte Lebewohl. Als der Zug sich in Bewegung setzte, rief Aujust mir noch mit seinem alten sonnigen Lachen nach: ›Leb wohl, du tolles Kind.‹

– Als ich meinen Mann wiedersah, hatte ich alles andere vergessen. Es lag wie ein schwerer, wüster Traum hinter mir, von dem nur zuweilen die Erinnerung mit dumpfer Reue in mir aufzuckte. Dann habe ich lange nicht mehr daran gedacht, bis an einem Abend, wo wir zusammen in besonders lustiger Gesellschaft gewesen waren. Da kam die Erinnerung plötzlich und gewaltsam über mich und ich sagte ihm alles.

Und er begrub meine Schuld in seine Liebe. –

»Haben Sie nie wieder von jenem Aujust gehört, gnädige Frau?«

»Doch ja, noch ein Mal, etwa drei Tage nach unserm Abschied«, – die junge Frau stand mit ihrer müden Bewegung auf und ging an den Schreibtisch. Dann reichte sie mir eine Postkarte, die mit Versen in einer kleinen festen Handschrift beschrieben war.

> »Fahr wohl, mein Lieb, der Abend graut,
> Fahr wohl, wir müssen uns trennen.
> Das Scheiden ist ein bittres Kraut,
> Von heißen Tränen ist's betaut
> Und seine Blätter brennen. –
> Schau mich noch einmal lächelnd an,
> Das will ich zum letzten bitten. –
> Du hast mir viel zu Lieb getan
> Und treulich wollt ich zu Dir stahn,
> Die Welt hat's nicht gelitten.
> Dort drüben am Meer eine Weide steht,
> Die Äste neigen sich nieder,
> Ein Blatt sich wirbelnd zur Erde dreht,
> Wer weiß, wohin es der Wind verweht,
> Zurück kehrt's nimmer wieder.
> Drum fahr' wohl, Ella, fahre wohl.
> Mög' Dich das Glück geleiten,
> Seit unserm Abschied glaubst Du wohl,
> Ist Aujust toller noch als toll,
> Er kann das Scheiden nicht leiden. –

Dies als traurigen Abschiedsgruß von Deinem traurigen Aujust.«

– Ich gab ihr die Karte zurück, und sie legte sie schweigend und müde wieder in das Fach zurück. –

Vater

Mein Vater starb plötzlich. Wir waren vor zwei Jahren im Zorn voneinander gegangen. Ich hatte damals meinen Willen durchgesetzt, ich stand allein draußen in der Welt, und das Leben wehte stürmisch um mich her.

Zuerst hatte ich gehört, daß mein Vater krank sei. Ein leidenschaftlich zorniger Brief meines ältesten Bruders, der mir in erregten Worten die Schuld beimaß, hatte mich davon benachrichtigt.

Das brüderliche Schreiben hielt sich in Ausdrücken, die mir jede Annäherung, jede Nachfrage unmöglich machten.

Von Fernstehenden hörte ich kurze Zeit darauf, mein Vater habe sich erholt. Und dann kam eines Tages das Telegramm, daß er im Sterben liege.

Ich konnte nicht vor Nachmittag reisen, und während des Morgens kam ein Telegramm um das andere, alle von meinem jüngsten Bruder, der mich ohne Wissen der übrigen Familie benachrichtigte – eins um das andere: Zustand hoffnungslos – Zustand unverändert – Nicht kommen – und so fort.

An demselben Morgen kam ein Brief von dem Manne, um dessentwillen ich mit den Meinen gebrochen hatte.

Ich konnte ihn kaum lesen, und er war mir auch gleichgültig – jetzt so unsagbar gleichgültig.

Wie sonderbar, daß ich ihn damals geliebt hatte.

Ich fuhr ab.

Acht Stunden, bis ich daheim sein konnte – zu Hause! Ja, ich fuhr nach Hause, nach zwei Jahren wieder nach Hause. Wie gut das war. Ich sagte es mir selbst immer wieder vor: nach Hause!

Das mußte den brennenden, aufsteigenden Schmerz kühlen. Zur Mutter! Ihr in die Arme. Mutter! Schluchzen dürfen, Mutter! Stammeln dürfen – so hatte ich es noch nie sagen können.

Acht Stunden am schwülen Julitag im sonnendurchglühten Wagen, acht Stunden mußte ich in qualvoller Aufregung dahinfahren.

Wird er noch leben? Werde ich noch vor ihn hinknien können, seine sterbenden Hände küssen, in seine verlöschenden Augen sehen, reuig und sehnsüchtig? Oder wird er meine Schuld unvergessen mit hinabnehmen?

Es wurde Abend. Ich war allein und fuhr durch mir bekannte Landschaften, und meine Aufregung wuchs zum Wahnsinn, zur Todesangst. Wird er noch leben? Eine Stimmung, ein Ton, ein Kindheitston wurde in mir wach, ein seltsamer, lang vergessener, und er zitterte nur noch wehmütig gebrochen in mir auf.

Meine Hände wollten sich falten, aber sie krampften sich nur wütend ineinander und über meine Lippen kam ein irrsinniges Stammeln. Er muß noch leben, er muß noch leben!

Draußen war es Nacht.

Ich fühlte nicht mehr, daß ich mich bewegte und lebte, ich fühlte nur, wie meine fiebernde Stirn gegen die kalten, glatten Fensterscheiben stieß und wie meine Zähne in Frostschauern aufeinander schlugen.

»Bitte, die Billetts!« Wir waren dicht an der Stadt.

Die Türme stiegen gegen den dunklen Nachthimmel auf. Die Bahnhofslichter flackerten unruhig. Die große Uhr stand auf elfeinhalb, als der Zug einfuhr. Der Perron war nachtverödet und leer. Ich stieg mechanisch aus.

Wo war ich, und was wollte ich da, wo ich jetzt war? Zwei dunkle Gestalten kamen heran: mein jüngster Bruder mit einem älteren Herrn, einem Geistlichen, welcher der Familie nahe stand. Mein Bruder und ich lagen uns einen Augenblick in den Armen und sahen uns durch Tränen der Verzweiflung an.

Dann zog er sich zurück. Der Priester hatte mit mir zu sprechen im Auftrage meiner Mutter und der anderen. Ein kalter, harter Auftrag war es: – alles, was meine Mutter mir in diesem Augenblick zu sagen hatte, war: »Geh wieder fort, du hast hier nichts mehr zu suchen.« – Meine Mutter hatte recht: so sagte mir der Geistliche wenigstens. Ich hatte mich ja von ihnen losgelöst, und nun gehörte ich nicht mehr zu ihnen. Meine Schuld mußte sehr schwer gewesen sein, wenn meine Mutter mir das sagen konnte.

– Du hast hier nichts mehr zu suchen. – Am Sterbebett deines Vaters hast du nichts zu tun, du hast kein Recht um ihn zu trauern, kein Recht an dein Zuhause, geh wieder hinaus in die traurige Welt. Unstet und flüchtig sollst du sein, aber zur Variation der alten Legende wollen wir dir das Kainszeichen nicht auf die Stirn, sondern ins tiefste Herz hineinbrennen, an die weichste, verwundbarste, geheimste Stelle, die nie wieder heilen kann, und wo es doch keines Menschen Auge sieht, wenn es schmerzt und blutet. – –

Der Priester ging. Seine Mission war vollbracht. – Habe Dank für dein Evangelium, du Mann des Friedens. –

Ich stand allein auf dem Bahnhof. Ich war völlig bei Sinnen. Mein Vater lebte noch und (so hatte der fromme Mann gesagt): »Sie werden ihn nicht sehen und wenn ich selbst mich vor die Tür stellen müßte.«

Ich ging zu guten Freunden, die um meinen Bruch mit der Familie wußten, und die nahmen mich auf, ohne viel zu fragen.

– Dann kamen zwei Tage, an denen ich brünstig wünschte, sterben zu dürfen.

Mehrmals am Tage ging ich zum Arzte, der meinen Vater behandelte, und holte mir Nachrichten, die zwischen völliger Aussichtslosigkeit und schwacher Hoffnung wechselten. Am Mittwochnachmittag hieß es: Er wird die Nacht nicht mehr erleben.

Ich weiß nicht, wie ich dann aus dem Hause des Arztes und aus der Stadt hinausgekommen war. Da lag ich an der Erde in dem kleinen Gehölz und wußte, daß mein Vater starb, daß es vorbei war. Mein Kopf war wie leergebrannt. Die Gedanken schwirrten wie Mücken in dem öden Schädel herum, und ich vermeinte es zu fühlen, wie sie summend gegen die Innenwände stießen.

Als ich zu meinen Gastfreunden zurückkehrte, war eine Botschaft von meiner Familie da – noch kälter und unbarmherziger wie die vorige. Mein Vater war gestorben, und jetzt durfte ich kommen und ihn noch einmal sehen.

– –

Auf dem Bett im kahlen Krankenzimmer lag etwas Kaltes, Lebloses, Schreckliches, und das war mein Vater gewesen. Und ich kniete davor und wußte nur, daß er es nicht mehr war, daß es für alle Zeiten zu spät war.

Gebrochen und in wahnsinnigem Schmerzausbruch warf ich mich über die kalten Glieder meines Vaters hin. Die glühenden Tränen seines verlorenen Kindes mußten seine eisige Stirn und seine toten Hände netzen, und zur Vergebung war die Zeit vorüber. –

Dann kamen Menschen ins Zimmer.

Jemand zog mich vom Bett in die Höhe. Es war mein ältester Bruder.

Für eine Minute zog uns der Kummer in eine traurige, geschwisterliche Umarmung. Ich weiß nur noch, daß mich der Bruder in seinen Armen hielt und daß der Priester da war, und seine Stimme schwirrte mir mit kalten Worten in den Ohren.

Meine Mutter wollte mich nicht sehen. Ich blieb noch einen Tag in der Stadt. Als der Abend kam, ging ich aus. Das Haus meiner Eltern wollte ich noch einmal sehen, und ich ging um den Wall nach der alten, bekannten Straße, und dann viele Male um das Haus herum, am Gartenzaun entlang. An der Südseite standen die Fenster offen. Die Vorhänge waren nicht herabgelassen. Da saßen sie beim Lampenlicht um den Teetisch.

Ich sah meine Mutter, meinen Bruder, konnte verstehen, was sie sprachen. Ich packte das Gitter und dachte einen Augenblick daran, mich an ihm aufzuspießen. Wahnsinn. – Aber erschießen konnte ich mich. Meinen Revolver hatte ich ja mitgenommen. In all die glühenden Schmerzen hinein die kalte Kugel. Und auf die Haustreppe sich hinlegen, gerade auf die Schwelle, und dort sterben.

Warum habe ich es nicht getan? Es wäre gut gewesen. Warum mußte mich die feige Angst noch an den Fetzen Leben schmieden? –

Im Hofe bellten die Hunde, meine alten, treuen Hunde mit ihren heiseren Stimmen. Ich stand noch da – ich starb ja nicht – tötete mich nicht – wurde auch nicht toll. Es fror mich in der Nachtkühle und in meinem Elend. – Nun wollte ich gehen. Noch einmal über die Straße zurück. Da oben auf dem Balkon stand eine Gestalt. Es war meine Schwester. Das war ihr Zimmer, und die andern waren alle unten bei der Lampe gewesen. Ich stand wieder am Gitter und sah hinauf zur Schwester. – Kein Wort. – Ich hörte sie weinen.

Sie hatte mich gesehen und sah hinunter, während ich zu ihr emporstarrte und kein Wort sprach.

Dann ging ich.

Die letzte weiche Saite in mir sprang klirrend entzwei.

Krank

Ich bin krank ... Ein ödes langes Siechtum ohne Aussicht. Ich wollte alles wissen, und man hat mir alles gesagt ... alles. Mir ist keine Hoffnung geblieben, nicht einmal die elendeste Illusion.

Und so ist es gut, so wollte ich es haben.

Jetzt warte ich Tag für Tag, eine endlose Nacht nach der anderen. Und die Nächte sind am schlimmsten. Sich so ganz allein durch die finstere, undurchdringliche Masse von Dunkelheit und Schmerzen durchwinden zu müssen, mit all der Todesangst in den kranken Nerven! ...

Die erste Zeit – damals, als es anfing – lag ich im Krankenhaus; und leise, ganz leise gingen von Stunde zu Stunde die Schwestern aus und ein, die guten Barmherzigen Schwestern. Ein blasser Lichtschein ging ihnen voraus, und sacht kamen sie hereingeglitten mit ihrem Nachtlicht in der Hand. Wie da die weißen Schleier schimmerten und der rote Glanz der kleinen Laterne über das friedliche, heilige Gesicht und all das schneeige, blaukalte Weiß hinflackerte! Wie Gebetsstimmung kam es jedesmal über mich; ich war wieder Kind und träumte von Schutzengeln. Jetzt bin ich allein. Wenn nur die Nacht erst zu Ende wäre ...

Langsam und qualvoll wird es Morgen, und meine Wirtin schlürft herein mit ihren müden, alten Schritten. Sie zieht die Vorhänge von den Fenstern zurück und stellt mir den Kaffee ans Bett.

Und dann gehen Stunden darüber hin, bis die entsetzliche Schwäche überwunden ist und ich mich vom Bett zum Diwan hingearbeitet habe.

Da liege ich dann und höre mit halbgeschlossenen Augen, wie draußen der neue Tag frisch und morgendlich anhebt.

Jung und kräftig klingt alles – so gesund.

Drüben in der Kaserne machen die Soldaten ihre Übungen, und die scharf abgerissenen Kommandos schallen zu mir herein. Zuweilen auch Militärmusik, irgendein morgenfroher Marsch, und unten auf der Straße klingeln die Tramways vorbei, und schwerfällige Wagen dröhnen, und die Menschen hasten und jagen durcheinander. Das ist alles so weit unten, unter meinem Dachzimmer. Das Leben tönt nur noch zu mir herauf.

Meine Wirtin bringt das Zimmer in Ordnung und unterhält mich dabei über ihre Portion Elend im Leben. Sie ist eine gute alte Frau, aber ich rede nicht gern mit ihr. Es stört und peinigt mich, daß sie so undeutlich spricht und daß sie einen schiefen Mund hat. Wenn sie spricht, muß ich immer danach sehen. Das macht mich so nervös.

Sie jammert über das Leben und wird scharf und ausfallend, wenn sie auf die Menschen zu reden kommt. Wie die alte Frau oft recht hat! Ihre verbitterte Philosophie entspringt lauter bitteren Tatsachen. Den ganzen Tag muß sie arbeiten und dabei ist sie schwach und kränklich. Ihr Mann kann nicht auf Arbeit gehen. Wochenlang sitzt er in der Küche mit entzündeten Füßen. Nur alle acht Tage einmal humpelt er die vier Stiegen hinunter und zum Kassenarzt. Denn der kommt nicht zu den armen Leuten.

Und im Frühjahr müssen die Alten aus dem Hause. Sie haben nun schon achtzehn Jahre dort gewohnt und sind alt und schwerfällig geworden. Alles das erzählt sie mir, während sie das Zimmer aufräumt. Und ich liege dabei auf dem Diwan und bebe vor Nervosität. Es strengt mich an, ihren Dialekt zu verstehen, und der schiefe Mund stört mich. Dabei ist es so kalt, und ich kann mich nicht entschließen, zu sagen, daß sie einheizen soll. Ich fürchte mich vor dem Lärm, den sie dabei macht. Endlich ist es so weit. Ich kann jetzt wenigstens das Feuer sehen und mir einbilden, daß es wärmer im Zimmer ist.

Aber nun kommen die Schmerzen wieder. Es ist unmöglich, dabei gerade zu liegen. Ich versuche, mich zu strekken, . . . und dann rollt ein neuer Krampf mich wieder zusammen. Bis in die Knie geht es hinunter und oben liegt es auf der Brust und drückt mir den Atem zusammen.

Ich bin froh, daß ich allein bin und daß niemand mich leiden sieht, niemand, außer mir selbst, – und an mich selbst bin ich gewöhnt.

Meinen kleinen Handspiegel habe ich immer neben mir liegen. In den schlimmen Stunden beobachte ich mein Gesicht darin. Ich will keine Schmerzenslinien haben, keine verzerrten Krankenhauszüge. Der Wille muß die armen, zuckenden Nerven zur Ruhe zwingen. Nur die Augen dürfen leiden, den Schmerz in die leere Weite hineinbohren. Der Mund muß ganz ruhig sein. Er möchte gern beben und zucken und die Qual über das ganze Gesicht ausstrahlen, aber ich halte den Spiegel ganz fest und bin sehr streng. Ich möchte ruhig und schön leiden, wie die Heiligen.

Ich nehme kein Morphium, – damit warte ich noch. Vielleicht nicht mehr lange. Es ist gut, alles so genau vorher zu wissen: jetzt ist es noch so . . . dann wird Das kommen . . . dann Das . . . und dann – – –

Aber bis dahin noch leben – leben!

Wenn die ärgste Stunde vorbei ist, kommt eine wohlige Abspannung.

Ganz leises Fieber . . . Das gibt so ein gutes Gefühl, diese leise summende Wärme durch den ganzen Körper. Und jetzt rauchen, eine milde, beruhigende Zigarette. Der Arzt hat es mir nicht verboten, ich habe längst keinen Arzt mehr. Ich weiß ja selbst, was mir fehlt; ich weiß die ganze Litanei auswendig.

So wohl und mild wird es mir jetzt, wenn der blaue, leichte Nebel mich und mein Zimmer einhüllt. Es ist ein ziemlich trauriges Zimmer, aber ich liebe es sehr. Die kahlen, weißen Kalkwände kommen mir vor wie gute Freunde, die meine Leiden still mit ansehen, und deren Mitleid ich besser vertragen kann als das der Menschen. Meine Gedanken träumen dem blauen Rauch nach; sie träumen davon, wie schön es wäre, jetzt auf einem türkischen Ruhebett zu liegen, in einem kleinen, zeltartigen Zimmer, mit rotem Licht und dichten, warmen Teppichen. Und um mich herum lägen dann all die anderen: meine Freunde, die schon gestorben sind ... Ich mache die Augen zu, und sie erzählen mir vom Sterben, immer nur vom Sterben. Wie gut es war, als die Schmerzen aufhörten ... und das schreckliche letzte Zucken. Nur Einer will immer vom Leben sprechen, der mit dem weißen Tuch um den Kopf und der Wunde darunter ... Die Kugel ... Und er war noch so jung. Aber die anderen verstehen ihn nicht, und er schweigt wieder.

Er ist auch der einzige, der mit den Augen rollt, und dem es manchmal um den Mund zuckt. Bei den anderen ist es so totruhig in den großen, leeren Augenhöhlen. Und so reden sie vom Sterben und lachen dabei über das Leben. Ihr Lachen klingt ruhig und ausgelebt. Wir liegen alle auf den Polstern umher und rauchen aus langen Wasserpfeifen, und der schwarze Kaffee funkelt in durchsichtigen japanischen Schalen und peitscht die Nerven zu wollüstigem Beben.

Und dann werde ich sehr müde und kann nicht mehr deutlich sehen; alles zittert und schwankt mir vor den

Augen. Und sie gehen wieder fort, alle, ganz leise. Nur der mit der Wunde will noch bleiben und mit mir vom Leben reden; aber sie nehmen ihn doch schließlich mit. Und wenn sie alle fort sind, schlafe ich ein.

Zuweilen bringt man mir Briefe. Wenn mich nur einmal wieder etwas freute oder aufregte. Aber das kommt nicht mehr vor. Sie wissen alle, wie es mit mir steht, und wollen es vermeiden, mich aufzuregen. Es ist überflüssig, denn niemand kann ruhiger sein, als ich es jetzt bin. Ich kann sogar mit Ruhe daran denken, daß die anderen dort drunten im Atelier sind und arbeiten . . . Arbeiten . . . als ob das das Leben wäre.

Sie kommen auch zu mir herauf, die Lebenden, Starken. Sie erzählen mir von ihren Arbeiten und sprechen davon, wenn ich erst wieder dazwischen sein würde, und wie es früher war, und wenn ich erst mein Bild fertig gemacht hätte – mein großes Bild. Ich lächle nur noch darüber, wenn sie so reden; und sie wissen auch, daß ich nicht mehr daran glaube. Sie glauben ja auch nicht daran, aber sie wollen mich trösten. Es ist wirklich zum Lachen.

Im Anfang – ja, damals hat es mich fast zum Wahnsinn gebracht, daß ich nicht mehr arbeiten konnte. Aber das war nur so lange, wie ich glaubte, daß es noch einmal kommen würde. Dann habe ich sie gebeten und sie haben mir die Skizze zu meinem Bild heraufgebracht. Da hängt sie nun und ich weiß jetzt, daß ich nie wieder arbeiten werde. Ich habe jetzt schon aufhören müssen und bin lange nicht fertig geworden. Und die anderen hören später auf und werden auch nicht fertig. Es geht alles nach der selben Melodie von der großen Entsagung . . . Ja, sie kommen oft und besuchen mich. Sie wissen alle, wie es mir immer elend gegangen ist, und wundern sich, daß ich jetzt Wein trinke und gute Zigaretten rauche und ein warmes Feuer habe. Ich finde nichts Sonderbares darin.

Ich fürchte mich jetzt nicht mehr davor, Schulden zu machen, und es ist doch gut, zum Schluß noch einmal weich zu liegen und dem Leben nichts mehr abringen zu müssen. Am liebsten möchte ich jeden Tag ein Fest geben, ein glänzendes, rauschendes Fest mit wunderbarer, sinnverwirrender Musik. Der Sekt sollte in Strömen und Springbrunnen fließen, und alle sollten übermütig froh sein und bacchantisch tanzen. Und viele Rosen. Alles sollte so schön sein. Und jeden Tag.

Und ich liege unter einer schönen Palme mit breiten, schattigen Blättern ganz im Hintergrund . . . und sehe zu. Und mitten im Fest würde ich eines Tages sterben . . . Und erst würden sie alle weiter jubeln und weiter tanzen. Dann würde irgend jemand entdecken, daß ich gestorben bin . . . Einen Augenblick ist alles ganz still. Vielleicht spielt die Musik dann einen Trauermarsch, wie von selbst. Und dann würden sie schließlich doch wieder tanzen und sich wieder freuen und wieder lachen – noch den einen Abend, weil es ja das letzte Fest ist und weil sie glauben, daß ich es nicht sehe. Und zuletzt würden sie klagen, daß es nun vorbei ist.

Nachmittags liege ich lange in die Dämmerung hinein. Ich kann gerade aufs Fenster sehen, wie es draußen grauer und grauer wird, und dann stelle ich mir vor, wie jetzt die Laternen ihren Schein aufs Trottoir werfen, wie das kalte, blaue elektrische Licht aus den weißen Glaskugeln vor den Läden hervorkommt und sich mit dem heißen, flackernden Gaslicht mischt, und wie die Straßenbahnen mit ihren roten und grünen Laternen einander auf ihrem unermüdlichen Rundlauf um die Stadt herum begegnen, und wie all die müden Menschen darin sitzen, die von einer Arbeit zur anderen oder von einem Vergnügen zum anderen und von einer Erregung zur anderen jagen. Oder der Mond scheint mir weiß und voll ins

Fenster hinein und spiegelt sich in dem blanken, grinsenden Totenschädel auf meinem Schrank. Draußen legt er seinen Schein auf das im Schatten verschwimmende Kasernendach, auf dem zuweilen ein einsamer Kater entlang schleicht und über jeden Schornstein vorsichtig hinwegklettert.

Dann kommt die Lampe und kontrastiert so seltsam mit alledem da draußen, und die Gedanken, die in der Dämmerung einschlafen wollten, kommen wieder. Das Fieber fängt wieder an, erst im Gehirn, von da geht es in alle Adern und durch alle Glieder bis in die Fingerspitzen. Und dann fange ich an, zu schreiben. Im Fieber versuche ich, mein ganzes Leben hinzuschreiben, all meine Träume, meine Sünden und mein Elend. Und später, wenn ich tot bin, soll mein Buch es hinausschreien unter die Menschen, wie ich geträumt und gesündigt habe und wie elend ich war . . . Wenn ich tot bin.

An der Wand gegenüber hängt die große Skizze zu meinem Bild. Es wird nie fertig werden. Ich hatte so viel gewollt und bin noch so jung . . .

Und dann kommt die Nacht – – –

Tot

Er war tot, und es war ihm unsagbar unangenehm. Die ganze Sache kam ihm so deplaciert und taktlos vor. Von jeher hatte er sich dagegen verwahrt, im Bett zu sterben, und immer aus tiefster Überzeugung behauptet, er würde einmal durch Selbstmord oder Unglücksfall enden.

Nun war ihm die verwünschte Krankheit über den Hals gekommen, man hatte nicht einmal Zeit gehabt, ihn ins Krankenhaus zu schaffen. Er war einfach in seiner Wohnung liegengeblieben, ein Arzt war gekommen, dann ein zweiter und dritter, eine Krankenschwester, Freunde, Bekannte, Blumen, Verwandte, Weinflaschen – alles, was eben zu kommen pflegt, wenn ein junger Mann aus guter Familie plötzlich schwer krank wird.

Heute mittag, um halb eins, war es dann vorüber, und er starb. Jetzt mochte es ungefähr drei Uhr sein, und er wäre lieber wie sonst ins Café gegangen. Aber da er tot war, ging es nicht mehr. Die Krankenschwester war dageblieben, als alle anderen fortgingen. Er hörte sie hin und her gehen und wurde nervös. Was hatte sie noch in seinem Zimmer zu tun? Womöglich war sie indiskret und stöberte seine Sachen durch. Wie unangenehm, und man konnte es nicht verhindern. Dabei sang sie Choräle vor sich hin – – oh, daß ich tausend Zungen hätte – –. Taktlos – sie fühlte sich sichtlich unbeobachtet, sonst hätte sie doch wenigstens ein Sterbelied gesungen, irgend etwas, was auf die Gelegenheit paßte.

Hier und da wurde geschellt, die Schwester ging hinaus, und er hörte sie in verschiedenen Tonarten sagen: »Der junge Herr ist heute mittag gestorben.« – Es waren anscheinend Lieferantenstimmen, die draußen sprachen – Rechnungen. Zum erstenmal empfand er eine gewisse Genugtuung, als er von seinem Tode sprechen hörte, und es kam eine schadenfrohe Vergnügtheit über ihn. All diese unangenehmen Dinge war er nun wenigstens für immer los, sie konnten nicht mehr an ihn herankommen. Bis vor kurzem hatten sie ihm das Leben ziemlich unangenehm gemacht, er hätte sich schütteln mögen, wenn er daran dachte. Aber er konnte sich nicht mehr schütteln, er war tot.

Ja, er hatte manchmal ernstlich daran gedacht, sich zu erschießen, wenn er sich der Finanzfrage nicht mehr gewachsen fühlte. In früheren Zeiten hatte man ihm von allen Seiten geholfen, damals war er eben noch ein hoffnungsvoller junger Mann, und man hatte erwartet, er würde sich irgendwie »durchsetzen«. Aber er hatte sich niemals durchgesetzt und wurde allmählich als verlorner Posten betrachtet. Und als verlorner Posten hat man die Verpflichtung, sich selbst herauszureißen oder diskret zu verschwinden. Es wäre auch sicher ein hübscher Effekt gewesen, aber schließlich hatten die anderen mehr davon wie man selbst. Und unter den jetzigen Umständen waren das eigentlich zwecklose Betrachtungen.

Es klingelte wieder – aufgeregt und dramatisch. Diesmal war es eine ausgesprochen weibliche Stimme, die mit der Schwester unterhandelte. Natürlich war es Maria. Sie schien eine förmliche Szene zu veranstalten – ach, Maria! Sie konnte ja nicht ohne Szenen existieren, und heute, an seinem Todestage – wer weiß, ob ihr jemals wieder eine solche Gelegenheit geboten würde.

»Was – kein Recht – – Onkel – – ich – – das ist nicht wahr – davon verstehen Sie nichts –« Dann entstand ein betäubendes Stimmengewirr, es schienen sich noch andere Leute hineinzumischen, – Nachbarn, die Wirtin. Dazwischen wie ein Refrain, immer wieder in sanftem bitterbösem Ton die Stimme der Schwester: »In einem Sterbehause – – in einem Sterbehause«. – Dann wurde es wieder ruhig. Maria war nicht hereingekommen. – Es wäre ihm auch eigentlich nur peinlich gewesen.

Etwas später klingelte es von neuem, diesmal reserviert, bestimmt und gedämpft, wie es sich in einem Sterbehause gehört und den Nerven des Verstorbenen angemessen ist. Die Verwandten kamen vom Mittagessen zurück.

»Nun, liebe Schwester, haben Sie sich von der Nachtwache ausgeruht?«

»Das ist mein Beruf, gnädige Frau.«

»Ist der Sarg noch nicht gekommen?«

»Nein.«

»Unglaublich mit diesen Lieferanten! Wann sollen wir denn unsere Besuche machen?« – Das war die Tante.

Der Tote empfand eine unhöfliche Regung. Was wollten sie denn noch hier in seinem Zimmer? Wahrscheinlich saß die Tante auf seinem Sofa, der Onkel auf dem Sessel vor seinem Schreibtisch, und der Vetter rauchte die hinterlassenen Zigaretten, die Maria ihm neulich zum Geburtstag geschenkt hatte.

Aber endlich schienen sie alle Platz gefunden zu haben, und der Onkel eröffnete die Unterhaltung. »Hans«, – das war der Vetter – »du bist über seine Verhältnisse orientiert?«

Hans: »Wieso, Papa?«

Der Onkel räusperte sich, und der Tote wurde ganz vergnügt, er kannte dieses Räuspern und meinte, der Onkel hätte sich alle weiteren Worte sparen können. Aber diesmal kam es anders. Er war eben nicht mehr der lebende Neffe, dessen Lebensäußerungen man nicht zu schätzen wußte – er war der tote Neffe, und das änderte die Sache bedeutend.

»Ob der arme Junge Schulden hatte, meine ich.«

Hans: »O ja.«

»Sind sie hoch?«

Und vom Sofa her die Tante:

»Ich will doch nicht hoffen – – –«

Aber Hans sagte fest und zuversichtlich:

»Sehr hoch.«

Pause. – Ein Stuhl wurde gerückt, und einer von ihnen ging im Zimmer auf und ab. Wahrscheinlich der Onkel. Dann fing die Tante wieder an – sie hatte heute kein Glück und kam nie mit ihren Sätzen zu Ende:

»Aber du denkst doch nicht etwa daran – – –«

»Selbstverständlich muß jetzt alles in Ordnung gebracht werden. Ich will doch nicht, daß die Leute um ihr Geld kommen und sein Name durch den Schmutz gezogen wird. Es ist auch unser Name.«

Hans nannte eine ziemlich ungeheuerliche Summe. Der Tote war selbst ganz erstaunt, er konnte sich nicht mehr erinnern, ob es stimmte, und fing an nachzurechnen, aber es wollte nicht recht gehen. Die anderen schienen inzwischen nach Fassung zu ringen, und dann sagte die Tante: »Aber Hans, wie ist das möglich – und du hast darum gewußt? – Wer um Gottes willen hat ihm denn all das Geld geliehen?«

»Nun Leute«, sagte Hans.

»Leute? – – –«

»Ja, Leute – die ihn besser kannten wie ihr.«

»Hans!« sagte der Onkel mit melancholischer Würde und die Tante: »Wie kannst du so etwas sagen? Er ist doch in unserem Hause aufgewachsen. Ich bin ihm eine zweite Mutter gewesen, und wenn er in seinem Leichtsinn – – –«

Schade, daß der Onkel sie unterbrach, aber er tat es.

»Laß das jetzt ruhen, Mathilde, es soll alles vergeben und vergessen sein. Er ruht im Grabe – –«

Das stimmte nicht ganz, der Onkel hatte sich etwas übereilt, aber in diesem Moment schellte es draußen. Die Tante schien von ihrem Sofa aufzufahren: »Das wird der Sarg sein – – Liese, sieh doch nach.« – –

Also die kleine Kusine war auch da. – – Sonst hatte sie ihn nie in seinem Zimmer besuchen dürfen. – –

– – Nein, es war nicht der Sarg. Maria hatte einen Kranz geschickt. Schade, daß man die Gesichter nicht sehen konnte, aber sie gingen anscheinend mit Fassung darüber hinweg. Er war ja tot.

»7000 – 12000 – 15000 – Wechsel – Zinsen – Halsabschneider.« – Das Gespräch wurde ziemlich angeregt. Dazwischen wieder die Hausglocke. Der Herr Pfarrer ließ fragen, ob man ein Begräbnis erster Klasse wünsche.

Ja, selbstverständlich. Man erörterte die Kosten. Ein Begräbnis erster Klasse war ziemlich teuer und der Sarg auch. – Eichenholz – Beschläge – und ein Extrahonorar an den Pfarrer für die Rede.

Die Tante widersprach nicht ein einziges Mal. Aber der Tote ärgerte sich.

12000 –15000 – Zinsen. –

»Und das willst du wirklich alles bezahlen?« sagte die Tante schwer atmend.

»Ich betrachte es als meine Pflicht« – der Onkel.

»Es ist ja auch ein kleines Erbteil von seiner Mutter da. Die gute Klara hat es mir damals anheimgestellt, es nach meinem Ermessen für ihn zu verwenden. Wer konnte auch wissen, daß der arme Junge so früh dahingehen würde.«

»Hättest du ihm doch seine Schulden gezahlt, wie er noch lebte« – – das war die kleine Kusine, die bisher noch kein Wort gesagt hatte. – – –

Düstere Pause.

»Brave Liese«, dachte der Tote. – –

Ja, das Erbteil, das berühmte Erbteil. – Es konnte ihm jetzt eigentlich gleichgültig sein, aber es wurmte ihn doch gewaltig. Seit er denken konnte, war es ein wunder Punkt zwischen ihm und dem Onkel gewesen. – Was für wundervolle Reisen hätte er damit machen können – mit Maria! Sie hatten immer davon geträumt, zusammen zu reisen, eben von diesem Erbteil. Wirklich anständig zu reisen – unter falschen Namen, mit fabelhaften Koffern, feenhaften Necessaires und tadellosen Kleidern. Nur Lackschuhe sollten vor ihrer Tür stehen – – Mittwoch frühstücken wir in Ägypten. –

Nun war er tot. – Die Gläubiger erbten. Maria würde nie zu schönen Kleidern kommen und nie in Ägypten frühstücken. – – –

Es schellte.

»Der Sarg«, sagte die Tante.

»Nein, der Mann von der Druckerei ist da.«

»Er soll noch einen Augenblick warten. – – Wir haben es doch gestern schon aufgesetzt – als der Doktor sagte – – – Der Zettel muß auf dem Schreibtisch liegen – da –

Heute ist unser lieber Neffe . . . nach kurzem, schwerem Leiden – –«

Wenn nur der Sarg erst kommen wollte, dachte der Tote, er fing an, die Ungeduld seiner Tante zu teilen. Er wollte jetzt endlich Ruhe haben. Es war wirklich kein Vergnügen, anzuhören, wie sie so mit Geldsummen herumwarfen.

»– – – nach kurzem, schwerem Leiden sanft im Herrn entschlafen –«

»Er ist nicht im Herrn entschlafen«, bemerkte die Tante mit scharfer Betonung.

»Jesus nimmt die Sünder an – –« sagte die Stimme der Krankenschwester.

»Meinen Sie?« sagte Hans.

Es schellte wieder. Diesmal war es der Sarg.

Wahnsinn

Geerdt Sievers war Bildhauer in München. Seine Heimat war an der Ostsee unter den dänischen Buchen. Er hatte eben sein Modell weggeschickt, weil die Dämmerung kam, und nun stand er vor dem Werk seines Tages. Es war ein lebensgroßer Akt – ein altes Motiv: Eva, das Weib.

Er wollte etwas ganz Neues, noch nicht Dagewesenes

schaffen, und eine seltsame Idee hatte sich aus diesem Wollen herausgeboren: das Weib vor dem Sündenfall mit vollen, noch unschuldigen Formen, die verlangend der Erkenntnis entgegenschwellen – das Vorspiel der Sünde in dem jugendlich reifenden Körper. Eva kniet und spielt mit der Schlange, die sich vor ihr im Grase ringelt. Der Gesichtsausdruck zeigt noch ahnungslose Neugier; über dem in geschwungener Linie vornüber gebeugten Rücken hängt ein Zweig mit den Äpfeln vom Baume der Erkenntnis. Sie hat die Frucht noch nicht gesehen; die Schlange hält sie für ein Spielzeug – aber der Augenblick ist nah, er muß bald kommen, der Augenblick, wo die Schlange zu sprechen beginnen wird, und wo sie die Frucht gewahren wird.

Sie kennt die Sünde noch nicht, aber sie wird erkennen und sie wird sündigen.

Lange hatte er nach dem geeigneten Modell gesucht und er hatte endlich gefunden was er suchte, ein noch sehr junges und unverdorbenes Mädchen.

Und nun war er an dem Kind zum Sünder geworden.

Es wurde dunkel. Der Künstler saß auf einer Ecke des Diwans und starrte auf seine Arbeit hin.

Es war nicht das geworden, was er gewollt hatte. Gerade das Gegenteil: in der Haltung seiner Eva lag etwas Gedrücktes und Schuldbewußtes. Aber gerade so hatte sie da vor ihm auf dem Podium gekniet, durch seine Schuld. Und auf dem Diwan da war sie gelegen, damals, als sie die Sünde erkannt hatte. Es war nichts, er mußte wieder ein anderes Modell suchen. Aber wo war zum zweitenmal ein solcher Körper, solche Jugend? – Und wenn auch, würde es nicht wieder dasselbe Ende sein? –

Er fühlte wohl: er ging nicht auf in seiner Kunst – wenn er auch danach lechzte in völliger Raserei und sich verzweifelnd mühte, sich ihr hinzugeben mit seinem ganzen

Sein. Er war nicht fähig dazu. Es war eine traurige Impotenz in ihm, der er unterlag.

Nun war es wieder so gekommen. Er hatte eine Idee gehabt, die ihn ganz erfüllte, und wie er sie fassen und wie er sie gestalten wollte, zerging sie vor dem brutalen Zugreifen seiner Hände. Seine Nerven zitterten, als er das Modell da vor sich knien sah in seiner jungen Schönheit und er arbeitete fanatisch. Aber dann sah er nur noch das Weib und wie er den Ton unter den Händen fühlte, war ihm, als sei es ihr Leib, der ihm verlangend entgegenbrannte, – und der Taumel kam – und es war wieder alles hin, seine Arbeit und ihre Unschuld.

So kam es immer. Die Gedanken, die so brennend seinen Kopf durchwühlten, konnte er nicht zu realer Gestaltung bringen, weil die Wirklichkeit allzu brutal zerstörend über ihn kam. Er hatte noch nie etwas Großes geschaffen und er würde es nie können, das wußte er. Hundertmal stellte er sich wieder vor die Feuerprobe und jedesmal unterlag er. Er trat vor seine Arbeit hin und riß den Ton herunter, bis nur noch das Gerüst wie ein einsam drohendes Gerippe seine Arme in die leere Luft streckte.

Dann ging er. –

Geerdt Sievers wurde irrsinnig.

Er hatte sich überarbeitet und dazu kam das tolle Leben; die Weiber und das alles. Eines Tages brach die Tobsucht bei ihm aus und er wurde in eine Heilanstalt geschafft.

Nach einem Jahr wurde er als geheilt entlassen und kam an einem Herbsttage wieder nach München zurück.

Nun wollte er wieder arbeiten, versuchen zu arbeiten – wenn in ihm noch etwas geblieben war.

Er suchte das Mädchen auf, das ihm zu seiner Eva Modell gestanden, es war herabgekommen und schlecht geworden wie die anderen. Das hatte ihn aufgeregt.

Um sich zu beruhigen, ging er ins Freie.

Es war zehn Uhr abends und der Mond schien hell in dieser Septembernacht.

Der Englische Garten lag in zauberhaftem Nebel da.

Das Auf- und Niederwogen der weißen Dunstgebilde verwirrte den Kopf des krank Gewesenen. Er fühlte, daß er doch noch recht schwach war.

Bald verließ er den Park und ging zur Isar hinab, über die Luitpoldbrücke, über den Platz, am Springbrunnen vorbei und auf die Terrasse hinauf. Er wollte heute seine Nerven auf die Probe stellen, und versuchte das Bild ruhig in sich aufzufassen.

Geradeaus eine Perspektive von tanzenden Lichtern, beginnend mit den Kandelabern der Luitpoldbrücke und dann sich in die Königsstraße hinein verlierend. Links, rechts, dunkle Häusermassen, Türme, Lichter.

Auf der Steinumrandung des Brunnens vor der Terrasse lag kalter Mondschein.

Mitten aus dem dunklen Wasser stieg eine weiße Springsäule auf und bewegte sich hin und her, wie eine Frauengestalt in langen Gewändern.

Geerdt schloß einen Augenblick lang die Augen und sah dann wieder hin. Die weiße Gestalt kam aus dem schwarzen Brunnen, dehnte sich empor, schüttelte das weiß sprühende Wasser von sich ab und sank zusammen – stieg wieder in die Höhe – schüttelte sich – sank zusammen.

Er starrte hin, mußte hinsehen. Es war als ob das Weib da unten sich mühte, Gestalt zu gewinnen. Es kam empor, warf die Wasserfunken nach allen Seiten von sich, und wenn es dann in seiner Schönheit emporsteigen wollte, floß es wieder in sich zusammen – still und lautlos – still – und lautlos –?

Nein, da schrie sie – laut und gellend.

Er schlug sich vor die Stirn. Er merkte plötzlich, daß er

selbst laut aufschrie, jedesmal, wenn die weiße Gestalt wieder zusammenfiel.

Dann kam es, als ob in seinem Schädel sich etwas wie ein Rad mit rasender Geschwindigkeit drehte. Das Weib reckte sich wieder in die Höhe und zerrann wieder in die Tiefe hinein.

Und es schrie wieder, laut und gellend.

Er wandte sich um. Der Vollmond stand dicht über ihm und er griff nach der glänzenden Kugel, sie war ja ganz nahe an seinem Kopf. Er griff danach, da bekam sie Gesichtszüge und grinste ihn an und stand dann auf einmal hoch am Himmel und war wieder der Mond.

Der Schrecken faßte ihn furchtbar an. Er stürzte in die Anlagen hinein.

Er rannte gegen verschiedene Liebespaare an, die in den dunklen Wegen gingen!

Er kam wieder aus den Anlagen heraus und rannte über die Maximiliansbrücke.

Lief etwas hinter ihm her?

Er fuhr herum und sah nach rückwärts. –

Schwarz hob sich das Maximilianeum gegen den Himmel ab. Durch einen der Galeriebogen lachte ihn wieder die grinsende Mondfratze an.

Geerdt Sievers war wieder wahnsinnig geworden und diesmal unheilbar.

Das Logierhaus
»Zur schwankenden Weltkugel«

Wir fanden ihn, nämlich Hieronymus Edelmann, auf einer spanischen Insel vor, wo er schon seit Jahren sein Wesen trieb. Wie er dahingekommen war? – Gott, wie man eben irgendwohin kommt, dachten wir anfangs. Und später wußten wir überhaupt nicht mehr, was von der Sache zu halten sei.

Jedenfalls war er jetzt da, und keiner von uns war in der Lage gewesen, sich seiner Bekanntschaft zu entziehen.

Er pflegte, sobald ein Schiff ankam, an Bord zu erscheinen, nach Landsleuten oder anderen Fremden auszuspähen und ihnen dann ungesäumt seine Visitenkarte zu überreichen. Diese Visitenkarte bestand aus seiner Photographie in Postkartenformat mit der schön stilisierten Unterschrift: Hieronymus Edelmann, und wirkte durch ihre von allem Hergebrachten abweichende Beschaffenheit etwas verwirrend, um so mehr, als die Photographie ihm durchaus nicht ähnlich sah. Sie war auch nicht nach der Natur aufgenommen, sondern, wie er sofort erläuterte, nach einem gemalten Porträt aus früheren Jahren, welches ihn mit mäßig entwickeltem Bart und in einem auffallend karierten Anzug darstellte, so auffallend kariert, daß der Beschauer alle weiteren Einzelheiten, wie zum Beispiel die Gesichtszüge, erst in zweiter Linie zu erfassen vermochte. Der Anzug war sicher schon längst aufgetragen oder ausrangiert, und sein Besitzer hatte sich inzwischen einen ungeheuren roten Bart wachsen lassen, der fächerförmig zugeschnitten war. Die einzige Ähnlichkeit bestand nunmehr in einem schwarzgefaßten Monokel, von dem er sich niemals trennte und das der Porträtist mit peinlicher Naturtreue versinnbildlicht hatte.

So kam es, daß der Ankommende ohne Ausnahme im ersten Moment etwas stutzig wurde und ratlos dastand. Hieronymus aber wußte sofort Rat, blickte ihn siegreich durch sein Monokel an und brachte die Bekanntschaft durch einige aufklärende Worte weiter ins Rollen.

Er bemerkte, daß er schon lange hier lebe und mit besonderem Vergnügen allen neuen Gästen behilflich sei, sich zu orientieren. – Ob man schon ein Hotel gewählt habe? Nein? Nun, dann könne er das Logierhaus »Zur schwankenden Weltkugel« unbedingt empfehlen, wo er selbst wohne und man gut untergebracht sei.

Das Resultat war fast immer das gleiche – noch halb betäubt von der Seefahrt, überwältigt von der außerordentlichen Erscheinung und Handlungsweise dieses Herrn, büßte man jede weitere Selbstbestimmung ein und endete im Logierhaus »Zur schwankenden Weltkugel«.

Dort angelangt fuhr Hieronymus Edelmann in der gleichen überzeugenden Weise fort sich zu betätigen, stellte neuangekommene und schon vorhandene Gäste einander vor, und zwar geschah das so, daß jeder den anderen für einen alten Bekannten des gemeinsamen Schutzpatrons hielt und der Verkehr von vornherein unter falschen Voraussetzungen begann.

Überhaupt entwickelte sich hier alles unter mehr oder minder falschen Voraussetzungen. Das Logierhaus selbst war ein ziemlich fragwürdiger Aufenthalt – eine zweistöckige alte Baracke mit giebelartigem Aufbau stand es am Abhang unweit des Meerufers und hatte infolge irgendwelcher Terraineigentümlichkeiten die Gewohnheit, von Jahr zu Jahr tiefer einzusinken, so daß die Fenster des Erdgeschosses sich immer mehr dem Boden näherten. Uns konnte das ja gleichgültig sein, denn wir gedachten nicht ewig hierzubleiben, aber der Besitzer, ein vierschrötiger Holländer mit schiefen blauen Augen, umkreiste das Gebäude des öfteren mit sorgenvoller Miene und konstatierte dann, seit letztem Frühjahr sei es wieder um einige Zoll gesunken.

Wir, die Opfer des Hieronymus, bewohnten im linken Flügel, den wir selbstbewußt das Europäerviertel nannten, das Parterre. Über uns hauste ein älterer Franzose, Monsieur Mouton, der das bescheidene Hafenstädtchen behandelte, als ob es Paris sei. So kam er nie vor drei Uhr nach Hause, schlief dann bis zum Nachmittag, worauf er in den Garten herunterkam und hinter seinem »Matin« verschwand, bis die Stunde des Aperitif heranrückte. Dann ging er wieder in die Stadt, flanierte und trank Absinth. Außerdem besaß er einen lebenden Ameisenbär, der ihn auf Schritt und Tritt begleitete. In derselben Gegend des Hauses gab es noch eine betagte Amerikanerin, die, wie man allgemein annahm, ebenfalls alkoholischen Sitten huldigte. Auch sie ging gerne abends aus; wie sie behauptete, um einen ihr verwandten Lord zu besuchen, der hier eine Villa bewohnte. Bei der Rückkehr kam es häufig vor, daß sie sich mitten auf der Treppe niederließ und erklärte, sie habe das Recht zu sitzen, wo sie wolle. Wurde das aus Gründen der Verkehrsstörung bestritten, so wich und wankte sie nicht, und es kam zu lebhaften Szenen zwischen ihr und dem Hauspersonal. Der linke Flügel oben war in geheimnisvolles Dunkel gehüllt, hatte einen abgetrennten Vorplatz, eine besondere Treppe nach der Gartenseite, und man wußte nicht recht, was dort vorging.

Und zuletzt, zuoberst, hoch über alledem in den Giebelräumen lebte und wirkte Hieronymus Edelmann.

Er hatte alle möglichen Interessen, unter anderem auch zoologische, und schwärmte für seltene oder absonderliche Tiere. Stundenlang konnte er sich in seinen Brehm vertiefen und sich in Wünschen ergehen, dieses oder jenes Ungeheuer zu besitzen und durch Züchtungsversuche noch seltsamere Exemplare zu erzielen. Einstweilen war ihm das noch nicht geglückt, er beschränkte sich also darauf, in einem Schuppen neben dem Gartenhaus Meerschweine zu halten und Mr. Mouton glühend um seinen Ameisenbären zu beneiden. Immerhin erwartete er auch von seinen Meerschweinchen mehr als man im allgemeinen von solchen zu erwarten pflegt. Er stellte nämlich die Theorie auf, wenn man ihnen volle Freiheit ließe, würden sie sich vielleicht zu einer ganz neuen Art entwickeln und eventuell sogar mit anderen Tieren kreuzen. Sie rannten deshalb frei im Garten herum, man stolperte beständig über sie, aber sie veränderten sich nicht im mindesten, blieben immer unter sich und brachten nur wieder ganz gewöhnliche Meerschweinchen zur Welt.

Aus diesen und anderen Einzelheiten ersah man bald, daß ihm ein unruhiger und phantastischer Geist innewohnte, und da, außer den Meerschweinchen, ihn schon manches andere enttäuscht haben mochte, sann er auf immer neue Wege, sich schöpferisch zu betätigen. So hatte er sich hier auf dieser Insel niedergelassen und das Logierhaus »Zur schwankenden Weltkugel« zu seinem engeren Wirkungskreise erwählt. Er war sozusagen die Seele des Hauses, organisierte durch ständiges persönliches Eingreifen den Fremdenverkehr und in gleicher Weise das tägliche Leben zwischen den sinkenden Mauern, organisierte die persönlichen Beziehungen, die infolge seiner Organisation entstanden, sowie die Beziehungen zwischen dem Wirt und den Gästen. Seine lange, etwas schlottrige und ziemlich nachlässig bekleidete Gestalt mit dem ungeheuren, fächerförmigen Bart und niemals ohne Monokel, fuhr je nachdem die Treppen hinauf oder hinunter, erschien in unserer Mitte oder verschwand daraus und stürzte hastigen Schrittes nach dem Hafen, sobald ein Schiff sich näherte. Bei schlechtem Wetter umgürtete er sich zu diesem Zweck mit einem unwahrscheinlich kurzen Lodencape, das ihm nur bis an die Hüften reichte, und schlug sich ein winziges mesquines Hütchen auf den Kopf – bei Sonnenschein dagegen einen Tropenhelm, wie überhaupt die Einzelheiten seiner Toilette eine gewisse wilde Dissonanz ergaben, deren er selbst sich wohl nicht bewußt war.

Als nun unsere Zahl auf etwa sechs Personen verschiedenen Geschlechts angewachsen war und keine weiteren Fremden ankamen, veranstaltete Hieronymus Edelmann eine Art Sitzung, um uns in einen seiner Lieblingspläne einzuweihen. Da war eine barmherzige Schwester und ein junger Kaufmann, die beide aus Afrika kamen, um sich von dem dortigen Klima zu erholen, da war ein Assistenzarzt mit angegriffener Lunge, welcher ebenfalls Erholung suchte, ferner ein Herr aus Bacharach am Rhein, den der junge Kaufmann dieser Herkunft halber »den Loreley« getauft hatte und eine kleine Turnlehrerin, die man das Trapezmädel nannte.

Es war Abend, wir saßen im Garten um einen großen, runden Tisch mit Windlichtern, wehrten uns gegen die vielen Mücken, und Hieronymus Edelmanns Monokel blitzte überzeugend durch die Nacht, während er eine zündende, aber etwas konfuse Ansprache hielt. – Ja, er gedachte, wie das in unserem Jahrhundert üblich geworden, auch an seinem Teile zur Veredlung des Menschtums und der Lebensführung beizutragen und meinte einen guten Modus dafür gefunden zu haben. Es galt vor allem, die geeigneten Menschen zu finden und Beziehungen zwischen ihnen herzustellen. Hier habe er schon vorgearbeitet, indem er einem Korrespondenzverein bei-

getreten sei und uns alle ebenfalls als Mitglieder angemeldet habe. Die Zwecke des Vereins seien ursprünglich rein praktische gewesen, – wechselseitige Auskünfte über die Lebensbedingungen an diesem oder jenem Ort, berufliche und andere Fragen. Dann aber hatte Hieronymus organisatorisch eingegriffen und das Gebiet erweitert, so daß jetzt auch Ansichten, Meinungen, persönliche, erotische und dergleichen mehr unter den Mitgliedern erörtert wurden. Er selbst zum Beispiel korrespondierte mit einer stellenlosen Gesellschaftsdame in Sevilla über freie Liebe und hatte sie bereits von der Notwendigkeit dieser Institution überzeugt . . . Eben jetzt wolle er nach dem Festland fahren, sie persönlich kennen lernen und womöglich mit hierherbringen. Sein Monokel strahlte bei diesem Gedanken, und er ließ uns immer tiefer Einblicke in seine Ideenwelt tun. Der Verein, ja der Verein sei eigentlich nur Mittel zum Zweck. Er brauche ein großes Menschenmaterial, um eine engere Auslese zu treffen und dann – es fielen einige bedenkliche Worte: Freiheit, Schönheit, Ausleben, die in seinem Munde doppelt beängstigend wirkten – kurz, er wollte in diesem Sinne einen Bund gründen, der sollte »Der Flammenbund« genannt werden und allen Beteiligten ungemeines Vergnügen bereiten.
Nachdem er geendet, sah er sich Beifall und Zustimmung heischend im Kreise um, äußerte noch, er habe bereits mit dem Wirt gesprochen, um einen Teil des Hauses für seine Zwecke zu mieten, hieb sich dann den Tropenhelm aufs Haupt und enteilte zum Hafen, um seine Reise aufs Festland anzutreten. Es war soeben gemeldet worden, das Schiff fahre statt morgen schon heute nacht ab.
Die Statuten des Korrespondenzvereins hatte er uns zurückgelassen. Wir ersahen daraus, daß der Verein tatsächlich existierte. Da war vor allem eine Liste der Mitglieder, neben jedem Namen eine Reihe von kabbalistischen Zei-

chen – Strichen, Kreuzen, Sternen usw. Verstand man diese, so wußte man sofort, wofür das betreffende Mitglied sich interessierte, was es wünschte und erstrebte. Auf einem Fragebogen, der jedem Neueintretenden zur Ausfüllung zuging, wurde das näher erläutert. Da wurde zum Beispiel gefragt, mit wem man zu korrespondieren wünsche – mit Herren? mit Damen? – oder mit beiden? und worüber? Wofür man sich in erster oder auch in zweiter Linie interessiere? Etwa für Philosophie? Ethik? – Nacktkultur? – Los von Rom-Bewegung? Friedensbestrebungen? Reform der Ehe? – Wandervogelbewegung? und so fort – eine Fülle von hübschen und anregenden Dingen.

Seufzend legten wir das Zeug aus der Hand und gingen schlafen.

Am folgenden Morgen fanden wir uns zum erstenmal ohne Hieronymus am Frühstückstisch zusammen, und die nächste Folge war, daß wir uns gegenseitig erstaunt und verlegen betrachteten. Wir hatten schon eine ganze Woche zusammengelebt, uns Spitznamen gegeben, wir bildeten eine Art Familie, aber das alles schließlich doch nur, weil Hieronymus Edelmann sich unserer bemächtigt und uns organisiert hatte. Solange er da war, hatte man das als selbstverständlich hingenommen, aber jetzt, heute, wo wir unter uns waren, empfanden wir auf einmal die ganze Unwahrscheinlichkeit der Situation. »Wer um Gottes willen ist denn eigentlich dieser Hieronymus?« so fragte sich jeder im stillen, »und wer sind wir? – Was haben wir miteinander zu tun?«

Die gute Schwester Hildegard aus Afrika, der gestern abend allerhand moralische Bedenken aufgestiegen waren, obwohl sie sicher nicht alles verstanden hatte, brach den Bann und begann zu fragen. Gesellschaftliche Skrupel kannte sie nicht, sondern war nur um ihr Seelenheil besorgt, und das schien ihr gefährdet, wenn Hieronymus wirklich die stellenlose Gesellschaftsdame mitbrachte. So fragte sie nach seinem Vorleben, nach allem möglichen, und es stellte sich heraus, daß keiner von uns ihn je zuvor gesehen, bisher aber jeder den anderen für seinen alten Bekannten gehalten und sich darüber gewundert hatte.

Man fühlte sich ja ein wenig blamiert, aber zugleich sehr erleichtert.

Doktor Gräber, der Assistenzarzt, schlug sich vor die Stirn:

»Wie konnte das nur geschehen, verehrte Anwesende? – Wie ein verschlagener Zauberer hat er uns ins Netz gelockt. – Wir kamen her, um uns zu erholen oder zu vergnügen, aber doch nicht . . .«

»Um unter schrecklichen Strapazen Flammenbünde zu gründen«, ergänzte der Loreley.

»Pfui, dieser Flammenbund«, sagte die Schwester mit einem Seitenblick auf das Trapezmädel. Das aber lachte nur.

»Mitglieder des Korrespondenzvereins sind wir schon«, seufzte der junge Kaufmann.

»Wir wohnen miserabel«, fuhr Doktor Gräber fort. »Erst gestern hat unser Hauswirt wieder mit einem Ingenieur darüber gesprochen, daß die Mauer gestützt werden müsse. – Im linken Flügel oben wird die halbe Nacht Grammophon gespielt – Gott weiß, was da überhaupt alles logiert . . .«

»O, ich glaube, da fängt der Flammenbund schon an«, rief das Trapezmädel. »Herr Edelmann geht oft hinüber, und mich hat neulich auf der Hintertreppe ein Herr in den Arm zwicken wollen.«

»So, und was hatten Sie denn auf der Hintertreppe zu tun?« fragte der Loreley strafend, und die Schwester war aufrichtig erschrocken. Ja, sie hätte überhaupt das Gefühl, als ob dieses Haus ein etwas bedenklicher Aufenthalt sei.

Längeres Schweigen, dann nahm wieder der Assistenzarzt das Wort:

»Meine Herrschaften, wir sind hier allem Anschein nach, wie es sonst nur schutzlosen, alleinreisenden Mädchen passiert, in eine etwas zweifelhafte Atmosphäre geraten, und wer weiß, wo das alles noch hinausläuft . . .«

»O Gott«, sagte das Trapezmädel, »wenn das meine Eltern wüßten. Ich habe ihnen gerade geschrieben, ich hätte hier so netten Anschluß gefunden.«

»Und meine Oberin« – rief die Schwester, – »nein, hören Sie, Herr Doktor, ich ziehe heute noch aus. – Ich kann doch unmöglich in meiner Schwesterntracht . . .«

»Wir ziehen alle aus«, erklärte der Loreley ritterlich, »wir andern werden die Damen doch nicht im Stich lassen. Und abgesehen von allem andern bietet unser Logierhaus ›Zur schwankenden Weltkugel‹ wirklich etwas zu wenig Komfort. Hätten wir uns nur nicht – aber das ist jetzt nicht mehr zu ändern.«

Gesagt, getan, die Tafel wurde aufgehoben, und wir gingen sofort daran, unseren Auszug zu organisieren. Es gab eine bittere Auseinandersetzung mit dem dicken Holländer, dann begaben wir uns, von zwei Gepäckträgern gefolgt, geraden Wegs nach dem ersten Hotel der Stadt, erfuhren jedoch, daß alles besetzt sei. Es gab noch zwei weitere Hotels geringeren Ranges, aber überall wurde uns derselbe Bescheid. Als sich der gleiche Vorgang auch noch in einer Familienpension wiederholte, dämmerte uns eine furchtbare Ahnung auf. Wir waren hier in dem kleinen Ort längst als Gäste der »Schwankenden Weltkugel« bekannt, und nur das konnte der Grund sein, weshalb man sich so ablehnend verhielt. Unsere Wanderung erregte inzwischen einiges Aufsehen, man folgte uns, wenn wir weitergingen, stand um uns herum, wenn wir haltmachten.

Was nun? Vielleicht eine Privatwohnung? Um den neugierigen Blicken zu entgehen, ließen wir unsere Träger an einer Ecke warten und bogen in die Seitenstraßen ein. Hier nun sahen wir fast über jeder Tür eine viereckige Papptafel mit der Inschrift: *Hay viruelas!* Was *viruelas* bedeutete, wußten wir nicht, nahmen aber an, es handle sich um Zimmer, die hier zu vermieten wären, und drangen mutig in das nächste Gebäude ein. Eine dicke Frau erschien und bedeutete uns mit geradezu entsetzten Gebärden, es sofort wieder zu verlassen. Nun wurde es uns aber doch zu dumm. Wir schrien wütend: *camera, chambre,* Zimmer – sie schrie: *viruelas* und tupfte sich dabei auf Gesicht und Hände, als ob sie nicht recht bei Verstand sei. Gut, also *viruelas* – sie sollte uns nur ihre *viruelas* zeigen, vielleicht waren es doch Zimmer, und wir wollten mit allem vorliebnehmen. – Mit einer resignierten Gebärde stieß sie schließlich eine Tür auf und wies auf einen Kranken, der im Bett lag. Doktor Gräber und die Schwester traten näher und wurden plötzlich sehr still. »Gott im Himmel«, sagte Gräber, »der Mann hat die Blattern. *Viruelas* heißt natürlich Blattern, und die Plakate sind zur Warnung aufgehängt. Rasch hinaus, meine Herrschaften.«

Wir verließen das Haus nun ohne weiteres Widerstreben und standen im wahren Sinne des Wortes obdachlos auf der Straße. Da man uns auch hier gefolgt war und den Vorgang beobachtet hatte, würden wir in der ganzen Stadt kein Quartier mehr finden. Es blieb nichts übrig, als immer noch gefolgt von den beiden Packträgern und einer nicht unbeträchtlichen Menschenmenge in das Logierhaus »Zur schwankenden Weltkugel« zurückzukehren und dem dicken Mynheer zu erklären, wir hätten uns die Sache inzwischen anders überlegt. Er empfing uns mit schlecht verhehlter Schadenfreude und meinte, die Mauern würden sich wohl noch eine Zeitlang halten. Es war nur ein Glück, daß er von unserem Irrtum mit den *viruelas* nichts wußte.

Unser Doktor stürzte noch am gleichen Tage zu einem der einheimischen Kollegen und bestand darauf, daß wir uns alle impfen ließen. Nur die Schwester wollte nichts davon wissen und sagte, ihr Leben stände in Gottes Hand. Daß sie wieder im Logierhaus wohnen sollte, beunruhigte sie weit mehr. Sie trug auf unseren Rat von jetzt an Zivil und der junge Kaufmann versprach ihr, in Afrika nichts davon zu erzählen. Und auf das Trapezmädel hatte man ein wachsames Auge, damit es sich nicht wieder auf die Hintertreppe verirrte.

Außerdem gedachten wir sobald als möglich das gastliche Eiland zu verlassen und einen anderen Ort aufzusuchen. Nur die Wahl dieses Ortes war noch die Frage.

Mit Karten und Reisebüchern saßen wir am nächsten Nachmittag im Garten unter den Palmen, als Monsieur Mouton, der alte Franzose, mit seinem Ameisenbär herunterkam, sich in unserer Nähe niederließ und anstatt seinen »Matin« zu lesen, ein Gespräch anknüpfte. Ah, wir wollen also fort? – und weshalb denn, wenn man fragen durfte? – »*eh bien, nous verrons,* Sie sind nicht die Ersten, die wieder fortwollten – – aber man kann nicht, man kommt nicht wieder weg.«

»Aber warum denn nicht, – wir würden einfach abreisen und basta. Kein Mensch konnte uns daran hindern.«

»Nein, Menschen gewiß nicht, aber –« Mouton senkte die Stimme und fuhr in geheimnisvollem Ton fort: »nach seinem Dafürhalten gehe es hier nicht mit rechten Dingen zu. Dieser Hieronymus sei kein Mensch wie wir anderen,

sondern ein Gespenst, ein Revenant. Er sähe aus wie ein
Gespenst, schnitte sich den Bart wie ein Gespenst – denn
welcher Mensch aus Fleisch und Blut käme wohl auf den
Gedanken, einen fächerförmigen Bart zu tragen?«
Und seine Art, sich an die Leute heranzumachen, beständig zu organisieren, wo eigentlich gar nichts zu organisieren war, kurz seine ganze Handlungsweise sei durchaus
gespenstisch . . . Er tue nichts Schlimmes, Gott bewahre,
er glaubte eher die anderen zu beglücken, aber es komme
immer ein Unheil dabei heraus. Jetzt zum Beispiel mache
er eine umständliche Reise nach dem Festland hinüber,
um ein Krokodil zu kaufen.
Ein Krokodil? Wir dachten eine stellenlose Gesellschaftsdame . . . Nein, ein Krokodil – Mr. Mouton wußte es
ganz bestimmt – »aber Gott weiß, was für Spuk er damit
treiben wird« – der alte Herr warf einen bekümmerten
Blick auf den Ameisenbär, der sich teilnahmslos an einer
Palme scheuerte. *»Oui, Oui, Oui, m'ssieurs, mesdames,
c'est un revenant.«*
Wir mußten zugeben, daß wir auch schon Ähnliches
empfunden hatten, ohne uns darüber klar zu sein, aber
wir glaubten nicht an Revenants, und wir würden abreisen, ehe er mit dem Krokodil – oder der Gesellschaftsdame – zurückkam.
Mouton lächelte skeptisch. In diesem Augenblick kam
der dicke Holländer in den Garten, in Begleitung eines
Herrn. Er warf uns einen mißtrauischen Blick zu, dann
gingen beide um das Haus herum, beklopften die Mauer
und sprachen eifrig miteinander. »Das ist der Ingenieur«,
sagte Mouton, »ah, diese Schurken!«
Und auf unser Befragen – denn wir interessierten uns
allmählich lebhaft dafür – erklärte er uns, das Haus sinke,
weil der Boden zu locker sei. Unter der lockeren Schicht
aber war Felsen; wenn nun die Mauer soweit sank, daß

sie auf den Felsen stieß, mußte sie einknicken und in sich zusammenfallen. – »Ah, diese Schurken!« Der Anblick der beiden Herren regte ihn sichtlich auf, er wurde immer mitteilsamer und erzählte uns seine ganze Leidensgeschichte. Er war hergekommen – wie wir – von Hieronymus empfangen, überwältigt und in das Logierhaus eingeführt worden – wie wir. Er wurde, ehe er sich's versah, Mitglied des Korrespondenzvereins und für den Flammenbund angeworben – wie wir – hier seufzte er schwer, bemerkte, er sei eben ein einsamer alter Mann und schien etwas zu verschweigen. – Ja und dann hatte er dem dicken Mynheer eine große Summe geliehen, angeblich um die »Schwankende Weltkugel« im Gleichgewicht zu erhalten. Aber sowohl die baulichen Maßnahmen, wie die Rückzahlung seines Kapitals wurden immer wieder hinausgeschoben – so war er hiergeblieben und zahlte keine Pension mehr, um wenigstens etwas auf seine Kosten zu kommen.

Ebenso oder ähnlich war es der Amerikanerin ergangen – daraus leitete sie auch das Recht her, auf der Treppe zu sitzen und den Betrieb zu stören, wenn es ihr gerade einfiel. Ja, Mynheer wisse es schon so einzurichten, daß seine Gäste blieben, – bis ihnen einmal das Dach über dem Kopf einstürzen würde. – Und wieder kam er darauf zurück, es gehe hier nicht mit rechten Dingen zu, man würde verhext und täte Dinge, die einem sonst nicht in den Sinn kommen würden.

Es gewann den Anschein, als sollte er recht behalten, denn Schwester Hildegard erkrankte an den Blattern, und es lag auf der Hand, daß wir sie nicht alleine hier zurücklassen konnten. Das ominöse Plakat hing nun auch über unsrer Tür. Mynheer grollte fürchterlich, daß wir sein Haus erst verlassen und dann verseucht hätten. Wir wurden gemieden und miserabel bedient, man brüllte uns alle möglichen Vorwürfe und Beleidigungen durch das Haustelephon zu, und wir suchten sie auf dem gleichen Wege zu entkräften oder zu widerlegen. Wurde das für beide Teile zu ermüdend, so machte sich auch wohl der Widerpart im Garten bemerkbar – wir erschienen am Fenster, und man setzte das anregende Gespräch mit erhobener Stimme und feindseligen Gesten fort.

Inzwischen kehrte Hieronymus zurück und brachte sowohl das Krokodil wie die stellenlose Gesellschaftsdame und einige Wüstenspringmäuse mit. Monsieur Mouton teilte uns entrüstet durchs Telephon mit, es habe gleich nach seinem Ameisenbär geschnappt, aber dennoch sei es sympathischer wie die Dame. Sie wohnte vorläufig noch im Hotel, und man richtete das Gartenhäuschen für sie ein, da sie der Ansteckung wegen das Haus nicht betreten wollte.

Wir lagen den ganzen Tag im Fenster, es war wie ein Guckkasten für uns, immer wieder gab es etwas Neues zu sehen. Wir sahen, wie Mouton sich mit dem Hauswirt zankte oder mit seinem Ameisenbären promenierte, sahen, wie Hieronymus Edelmann mit fieberhaftem Eifer seine Menagerie und die Unterkunft der stellenlosen Dame organisierte. Für das Krokodil ließ er eine Extrabehausung mit Schwimmbassin bauen, bis die fertig war, wohnte es in einer großen Kiste. Man hatte ihm ein Halsband angelegt, und ein paarmal am Tage führte er es auf den Kieswegen spazieren, entweder, weil er dachte, daß etwas Bewegung an der frischen Luft ihm zuträglich sei oder nur um Mouton zu ärgern, der für seinen Ameisenbären zitterte und ihn jetzt ebenfalls an die Leine gelegt hatte, um ihn zu schützen. Zum Zeitunglesen kam er vor lauter Aufregung überhaupt nicht mehr. Wir sahen, wie er sein gerüsseltes Ungeheuer ängstlich an sich zog, während Hieronymus mit dem seinen herrisch den

Weg hinabkam und durch das Monokel jede seiner Bewegungen kontrollierte, denn es schnappte manchmal nach seinen Beinen.

Auch die Amerikanerin kam öfters herunter und fand das Krokodil lovely, während sie dem Ameisenbären keinerlei Beachtung schenkte. Sie und Mouton waren geschworene Feinde, wahrscheinlich weil sie sich gegenseitig durch ihre Räusche und ihr spätes Nachhausekommen störten. Und aus dem verdächtigen Flügel links oben schauten des öfteren neugierige Gesichter herab.

Wir sahen auch, wie die Wüstenspringmäuse in einem großen Käfig angeschleppt wurden und Hieronymus sich bemühte, sie zu einem harmonischen Zusammenleben mit seinen Meerschweinchen zu veranlassen. Das schlug vollständig fehl, die Springmäuse hüpften in tollen Sätzen zwischen den zu Tode erschrockenen Meerschweinen herum, und man mußte sie wieder trennen, was ebenfalls keine leichte Aufgabe war. Hieronymus aber holte einen Band Brehm aus dem Giebel, ließ sich damit auf einer Gartenbank nieder und rief mit Stentorstimme zu uns hinüber: die Wüstenspringmaus lasse sich mit leichter Mühe zähmen und sei dann ein possierliches Haustier. Er wolle den Versuch machen, ob wir nicht meinten, daß die Gesellschaftsdame Spaß daran haben würde?

»Wohl möglich«, schrien wir zurück, »wir haben noch nicht das Vergnügen, die Dame zu kennen.«

»Und Schwester Hildegard, – wie es ihr ginge? – vielleicht würde es sie amüsieren . . .«

»Nein«, brüllten wir förmlich, sie sei zwar in der Besserung, aber Springmäuse seien noch zu anstrengend für sie.

Das kränkte ihn, und nun fiel ihm ein, daß er noch einiges gegen uns auf dem Herzen habe.

Es war während seiner Abwesenheit eine wahre Hochflut

von Briefen an uns eingelaufen, nicht etwa von unseren Freunden und Verwandten, sondern von wildfremden Menschen. Unseren sämtlichen Vereinsbrüdern stand ja das Recht zu, uns ungestraft mit Schriftstücken zu bombardieren, und sie machten ausgiebigen Gebrauch davon. Schelmische Wandervögel fragten an, ob sie bei nächster Gelegenheit ihren Flug hierher richten dürften und man bereit sei, sie zu beherbergen und zu atzen – eine Dame klagte dem Loreley, der ein ausgesprochener Weiberfeind war, daß sie sich einsam fühle – ein Handlungsreisender erkundigte sich bei der Schwester nach guten Hotels und erwähnte dabei, er sei in den besten Jahren und sehr lebenslustig – eine Gesellschaft für Nacktkultur wünschte ein Terrain zu mieten, wo man Hütten bauen und sich unter südlichem Himmel in schönen Bewegungen üben könne – noch andere wollten alles mögliche und unterrichteten uns aufs genaueste über ihre Lebensverhältnisse, Neigungen und Gefühle, in der sicheren Zuversicht, ein Echo zu wecken. – Einen vollen Tag hatten wir alle dagesessen und zum Teil recht grobe Antworten geschrieben, um die Leute in ihre Schranken zurückzuweisen.

Jetzt aber stand Hieronymus Edelmann in seiner ganzen Länge da und richtete zornig sein Monokel gegen uns: Was uns denn eingefallen sei, den Verein so vor den Kopf zu stoßen? Man habe sich bereits bitter bei ihm beschwert. Und im nächsten Monat würden verschiedene Mitglieder hierherkommen, wunderbare Dinge würden sich dann ergeben – die stellenlose Gesellschaftsdame habe sich schon bereit erklärt, dem Flammenbund als – nun, als Präsidentin – vorzustehen. Er fand in der Eile wohl kein anderes Wort.

Aber wir waren ebenfalls gereizt, wir sahen in Gedanken schon die Insel von Wandervögeln, nackten Menschen und Handlungsreisenden überflutet, und das gab uns Mut. Der Loreley erhob seine Stimme und wurde ganz pathetisch:

»Nein – wir wollen nicht mehr – wir brauchen keine Springmäuse und keine Vereinsbrüder – wir wollen keinen Flammenbund – wir haben genug an den Blattern« – seine Stimme überschlug sich. Hieronymus aber blieb wie angewurzelt stehen, mit seinem Brehm unter dem Arm, das Monokel hing schlaff herab, und er sah sprachlos zu uns herüber. Dann ging er in das Haus.

Monsieur Mouton, der dieser Szene beigewohnt hatte, war außer sich vor Vergnügen und beteuerte wiederum, Hieronymus sei ein Revenant. Auch wir begannen uns dieser Ansicht immer mehr zuzuneigen. Sein ganzes Tun und Treiben mit dem Krokodil und den Springtieren trug tatsächlich ein gespenstisches Gepräge, und er hatte eine Art, Tatsachen und Wirklichkeiten zu ignorieren, die uns immer wieder in Erstaunen setzte.

So hatte er am nächsten Tage anscheinend alles vergessen, tat, als ob überhaupt nichts weiter vorgefallen sei und zähmte die Wüstenmäuse.

Schwester Hildegard war bald wiederhergestellt, und wir wollten mit dem nächsten Schiff fort, aber Mynheer hetzte uns die Gesundheitspolizei auf den Hals, und man verhängte eine vierwöchige Quarantäne über uns, ehe wir abreisen durften. Zudem steigerte er uns den Pensionspreis ins Ungeheuerliche unter dem Vorwand, wir hätten ihm die Blattern ins Haus geschleppt und die Kundschaft verscheucht. Da wir nicht darauf eingingen, verklagte er uns. Wir erhoben Gegenklage unter Hinweis auf die sinkende Mauer und den linken Flügel und behaupteten, die »Schwankende Weltkugel« sei in baulicher wie in sittlicher Beziehung ein gefährlicher Aufenthalt. Nur die Erkrankung der Schwester habe uns gezwungen zu bleiben, so daß dem Hauswirt aus der Blatternaffäre noch materielle Vorteile erwachsen wären. Dagegen trat nun wieder Hieronymus auf, der inzwischen vergessen hatte, daß er eigentlich in freundschaftlichen Beziehungen zu uns stand, und gab an, daß er längst das Europäerviertel für seine Flammenbündler habe mieten wollen, während Mouton die Gelegenheit ergriff, um seine Forderung an den Hauswirt geltend zu machen. Er wollte durchaus den Beweis antreten, daß dieser ein Schurke und Hieronymus Edelmann ein Gespenst sei. Auf letzteren Umstand legte der Untersuchungsrichter kein besonderes Gewicht. Im Gegenteil, man begann zu zweifeln, ob Monsieur Mouton bei normalem Verstand sei, und das machte die Gegenpartei sich natürlich zunutze.

So tobte der Kampf hin und her, und es bestand keine Aussicht, daß der Prozeß jemals ein Ende nehmen würde. Mittlerweile war auch die stellenlose Gesellschaftsdame in das Gartenhäuschen übergesiedelt. Kopf an Kopf standen wir am Fenster, als sie ihren Einzug hielt. Wir sahen, wie Hieronymus ihr das Krokodil und die Springmäuse, die inzwischen wirklich gelernt hatten, aus der Hand zu fressen, vorstellte. Übrigens mußten wir wieder einmal Monsieur Mouton recht geben – so wenig Charme das Krokodil auch hatte, es war ihr immerhin noch vorzuziehen. Wir sahen, daß sie nicht einen Augenblick zusammenzuckte, sondern vertrauensvoll zu Hieronymus aufblickte, und wir begriffen, daß sein Gespensterinstinkt ihn diesmal nicht getäuscht hatte. Diese Dame war sicherlich geeignet, an seiner Seite und von unheimlichem Getier umgeben als Präsidentin des Flammenbundes zu walten.

Nachdem sie sich in ihre Gemächer zurückgezogen, kam er mit strahlendem Monokel unter das Fenster – er hatte wieder vergessen, daß er jetzt im Prozeß unser erbitterter

Gegner war – und verkündete, daß seine Pläne sich nunmehr aufs herrlichste entwickelten. Mit dem nächsten Schiff käme eine Reihe von Mitgliedern, und er hoffte, dann würden auch wir anders denken lernen und uns der Sache anschließen.

Uns war schlimm zumut.

Tags darauf kam er vom Hafen zurück und brachte einen dicken fröhlichen Kapitän mit. Es war das keine Seltenheit, denn wenn Hieronymus keine geeigneten Passagiere fand, überreichte er auch dem Kapitän seine Visitenkarte und versuchte, ihn mindestens für einen Abend in das Logierhaus zu bringen. Dieser hier fuhr mit einem kleinen Handelsdampfer und war entzückt über den gastlichen Empfang, der ihm zuteil wurde. Wir aber waren nicht minder froh, einmal wieder ein unbeteiligtes Gesicht zu sehen, und so kam es, daß der schlichte Seemann fast über Gebühr gefeiert wurde und die ganze Gesellschaft auf Morgen zu einem Schiffsfrühstück einlud. Punkt zwölf Uhr, denn um zwei sollte in See gestochen werden.

Hieronymus ließ es sich angelegen sein, den Gast zu erfreuen, zog, kaum daß die Mahlzeit beendet war, die Statuten seines Vereins aus der Tasche, erläuterte seine organisatorischen Bestrebungen und suchte ihn dann ohne weiteres für den Flammenbund zu heuern.

Es war nicht ganz klar, ob der biedere Kapitän das alles richtig erfaßte, denn er wollte sich halb tot lachen und sagte immer wieder: »Ja, das wäre sehr hübsch, aber morgen kommen Sie erst mal zu mir, und dann wollen wir frühstücken.« Eine Welt von Alkohol lag in diesem einen Wort. Ein wenig verstimmt brachte Hieronymus nun das Gespräch auf exotische Tiere und erzählte, daß sein Krokodil seit ein paar Tagen nicht fressen wolle. Es müsse krank sein, und er wollte es ihm durchaus noch bei

Nacht und Nebel zeigen, um seinen Rat einzuholen, in der festen Meinung, daß jeder weitgereiste Kapitän auch Sachverständiger in Krokodilangelegenheiten sein müsse. Dieser jedoch – er hieß Petersen – sagte, er selbst verstände nichts davon, aber sein Steuermann, und Hieronymus solle das Tier nur morgen mitbringen. Worauf er wiederholte: »und dann wollen wir frühstücken« und sich etwas benommen verabschiedete.

Wir anderen erwogen noch spät in der Nacht einen verzweifelten Plan. Kapitän Petersen war uns von Gott gesandt, – er wußte nichts von unserer Quarantäne, er wußte überhaupt von nichts, und morgen, wenn man gefrühstückt hatte . . .

Und ungesäumt ging man zu Werk, während das ganze Logierhaus »Zur schwankenden Weltkugel« in tiefstem Schlummer lag. Wir packten unsere Koffer, schleppten sie selbst an den Hafen hinunter und gewannen einen Bootsmann, der sie auf ein verabredetes Zeichen im letzten Moment an Bord bringen sollte. Als wir gerade die letzten Sachen aus dem Hause trugen, kehrte Monsieur Mouton von seinem nächtlichen Bummel zurück und war sehr erstaunt über unsere Betätigung. Man weihte ihn ein, er wünschte uns alles Gute, war aber überzeugt, daß es uns nicht gelingen würde. Wir überredeten ihn, an dem Frühstück teilzunehmen, und er fuhr denn auch zur festgesetzten Stunde mit uns herüber. Den Ameisenbär wagte er bei der feindseligen Stimmung im Logierhaus nicht allein zu lassen und nahm ihn deshalb mit. Kapitän Petersen war ein wenig verwundert, da er Hieronymus Edelmann mit einem Krokodil erwartet hatte. Dieser aber verspätete sich, was bei ihm häufig vorkam. Er hatte absolut kein Gefühl für Zeit und konnte ebensogut übermorgen kommen und mit staunendem Monokel nach dem entschwundenen Schiff suchen.

Das Frühstück begann und dauerte fort. Es war eines jener Frühstücke, die nie ein Ende nehmen, die ebensogut bis zum Jüngsten Tage dauern könnten. Es gab allerlei Delikatessen und vor allem unabsehbare Getränke.

Es wurde eins, es wurde halb zwei, die Schiffsglocke läutete das erste Abfahrtszeichen. – Wir frühstückten, und Hieronymus kam immer noch nicht.

Schwester Hildegard, die noch angegriffen war und keinen Sinn für Gelage hatte, saß in einem Klappstuhl an Deck und hatte Auftrag, den Bootsmann mit unseren Sachen rechtzeitig herbeizuwinken. Von Zeit zu Zeit ging einer von der Gesellschaft hinauf, um ihr zuzusprechen. Denn sie rang mit ihrem Gewissen, ob es auch recht sei, was wir vorhatten. Der Kapitän schwärmte für sie und brachte ihr alle möglichen Leckerbissen – er schwärmte für uns alle und wurde immer aufgeräumter. Punkt dreiviertel zwei, als die Glocke zum zweitenmal läutete, eröffneten wir ihm, daß wir mitfahren wollten. Er hielt es für einen Scherz und ging nicht weiter darauf ein. Das Trapezmädel war inzwischen an Bord gewesen und flüsterte uns zu, das Gepäck sei schon da, und soeben nahe Hieronymus Edelmann mit seiner Präsidentin und dem Krokodil in einer Barke. Gleich darauf meldete ein Matrose seine Ankunft, – die Dame war im Boot geblieben. Der Kapitän ging hinauf, um ihn zu begrüßen, wir folgten. Hieronymus war ungemein aufgeregt – vor einer halben Stunde erst hatte man unseren abermaligen Fluchtversuch entdeckt, und Mynheer hatte ihn hinter uns hergeschickt. Man zerbrach sich den Kopf, wohin wir uns gewandt haben möchten, und darüber war ihm das Frühstück wieder eingefallen. Tot oder lebendig sollte er uns wieder zur Stelle schaffen, und nun schleuderte er uns die furchtbarsten Beschuldigungen entgegen, sprach von den Blattern, dem Prozeß und dem Flammenbund . . . und zerrte dabei das unglückliche Krokodil an der Kette hin und her.

Wir leugneten einmütig – nein, wir wußten von keinem Prozeß und von keinen Blattern. Die Matrosen amüsierten sich königlich, denn inzwischen war auch Monsieur Mouton vorgetreten, und es war ein eigenartiger Anblick, wie die beiden sich mit ihren Haustieren gegenüberstanden und aufeinander einschrien.

Der Kapitän aber wurde sehr ernst. Es war Vorschrift, daß jeder Passagier ein Gesundheitsattest vorweisen mußte, er sah auch jetzt, daß es uns Ernst war mitzufahren, und falls er Hieronymus Glauben schenkte, mußte er uns für eine Art verseuchter Verbrecherbande halten.

Die Schwester saß immer noch in ihrem Klappstuhl und rang die Hände. Aber beim Anblick des rasenden Hieronymus und seiner Präsidentin zerrannen ihre Skrupel. Nein, sie wollte nicht in dieses Haus des Lasters zurückkehren. Sie rang die Hände und flehte Gott um ein Wunder an.

In diesem Augenblick der höchsten Spannung vergaß sich das Krokodil und schnappte in auffallender Weise nach dem Ameisenbär, der friedlich neben seinem Herrn stand. Darüber wurde Monsieur Mouton so zornig, daß er ihm einen fürchterlichen Fußtritt gab. Hieronymus fuhr dabei die Kette aus der Hand, und das Krokodil sauste mit einem langen Satz über Bord.

Und nun geschah etwas Unbegreifliches, was man sich weder im Augenblick noch später zu erklären wußte. Hieronymus sprang ihm nach – eine Viertelstunde lang starrte er völlig abwesend und entgeistert durch sein Monokel das entschwindende Ungetüm an und sprang dann ohne weitere Überlegung ebenfalls über Bord in das Meer, das gerade an diesem Tage stark bewegt war.

Alles stand wie angewurzelt, nur drunten im Boot stieß

die Präsidentin des Flammenbundes einen gellenden Schrei aus.

Zum drittenmal ertönte die Schiffsglocke. Von allen Seiten eilten Barken herbei, aber weder Hieronymus noch das Krokodil kamen wieder zum Vorschein.

Der Dampfer setzte sich in Bewegung, der Kapitän gab keinen Gegenbefehl, es wurde überhaupt kein Wort mehr geredet. Wir waren an Bord – unser Gepäck war an Bord – man fuhr ab – wir fuhren mit, auch für Mouton und seinen Ameisenbären gab es kein Zurück mehr. Mochte das Logierhaus in den Boden versinken und die ganze Insel vom Meer verschlungen werden, wie Hieronymus und sein Krokodil – wir kehrten nicht mehr zurück.

Erst weit draußen, als der Hafen längst hinter uns lag, fand man allmählich die Sprache wieder.

Schwester Hildegard wollte wieder von ihren religiösen Bedenken anfangen und fühlte sich schuldig, weil sie um ein Wunder gebetet hatte, das uns retten möchte. Monsieur Mouton aber brachte sie zum Schweigen, indem er sagte: Nein, hiermit habe der liebe Gott nichts zu tun, und wenn überhaupt von einem Wunder die Rede sein könne, so sei es, daß dieser Hieronymus jemals existiert habe, nicht aber sein jäher und spukhafter Untergang. Er selbst, Mouton, der doch durch seinen Fußtritt den Anstoß zur Katastrophe gegeben, spreche sich gleichfalls von jeder Schuld frei, denn Hieronymus – *c'etait un revenant, m'ssieurs et mesdames.*

Wir übrigen neigten stumm das Haupt.

Kapitän Petersen aber stand nachdenklich und breitbeinig da – jeder Zoll ein Seemann. Er verstand unsere Gespräche nicht, er verstand überhaupt nichts mehr und sagte schließlich kopfschüttelnd: »In die Kajüte, meine Herrschaften. Ich denke, auf den Schrecken ist es am besten, wenn wir erst mal weiter frühstücken.«

Das polierte Männchen

Das polierte Männchen war eines Tages in unseren Kreis geraten, wir konnten uns später alle nicht mehr recht besinnen, wann und bei welcher Gelegenheit.

Wir saßen in einer kleinen orientalischen Stadt und langweilten uns tödlich. Jeder von uns war aus einem anderen Grunde hergekommen und konnte aus einem anderen Grunde nicht wieder fort.

Man brachte die Zeit damit zu, sich ungeheuer zu langweilen und immer neue Zufallsbekanntschaften zu schließen, die wir aber bald wieder verwarfen, weil sie lästig wurden und noch langweiliger waren wie wir selbst. Das konnten wir nicht aushalten. Unser Kreis kam also immer wieder auf die ursprüngliche Zahl von Fünfen zurück, und wir schlossen uns aus lauter Stumpfheit immer enger zusammen, wurden immer unzertrennlicher. Es kam uns allmählich vor, als ob wir uns nie wieder voneinander trennen könnten. Wir vergaßen auch mit der Zeit, daß wir eigentlich darauf brannten, aus diesem Nest wieder fortzukommen, vergaßen, was wir hier wollten, und beschäftigten uns nicht mehr damit. Das Hotel, in dem wir wohnten, war uns zur Heimat geworden, und wir dachten manchmal ernstlich daran, unsere Tage hier gemeinsam zu beschließen.

Wären wir noch etwas lebensfähiger gewesen, so hätten wir das polierte Männchen sicher nicht so lange geduldet, sondern es längst hinausgeworfen. Aber es brachte wohl irgendeine Nuance in die Sache, die uns unentbehrlich geworden war. Vielleicht brauchten wir auch Publikum. Oder wir hatten ein dunkles Gefühl, daß, wenn überhaupt noch etwas geschehen könnte, es nur von dem polierten Männchen ausgehen würde.

Eigentlich irritierte es uns über die Maßen, denn es hüpfte beständig bei uns aus und ein, überraschte uns zu den unwahrscheinlichsten Zeiten und den ungelegensten Stunden, war stets von einer unerträglichen Munterkeit, die ganz über unsere Kräfte ging, hatte eine schrille Fistelstimme, die sich gerne überschlug, kicherte unaufhörlich, mit oder ohne Grund – kurz, es war mit einem Wort absolut unausstehlich. Vielleicht reizte uns gerade das.

Wir fingen auch erst an, es zu ästimieren und unentbehrlich zu finden, als es seinen Namen bekommen hatte.

Anfangs war es nur da – es hypnotisierte uns wohl vom ersten Moment an durch seine Poliertheit, aber wir hatten uns nie darüber geeinigt, hatten es noch nicht in unser Gesamtbewußtsein aufgenommen.

Aber dann kam der große Tag. Doktor König fehlte noch, wir anderen saßen schon lange im Café, malten aus den Zeitungen türkische Buchstaben nach und überlegten, ob man sich nicht selbst einen türkischen Paß ausstellen könnte. Aus diesen Buchstaben wurde ja doch niemand klug, auch wenn er Türke war und türkisch konnte. Dann kam König, er war alleine spazieren gegangen und vielleicht deshalb ungewöhnlich munter. So kam es, daß er die bedeutungsschwere Frage tat: »Warum ist denn das polierte Männchen noch nicht da?«

Wir atmeten auf – es war so lange her, daß wir keine Witze mehr machen konnten. Und der unsympathische kleine Herr war uns schon über gewesen, wir hatten ihn bald abschaffen wollen wie all unsere anderen Beziehungen, aber jetzt fühlten wir, daß wir ihn brauchten, ihn eben erst entdeckt hatten. König hatte ihn entdeckt, als er ihn das polierte Männchen nannte. Es war wie ein Geschenk – wir fühlten uns bereichert und angeregt.

Eine halbe Stunde später kam das polierte Männchen selbst, und wir sahen es jetzt eigentlich zum erstenmal. Es war ziemlich klein und hatte Säbelbeine – das heißt, nur eins davon war ein ausgesprochenes Säbelbein, das andere war bloß krumm. Das polierte Männchen wußte es auch sehr gut zu kaschieren, indem es zuerst mit dem nur krummen auftrat und das ausgesprochene Säbelbein ganz rasch nachschwang. Dabei kam eine eigentümliche, muntere und hüpfende Gangart heraus, man sah, daß er selbst überzeugt war, es sei alles in bester Ordnung. Im übrigen war an dem ganzen Männchen alles blank und glänzend. Seine Wäsche schimmerte, die Stiefelspitzen blitzten, seine rosige Haut sah aus, als würde sie jeden Tag neu überzogen und jede Rundung wie Stirn, Nase, Backenknochen, Kinn, Handgelenke und jedes einzelne Fingergelenk frisch aufpoliert. Es trug eine goldene Brille, die es behutsam und sicher hinter den blanken Ohren festhakte, und seine hellblauen Augen blickten glänzend durch die ovalen Glasscheibchen.

Als es jetzt unter dem Zeltdach des Cafés auftauchte, konnten wir bei aller Schläfrigkeit ein mattes Lächeln nicht unterdrücken. Frau von B., die meist ganz tiefsinnig war und wenig lachte, ließ sogar ein helles Quietschen vernehmen.

Es war schwer zu sagen, ob das polierte Männchen unsere Heiterkeit bemerkte, aber die Wahrscheinlichkeit sprach dafür, denn es war etwas zu Ungewohntes, daß wir lachten.

Es war geradezu ein unheimlicher Moment, etwa wie wenn die Toten in der Morgue plötzlich einmütig lächeln und einer sogar laut aufquietscht. Aber das Männchen nahm jedenfalls keine Notiz davon, und das war auch wieder unheimlich. Jeder andere hätte doch eine Bemerkung über unseren anormalen Frohsinn gemacht. Uns allen lief ein Schauder über den Leib, das polierte Männchen mußte uns ganz und gar durchschauen, es behandelte uns wirklich schon wie Tote, wußte, daß wir tatsächlich nicht mehr lachen konnten, daß es nur noch irgendeine überflüssige Reflexbewegung war.

Es war auch sicher nichts anderes, wir waren gleich wieder ernst, und man ging zur Tagesordnung über. Wir spielten im Hotelgarten Tennis. Außer den Spielrufen wurde kein Wort gesprochen. Das polierte Männchen hüpfte und kommandierte wie immer – wir spielten alle sehr schlecht und ohne Hingabe. – Nachher an der Abendtafel saß es wie immer am anderen Ende zwischen den Fremden, mit denen wir nicht verkehrten und die häufig wechselten, und erzählte, wie immer mit gedämpfter Diplomatenstimme und mit vielem Takt, Anekdoten von exotischen Fürstlichkeiten und hochstehenden Personen. Die Anekdoten waren wie immer schrecklich langweilig, und wir kannten sie alle schon, hörten aber wie jeden Abend mit großer Aufmerksamkeit zu. Als wir dann auf die Straße traten, um unseren gewohnten Abendspaziergang zu machen und ins Café zu gehen, ging gerade ein Mann mit einer langen, zitternden Eisenstange auf der Schulter vorbei. Wir erschraken heftig und prallten zurück. Nur Frau von B., die einen Schritt voraus war, rannte mit dem Kopf gegen die Stange und verletzte sich an der Stirn. Sie schien gar nichts gesehen zu haben.

Die Verletzung war nur geringfügig, aber sie wurde leichenblaß und fiel in Ohnmacht. Man trug sie in ihr Zimmer, und wir gingen alle mit. Das polierte Männchen war auch mitgekommen und hüpfte dienstfertig und beflissen an den Waschtisch, um eine Kompresse zu machen. In diesem Moment sahen wir zu unserem Staunen, wie der Rittmeister mit einer heftigen Bewegung nach seiner Brusttasche fuhr, wo er, wie wir alle wußten, immer einen Dolch bei sich trug. Aber er schien sich gleich wieder zu besinnen, machte kehrt und ging mit schweren Schritten zur Tür hinaus.

Die Verletzung war wie gesagt unbedeutend, Frau von B. blieb nur einen Tag auf ihrem Zimmer. Dann ging alles wieder seinen gewohnten Gang. Sie behauptete, das polierte Männchen sei schuld an ihrem Unfall. Wir hielten es für unwahrscheinlich, nur der Rittmeister nickte ein paarmal nachdenklich, äußerte sich aber nicht weiter darüber. Frau von B. war überhaupt erstaunlich abergläubisch. Noch nie seit sie hier war, habe sie einen Mann Eisenstangen schleppen sehen. Der Mann sei auch unwahrscheinlich groß gewesen und die Eisenstange so unendlich lang, daß man sie unmöglich durch diese Stadt mit ihren schmalen, winkligen Gassen tragen könne. Wir mußten zugeben, daß wir auch noch nie einen Mann mit Eisenstangen gesehen hatten, und begannen nach ihm zu suchen. Dabei lebten wir förmlich auf – wir lagen nicht mehr bis mittags im Bett, spielten nicht mehr Tennis, die Kellner wußten nicht mehr, was sie von uns denken sollten: wir waren sonst den ganzen Tag von einem Café in das andere gegangen, hatten unter den Zeltdächern und Lorbeerbäumen gesessen und Vischinada getrunken – das war ein Eisgetränk mit Kirschsaft – bis es endlich Zeit zur Table d'hôte war. Jetzt kamen wir schon um neun zum Frühstück herunter, erkundigten uns nach allen möglichen Wegen und stürzten fort, oder wir saßen stundenlang in der Halle des Hotels auf den Bambusstühlen und unterhielten uns im Flüsterton. Wir gingen auch zeitig schlafen, um morgens wieder frisch zu sein. Uns beseelte nur ein Gedanke: den Mann mit der Eisenstange zu finden.

Das polierte Männchen ließ uns gewähren. Unser Treiben mußte ihm wohl auffallen, auch wenn wir nie davon sprachen. Aber es fragte nie, spielte mit einer anderen Gesellschaft Tennis, kommandierte, hüpfte, kicherte, wie es bei uns getan hatte, und abends, wenn wir verstört und müde zu Tisch kamen, saß es schon an seinem Platz und erzählte mit gedämpfter Diplomatenstimme seine Anekdoten.

Auf unseren Wanderungen ruhten wir manchmal in unbekannten kleinen Cafés aus, die wir zufällig am Wege fanden, und regelmäßig tauchte dann auch das polierte Männchen auf, war plötzlich da, setzte sich zu uns, verschwand aber immer eben, ehe wir aufbrechen wollten.

An einem Donnerstagabend kam der Rittmeister auf den Gedanken, er wolle morgen einmal zu Pferde die Umgegend durchstreifen. Wir wußten, daß er sich Hoffnung machte, in einem der benachbarten Dörfer den Mann mit der Eisenstange zu finden.

Darüber kam das Gespräch auf Pferde und das polierte Männchen mischte sich lebhaft hinein. Es schien auch etwas von Pferden zu verstehen, dämpfte dann die Stimme und erzählte von einem Sohn des persischen Schah, mit dem es öfters ausgeritten war.

Währenddem sagte Frau von B. zum Rittmeister: »Aber morgen ist Freitag, ich bitte Sie um Gottes willen, reiten Sie nicht auf einem schwarzen Pferd aus.« – Sie hatte halblaut gesprochen, nur für uns berechnet, aber trotzdem hatte man es auf der anderen Tischseite gehört. Das Männchen unterbrach seine Geschichte und erhob ein ganz unbändiges Gekicher, die anderen Gäste stimmten mit ein, und es wurde eine jener schrecklichen sinnlosen Lachstimmungen, die kein Ende nehmen wollen, schließlich zu einer Art Krampf werden und bei allen Beteiligten ein peinliches Gefühl von gegenseitiger Blamage hinterlassen. Frau von B. stand endlich auf und ging fort, und wir begleiteten den Rittmeister, um ein Pferd zu bestellen.

Er ritt dann am nächsten Morgen ganz früh fort. Gott weiß, ob es nur Zufall war, oder wollte der Rittmeister zeigen, daß er ein Mann sei und sich vor nichts fürchte, aber man brachte ihm wirklich ein kohlschwarzes Pferd. Und gegen Mittag wurde er von ein paar Leuten bewußtlos heimgebracht. Das Pferd war mit ihm gestürzt.

Wir saßen gerade in der Halle und sprachen von dem Mann mit der Eisenstange, wir sahen uns an und wurden alle blaß. Frau von B. war Gott sei Dank nicht da. Das polierte Männchen sah aus, als wolle es wieder unbändig kichern, tat es aber nicht, sondern sprang auf, war dienstfertig, nützlich und umsichtig, während wir völlig apathisch sitzen blieben und weiter Eislimonade tranken.

Der Rittmeister hatte sich nur eine Rippe zerbrochen und ein paar Quetschungen davongetragen, aber das schien uns im Moment beinah unheimlicher, als wenn er tot gewesen wäre. Das Schicksal erlaubte sich nur unverschämte Spielereien mit uns, aber es nahm uns nicht ernst.

Beim Abendessen wurde natürlich von dem Unfall gesprochen, aber alles war verlegen und niemand wagte eine Anspielung auf den vorigen Abend.

Auf Frau von B.s dringende Bitten gaben wir den Mann mit der Eisenstange jetzt auf.

Der Rittmeister war nach ein paar Tagen wieder unter uns und mußte sich nur noch etwas schonen. Wir führten wieder unser früheres Leben mit späten Nächten und resignierter Bummelei. Aber es war doch etwas anders geworden. Unser schöner, tröstlicher Dämmerzustand, an den wir uns so gewöhnt, den wir geliebt, kultiviert und gegen alle beunruhigenden Einwirkungen von außen her verteidigt hatten, der überhaupt das Band war, das uns zusammenhielt, und der uns so viel stummes, intensives Glück gebracht – er war gestört, wir waren jetzt halbwach und gequält und waren so nervös geworden, daß wir uns stundenlang unterhielten. Und immer nur über das polierte Männchen. Es beschäftigte uns so, daß wir an nichts anderes mehr dachten. Wir sprachen viel über sein Äußeres, stellten jeden kleinsten Zug fest, den wir an ihm kannten, und entdeckten immer neue, die uns bisher entgangen waren. Es beschäftigte uns lebhaft, wenn es eine andere Krawatte trug, und die verschiedenartigen kunstvollen Schwingungen, die es mit seinem Säbelbein vollführte, regten uns förmlich auf. Wir achteten auch mehr auf das, was es sprach, und grübelten darüber, ob es wohl wirklich Diplomat sei. Seine Kenntnisse in bezug auf exotische Fürsten und hochstehende Persönlichkeiten waren tatsächlich eminent. Doktor König, der gern alles ins Triviale zog, warf einmal die Frage auf, ob es nicht vielleicht ein Schwindler sei. Die Möglichkeit wurde gründlich beleuchtet, aber wieder verworfen. Wozu sollte ein Schwindler sich so lange gerade in dieser unbedeutenden Stadt aufhalten und wozu unsere Gesellschaft so auffallend kultivieren? Wir boten so gar keine Handhabe für Schwindeleien. An uns konnte man höchstens psychologisches Interesse nehmen, aber auch das lag dem polierten Männchen sicher gänzlich fern. So rieten und grübelten wir hoffnungslos weiter.

In dieser Zeit lernten wir den schönen Armenier kennen. Er war türkischer Beamter, schien eine bedeutende Stellung einzunehmen, hieß Vayanni Bey und inspizierte den Ackerbau in unserer Gegend – ein äußerst gebildeter und liebenswürdiger Mensch. Wir waren ganz glücklich über ihn, bis das polierte Männchen dazu kam und ihn vertraut begrüßte. Sie hatten sich in Ägypten getroffen und beim Khedive zusammen Tee getrunken.

Wir sahen uns an und fühlten, daß wir anfingen, dem polierten Männchen Tod und Verderben zu wünschen. Es ging indessen bald seiner Wege, und wir wunderten uns, daß Vayanni Bey im weiteren Gespräch mit keiner Silbe darauf zurückkam. Es war uns auch sonst schon aufgefallen, daß außer in unserem intimen Kreis niemals von dem Männchen gesprochen wurde. Mit dem Moment, wo es verschwand, schien es vergessen und ausgelöscht zu sein, als ob es nie dagewesen wäre.

Frau von B. verliebte sich in den schönen Armenier. – Zwischen uns Fünfen bestand ein stillschweigendes Übereinkommen, daß wir uns nie untereinander verliebten. Es wäre viel zu anstrengend gewesen und hätte alle Harmonie zerstört. Darüber waren wir uns vollkommen einig. Es wurde höchstens ganz mechanisch geflirtet.

Ihren Liebeshandel mit dem Armenier betrachteten wir daher gewissermaßen als gemeinsame Sache. Es gab keine Eifersucht und keine Störungen, wir machten einfach mit, liebten ihn alle, litten darunter, wenn er kalt war, und glühten mit, wenn er seine dunklen Augen zu ihr hinüberrollte, und sie mit seinen weißen Zähnen anblitzte. Er benahm sich auch so diskret und erwiderte unsere Gefühle so anerkennend, daß wir sehr zufrieden mit ihm waren. Es war unsere schönste Zeit.

Nur das polierte Männchen fiel manchmal aus der Rolle, die es sich bis dahin auferlegt, oder zu der wir es durch unser Verhalten gezwungen hatten. Es vergaß dann seinen Diplomatentakt, machte anzügliche Bemerkungen, kicherte, wo es durchaus nicht am Platz war, und neckte Frau von B. mit dem Armenier. So warf es eines Tages die Bemerkung hin, warum sie ihn nicht heirate, um ihn ganz für sich zu haben. Diesmal wurde sie nervös, gab dem Männchen einen Klaps mit dem Fächer und sagte: »Lassen Sie mich in Ruhe – es gefällt mir so viel besser.« – Das

Polierte sah sie mit einem gekränkten und giftigen Blick an und kicherte in sich hinein. Dann ging es fort und schien so mit seinen Gedanken beschäftigt, daß es vergaß, das Säbelbein zu schwingen und beinah hinkte.

Ein paar Tage später bekam Frau von B. einen Ausschlag auf der rechten Hand, der bis zum Ellenbogen hinauflief und längere Zeit nicht weichen wollte. Sie trug die Hand verbunden, aber das Männchen fragte nicht ein einziges Mal, was ihr fehle. Frau von B. war an diesem Tage ganz verstört und erzählte uns, sie habe geträumt, sie müsse das polierte Männchen heiraten. Es habe gekichert und ihr die Hand geben wollen, aber sie schlug danach, und dann merkte sie, daß das ganze Männchen aus Glas war, und in demselben Augenblick sei es klirrend zersprungen.

Wir waren schon soweit, daß wir uns von ihr anstecken ließen. Sie durfte nicht mehr neben ihm sitzen, vielleicht hätte sie sonst wieder einmal nach ihm geschlagen, und das Männchen ging wirklich vor unser aller Augen in Scherben oder ließ ihr zur Strafe die Hand verdorren. Der Armenier war auch dafür, daß sie einen anderen Platz bekam.

Wir betrachteten das Männchen noch argwöhnischer als vorher und grübelten heftiger über seine Beschaffenheit. Wir hatten einen Porträtmaler unter uns – er hieß Schmidt und kam auf den Gedanken, das Männchen zu einer Sitzung zu bewegen, er würde dabei schon eine Gelegenheit finden festzustellen, ob es aus demselben Material sei wie andere Menschen. Wir waren sehr gespannt auf das Resultat, aber als Schmidt wieder zu uns kam, war er ganz vernichtet und sagte, das Männchen möge malen, wer das wolle, er habe beinah den Verstand darüber verloren. Er hätte es mit den verschiedensten Stellungen und Beleuchtungen versucht, aber das Männchen habe so geglänzt, geblinkt, ja phosphoresziert, daß selbst, wenn er es ganz in den Schatten stellte, keine Möglichkeit war, auch nur eine Linie festzuhalten.

Er – Schmidt – wußte nicht, was er sagen sollte, um sich aus der Affäre zu ziehen und stammelte nur ganz verwirrte Entschuldigungen. Und das Männchen habe ihn tückisch angesehen, dann sein Taschentuch hervorgelangt und sei sich damit über die blanke Stirn gefahren. Wozu – wußte Schmidt nicht, aber er glaubte in diesem Augenblick, es würde plötzlich aufhören zu glänzen und war auf den schauderhaftesten Spuk gefaßt. Aber statt dessen hüpfte es nur von dem Podium herunter, griff nach seinem Hut und sagte beflissen ein Mal über das andere: »Also dann ein anderes Mal, Herr Schmidt – ein anderes Mal, Herr Schmidt.« – Schließlich verschwand es mit einem so furchtbaren Gekicher, daß es ihm immer noch in den Ohren klang.

Schmidt war ganz außer sich, wir hatten ihn noch nie so gesehen, und als dann das polierte Männchen in das Café trat, riß er seinen Hut von der Wand und rannte fort.

Wir konnten alle nicht mehr. Den Armenier hatten wir in das Geheimnis gezogen, er gehörte jetzt ganz zu uns und machte alles mit durch. Manchmal saß er stundenlang schweigend da und spielte mit einem kleinen Rosenkranz aus dicken gelben Bernsteinperlen, den er immer bei sich hatte, und eines Tages hob er seine dunklen Augen auf und meinte, das Säbelbein habe einen Pferdefuß, er sei neulich ein Stück hinter dem polierten Männchen hergegangen und habe sich über die sonderbaren Fußspuren gewundert, die es hinterlasse.

Wir konnten uns nicht recht entschließen, daran zu glauben, aber darin waren wir uns einig: irgend etwas mußte geschehen, um der Sache ein Ende zu machen und das polierte Männchen loszuwerden. Aber ob das überhaupt noch möglich war? Es war allmählich, ohne daß wir es wollten, der Sammelpunkt all unserer Gedanken geworden, bestimmte unser ganzes Leben. Gingen wir aus, so war unser einziger Gedanke, ob wir es treffen würden, und saß es bei uns, so beschäftigte es uns ausschließlich. Frau von B. litt unter den abscheulichsten Träumen. Sie war manchmal in momentaner Geldverlegenheit, und bei einem solchen Anlaß zitierte das polierte Männchen verschiedene Möglichkeiten, wie man sich Geld beschaffen könne. Zum Schluß sagte es scherzend: »Wenden Sie sich doch an den jungen Engländer, der über Ihnen wohnt – der hat genug.« – Der junge Engländer war übrigens ein reizender Mensch, wir hatten ein paarmal mit ihm Tennis gespielt. Wie immer, wenn das Männchen dabei war, warf man sich aus Nervosität förmlich in die Unterhaltung hinein, dehnte sie, reckte sie und spann sie nach allen Seiten aus, bis man sich ganz zerrieben und zerfasert vorkam. So gerieten wir auch diesmal in ein endloses Geldgespräch, sprachen über Wucher, Wechselfälschungen, Hochstapelei, Spielbanken und so weiter.

Am nächsten Morgen erzählte uns Frau von B., daß sie geträumt habe, der schöne Armenier läge schlafend auf einer Bank, und sie wußte, daß er eine Brieftasche mit Banknoten in der Brusttasche trug. Plötzlich stand das polierte Männchen neben ihr und rief mit gellender Stimme: »Aber so fleddern Sie doch – fleddern Sie doch!« Ihr graute jetzt geradezu vor dem Männchen, und sie konnte es nicht lassen, immer wieder vor sich hinzumurmeln: »Fleddern Sie doch – fleddern Sie doch«, und dann das schrille Kichern nachzuahmen.

Dabei schien sie ganz abwesend und sah starr in die Kaffeetasse hinein. Wir saßen beim ersten Frühstück, es war ungewöhnlich still, nur in der Halle unter dem Personal schien Unruhe zu herrschen. Die Kellner liefen hin und her, der Liftboy sah verweint aus – wir nannten ihn übrigens nur so, denn es gab keinen Lift in unserem Hotel – und der Portier sprach leise und angelegentlich mit dem Wirt. Wir erfuhren dann, während wir noch am Tisch saßen, daß der junge Engländer sich heute nacht erschossen habe.

Frau von B. stellte ihre Tasse hin, daß es klirrte und der Löffel auf die Erde fiel: »Um Gottes willen – das polierte Männchen ist sicher ein Leichenfledderer!« – Sie schwieg einen Augenblick und sagte dann sehr nachdenklich: »Was ist eigentlich ein Leichenfledderer? – Ich kenne nur das Wort, und als Kind habe ich mir immer eine Art von schauerlichen Fledermäusen darunter vorgestellt.« –

Uns allen schwirrte es im Kopf – der junge Engländer, der gestern noch mit uns am Tisch gesessen und sich dann erschossen hatte, kein Mensch wußte warum – das Geldgespräch nachts im Café – Frau von B.'s Traum – Leichenfledderer – Fledermäuse – das polierte Männchen. – Jeder sagte irgend etwas, und jeder sagte absoluten Unsinn – keiner verstand, was der andere meinte. Es war, als ob irgendein rächender Gott plötzlich unsere Sinne verwirrt hätte.

Der Anblick des polierten Männchens, das sich geschäftig und behende durch die Halle auf uns zuschwang, wirkte wohl zum erstenmal beinah erlösend auf uns. Es war sorgfältig und elegant in tiefes Schwarz gekleidet und hatte einen Trauerflor um den Zylinder. – Darin erinnerte es an den Teufel im »Peter Schlemihl«; es gab keine noch so unerwartete Gelegenheit, wo es nicht mit allem Erforderlichen ausgerüstet war. Sicher führte es auch beständig einen Trauerflor bei sich; denn unmöglich konnte es ihn heute schon gekauft haben – vor knapp dreiviertel Stunden hatte man den Engländer tot gefunden – und wo sollte man hier überhaupt einen Trauerflor kaufen?

Wir waren sonst nie sehr höflich gegen das Männchen und blieben ruhig sitzen, wenn es sich zu uns gesellte, aber heute erhoben wir uns alle wie auf Kommando von unseren Plätzen, als wollten wir ihm eine Ovation bereiten. Wir empfanden auch sicher etwas Ähnliches, erkannten ihn als unseren Herrn und Meister an und unterwarfen uns. Er war stärker als wir.

Aber nun geschah etwas Merkwürdiges: das polierte Männchen verlor zum erstenmal, seit wir es kannten, die Fassung, sah ratlos von einem zum andern, tat mit dem nur krummen Bein einen Schritt vorwärts, vergaß aber die Schwingungen mit dem Säbelbein, hakte die goldene Brille fester hinter die Ohren, fuhr dann blitzschnell mit der Hand in die Tasche und mit einem langen seidenen Taschentuch wieder heraus und über die spiegelblanke Stirn. Schmidt schrie laut auf und starrte ihn mit einem brechenden Blick an, dann stürzte er aus dem Zimmer wie von einer Tarantel gestochen. Und jetzt erst fingen wir an zu begreifen, was geschehen war: daß der junge Engländer sich erschossen, daß Frau von B. uns einen abscheulichen Traum erzählt hatte, und daß Schmidt am Rande des Wahnsinns war; begriffen, daß wir hier in einer kleinen orientalischen Stadt saßen und dieses polierte Männchen da uns völlig beherrschte und in seiner Gewalt hatte.

Frau von B. war die erste, die sich wieder setzte: »Fleddern Sie doch, fleddern Sie doch«, murmelte sie vor sich hin. Dann schlug sie beide Hände vors Gesicht, senkte den Kopf bis auf den Tisch nieder, richtete sich wieder auf, warf sich hintenüber und brach in ein unerhörtes, schallendes, höhnisches und verzweifeltes Gelächter aus. Und wir anderen stimmten mit ein, fanden denselben Ton wie sie und hielten ihn fest, lachten laut, schallend – höhnisch und verzweifelt.

Als wir wieder zur Besinnung kamen, standen der Wirt, der Portier, der verweinte Liftboy und die Kellner in der Tür und schienen uns aufmerksam zu beobachten. Das polierte Männchen war verschwunden. Unsere Phantasie war so erhitzt, daß einige von uns gesehen haben wollten, es habe sich am Säbelbein gepackt und in der Mitte durchgerissen wie Rumpelstilzchen.

Aber abends, als wir schon am Tisch saßen, ging die Tür auf und das polierte Männchen kam herein, genau wie sonst. Wir waren höchst erstaunt, daß es noch ganz war, und achteten besonders auf das Säbelbein, aber es beschrieb genau die vorschriftsmäßige Wendung. Das Männchen schoß einen leeren flüchtigen Blick zu uns herüber, kicherte leise und grausig und begann dann mit gedämpfter Stimme von einem englischen Minister zu erzählen. Von dem Selbstmord war nicht mehr die Rede. Man hatte sich wohl geeinigt, nicht darüber zu sprechen. Der Oberkellner hielt sich auffallend viel in unserer Nähe auf. Uns war alles gleichgültig, wir fürchteten höchstens, daß Frau von B. wieder vom Fleddern anfangen würde. Aber sie sprach kein Wort und war sehr bleich.

Einen Tag später wurde der Engländer begraben, er hatte keine nachweisbaren Angehörigen gehabt und niemand war gekommen, so gingen wir alle mit. Nur das polierte Männchen fehlte. Wir hatten es inzwischen nicht gesehen und nahmen an, daß es sich vielleicht doch noch selbst durchgerissen habe.

Man begrub ihn – den Engländer – auf dem armenischen Friedhofe. Vayanni Bey hatte alles in die Hand genommen. Da der Geistliche nicht englisch konnte, hielt Vayanni eine kleine Ansprache auf französisch. Wir legten Kränze aus Lorbeer und Granatblüten auf das Grab, und da wir nicht wußten, was man sonst noch tun könnte, ließen wir es dabei bewenden.

Dann saßen wir die ganze Nacht zusammen auf. Eigentlich warteten wir nur darauf, daß das polierte Männchen kommen und sich wieder zu uns setzen würde. Und wenn es jetzt hereintrat, glatt, rosig und spiegelblank – was würde dann wohl geschehen? Der Rittmeister fühlte nach seiner Brusttasche, und wir hätten uns nicht gewundert, wenn er es dann niedergestochen hätte, ohne jeden Grund, denn eigentlich lag ja gar nichts gegen das Männchen vor.

So saßen wir in dumpfer Spannung, warteten und sehnten uns nach einer Katastrophe.

Aber das polierte Männchen ließ sich nicht sehen. Wir blieben die ganze Nacht zusammen, aber es kam nicht. Dann schliefen wir bis zum Abend. Einer nach dem anderen kam in die Halle hinunter, übernächtig und als ob er jetzt den letzten Zusammenhang mit der Welt und seinem Dasein verloren habe. Frau von B. ließ sich nicht sehen. Wir wollten sie nicht stören und gingen ohne sie fort.

Am nächsten Morgen teilte man uns mit, daß sie verschwunden sei. Kein Mensch wußte oder ahnte etwas Näheres. War sie abgereist, ohne uns ein Wort zu sagen – – – war sie verunglückt? Hatte sie sich am Ende selbst das Leben genommen, wie der kleine Engländer, oder was war geschehen? Wir suchten ganz betäubt, die banalsten Lösungen zu finden und für wahrscheinlich zu halten – – aber dann sahen wir uns wieder in kaltem Entsetzen an und dachten an das polierte Männchen.

Der Rittmeister reckte sich in seiner ganzen Höhe empor und schwur, es solle ihm Rede stehn, und habe es irgendwie seine Hand im Spiel, so wolle er es kalt machen, einerlei, was für Folgen daraus entständen. Der schöne Armenier, den es doch am nächsten anging, war wie versteinert, er ging mit verschränkten Armen auf und ab und sah uns aus seinen dunklen Augen so völlig ratlos an, daß wir nicht wußten, was wir mit ihm anfangen sollten. Er wußte offenbar, ebenso wie wir, nicht den leisesten Anhaltspunkt zu finden.

Es kam uns jetzt erst zum Bewußtsein, daß wir das Männchen in den letzten Tagen gar nicht mehr gesehen hatten. Auch an der Abendtafel hatte es gefehlt, aber niemand von den anderen Leuten schien darauf geachtet zu haben. Es war ja immer nur vorhanden, wenn man es sah und hörte, seine Existenz erlosch mit seiner Abwesenheit.

Wir gingen und suchten genau so, wie wir damals gegangen waren und den Mann mit der Eisenstange gesucht hatten. Den hatten wir nicht gefunden, und wir fanden auch das polierte Männchen nicht. Niemand konnte uns etwas darüber sagen, wo es geblieben sei.

Vayanni Bey wollte sich nicht daran beteiligen – er schien von vornherein überzeugt, daß es zwecklos sei – und saß in stummem Brüten vor den kleinen Kaffeehäusern und spielte mit seinem Rosenkranz.

So verging Tag auf Tag. Wir suchten und suchten. Immer wieder meinten wir, das polierte Männchen müsse auf einmal wieder zur Tür hereinkommen, und manchmal fuhren wir zusammen und meinten sein grauenhaftes Kichern zu hören. Aber Frau von B. war und blieb verschwunden, und auch das polierte Männchen kam nie wieder zum Vorschein.

Der Herr Fischötter

Es war in einem Seebad – wir amüsierten uns ausnahmsweise wirklich gut und hatten uns unter anderem mit
einem Rechtsanwalt befreundet, den wir sehr schätzten.
Er hieß Berger und war ein angenehmer Gesellschafter,
nur hatte er einige Sonderbarkeiten, die man sich nicht
recht zu erklären wußte. Zum Beispiel, wenn wir alle
zusammen baden gingen, uns stundenlang im Wasser und
am Strande ergötzten oder müde und gesprächig in der
Sonne lagen, tat er niemals mit, sondern verschwand,
sowie nur davon die Rede war. Und es war auffallend,
wie er jedesmal zusammenfuhr, wenn von Baden, Wasser, Schwimmen und dergleichen gesprochen wurde.
Überhaupt litt er manchmal an scheinbar völlig unmoti-
vierten Depressionszuständen, und es war dann nichts
mit ihm anzufangen. Sein offenes, heiteres Wesen verkehrte sich ohne jeden Übergang in düstere Verschlos-
senheit, so daß keiner von uns sich getraut hätte, teilneh-
mende oder persönliche Fragen an ihn zu richten.
Waren wir unter uns, so unterhielten wir uns des öfteren
darüber und konnten nicht aus ihm klug werden. Vor
allem seine rätselhafte Wasserscheu blieb uns unbegreif-
lich. Daß es ihm an Mut fehlte, war wohl ausgeschlossen,
daß er nicht schwimmen konnte und sich zu blamieren
fürchtete, sehr unwahrscheinlich. Er hätte es dann ja auch
lernen können. – Oder sollte es am Ende Prüderie sein?
Vielleicht nahm er Ärgernis an unserem zwanglosen Treiben, umging es, daran teilzunehmen und badete heimlich
alleine.
Wir versuchten nun in dieser Richtung Beobachtungen

anzustellen, benahmen uns, wenn der Rechtsanwalt zugegen war, noch zwangloser wie sonst. Die Unterhaltung gestaltete sich immer frivoler, es wurde kokettiert und geliebelt, pikante Anekdoten erzählt, kurz, der ganze Ton kam bedenklich herunter. Bei unseren Spaziergängen veranstalteten wir gemeinsame Luftbäder auf Waldwiesen – aber der Rechtsanwalt machte alles fröhlich und unbefangen mit und genoß es sichtlich, sich in einem Milieu zu bewegen, das raffinierte Kultur atmete und doch von jeder Konvention frei war. Nur wenn vom Baden die Rede war, zog er sich nach wie vor verstimmt zurück.

Kurz, unsere Methode blieb ganz ohne Erfolg, wir gaben es auf und trösteten uns damit, daß sein Seelenleben uns ja eigentlich gar nichts anging und für unsere freundschaftlichen Beziehungen ganz unwesentlich war. Wir ließen den schlechten Ton wieder fahren und milderten unser Benehmen auf seine ursprüngliche Dezenz zurück. Der Rechtsanwalt schien es zu bedauern, fügte sich aber darein. Das Leben ging seinen Gang, und die Hochsommerhitze schläferte unser Interesse für diese Fragen immer mehr ein.

Aber dann geschah es, daß wir an einem schwülen Augustabend in einer kleinen Gastwirtschaft saßen. Wir führten ziemlich langweilige und matte Gespräche – da kam ein alter Förster, den wir kannten, durch den Garten, blieb an unserem Tisch stehen und erzählte, ihm sei heute ein seltenes Wild vor die Flinte gekommen. Um uns liebenswürdig zu zeigen, heuchelten wir lebhafte Neugier. – Er warf seinen schweren Rucksack auf einen Stuhl, knüpfte ihn auf und der runde Kopf eines ansehnlichen Fischotters kam zum Vorschein. Wir bewunderten ihn und machten dem Alten Komplimente, obgleich wir keinen rechten Begriff von dem Wert, der Seltenheit, ja überhaupt von dem Vorhandensein dieses Tieres in der Naturgeschichte hatten. Dann bemerkten wir, daß der Rechtsanwalt den Otter geradezu entsetzt anstarrte und lachten darüber, aber das Lachen verging uns, als er von seinem Platz auffuhr und den Förster mit fürchterlicher Stimme anschrie: »Fort damit – schaffen Sie ihn weg – der verfluchte Kerl ist an allem schuld.«

Es folgte eine peinliche Szene, um so peinlicher, als keiner von den Anwesenden ahnte, was es zu bedeuten habe und man sich deshalb jeder Einmischung enthalten mußte.

Der würdige Förster war einen Moment sprachlos, als der elegante Herr im Tennisanzug so auf ihn losfuhr, dann beschuldigte er ihn in bitteren Worten des Wahnsinns, und als der Rechtsanwalt erregt antwortete: noch sei er bei klarem Verstand, aber wenn man die verfluchte Bestie nicht rasch fortschaffe, stehe er für nichts – da maß der alte Mann ihn mit einem prüfenden Blick, wich einen Schritt zurück und sagte langsam: »Jetzt erkenne ich Sie – was hat das unschuldige Tier damit zu schaffen? – Sie – Sie waren es, der zum Unglück noch die Schuld fügte. – Unseliger Mensch – ich war dabei, wie man Ihr Opfer aus dem Walde trug. – Möge Gott Ihnen Frieden geben!«

Der Rechtsanwalt fuhr sich über die Stirn – durch die Haare – und wurde plötzlich ruhig, mehr wie ruhig, alles Leben war aus seinen Zügen gewichen. Dann sagte er mit sichtlicher Anstrengung: »Verzeihen Sie mir – Sie haben wohl recht – ich bin manchmal halb von Sinnen. – Aber ich bitte Sie, schaffen Sie das Tier fort – ich kann es nicht sehen.« – –

Er drückte dem Alten sichtlich erschüttert die Hand und wiederholte »Verzeihen Sie mir!« – Der schüttelte den grauen Kopf, wünschte uns guten Abend und ging. Den toten Otter nahm er mit und wir fühlten uns etwas erleichtert. Uns fing an vor ihm zu grauen, wie ein Unhold aus dem Märchen hatte er dagelegen und uns aus seinen halboffenen, verglasten Augen angesehen, während die beiden Männer sich gegenüberstanden und von furchtbaren Dingen redeten.

Berger setzte sich, er zitterte an allen Gliedern, und es dauerte eine Weile, bis er sich wieder gefaßt hatte. Verstört sah er sich dann im Kreise um und sagte: »Ich muß auch Sie alle um Verzeihung bitten, meine lieben Freunde, aber vielleicht weiß einer oder der andere von Ihnen aus eigener Erfahrung, daß es Momente gibt, wo einem die Sache über den Kopf wächst und man seiner selbst nicht mehr Herr ist. – Ja, und nach diesem bedauerlichen Auftritt bin ich Ihnen wohl eine Erklärung schuldig. Sie möchten nach den Worten des Alten sonst wohl den Verdacht hegen, daß ein Mörder und Verbrecher unter Ihnen weilt – –«

Hier brach er ab und verfiel wieder in dumpfes Sinnen. »Mörder – o lächerlich – es war mein gutes Recht – einer von uns mußte fort – und der Verbrecher war er – aber muß er denn immer wieder kommen und mich mit seinen schrecklichen Augen ansehen?«

Er stand noch einmal auf, ging ein paar Minuten auf und ab, schob den Stuhl fort, auf dem der Otter gelegen hatte, und erzählte uns dann seine Geschichte.

Vor einigen Jahren hatte er schon einen Sommer hier zugebracht, mit einem Mädchen, das er grenzenlos und leidenschaftlich liebte, und mit dem er sich nach Ablauf der Saison zu verloben gedachte. Ein Geschöpf von seltenem Liebreiz war sie gewesen und die langen Sommermonate so still, glühend und heiter, daß er wie in einem unwahrscheinlichen Glückstraum zu leben meinte.

Den größten Teil des Tages brachten sie am Strande zu. Er selbst war nur ein mäßiger Schwimmer, da er gerade zu diesem Sport in seiner Jugend wenig Gelegenheit gehabt. Das Mädchen dagegen – sie hieß Alwine – schien mit dem Wasser und mit allen Schwimmkünsten so vertraut, daß man hätte glauben können, es sei ihr eigentliches Element, in dem sie geboren und aufgewachsen war. Die leidenschaftliche Liebe, mit der sie dem Meer zugetan war, konnte ihn manchmal fast beunruhigen. Wenn die sonst so Ruhige und Besonnene lachend und jubelnd in den Wellen auf und nieder tauchte, überkam ihn ein Gefühl, das der Eifersucht verwandt war – als gäbe es noch etwas in ihrem Wesen, woran er nicht teilhaben konnte. Sie sagte auch selbst, ihr sei im Wasser zumut, als ob sie sich in einem fremden Dasein herumtreibe, das mit ihrem sonstigen Leben gar nichts gemein habe.

Dann kam ein fremder Herr in den Badeort. Am Morgen nach seiner Ankunft waren sie unangenehm überrascht, als der neue Gast am Strande erschien. Aber er hielt sich in diskreter Ferne, schwamm weit hinaus, so weit, daß man sich leise beunruhigt fühlte, kehrte jedoch wohlbehalten zurück und unternahm wohl eine Fußtour, denn sie bekamen ihn den ganzen Tag nicht mehr zu Gesicht. Am nächsten Morgen war er wieder da, sie sahen ihn in einer nahen Badehütte verschwinden, und bald darauf schwamm er hinaus, kehrte wieder um und näherte sich dem Platz, wo die beiden Liebenden zu baden pflegten. Das Mädchen war schon eine Zeitlang im Wasser, während der Rechtsanwalt sich noch nicht entschließen mochte, sondern im Sande lag, ihr nachsah und überlegte, was zu tun sei, um jedem Bekanntwerden mit diesem Fremden auszuweichen. Er rief Alwine zu, sie möge nicht so weit hinausgehen, aber sie hörte es wohl nicht mehr, sie trieb auf dem Rücken, schaute in den blauen Sommerhimmel hinauf und lebte ganz in ihrer fernen Wasserwelt. Der Fremde schwamm in langen Zügen auf sie zu, er schwamm auf eine sonderbare Weise, bald geradeaus und auf dem Rücken, bald warf er sich auf die Seite, daß das Wasser aufspritzte und sein Kopf bei jedem Stoß emporfuhr und er so eine Art Halbkreis beschrieb, dann wieder tauchte er unter, tauchte unwahrscheinlich lange und kam eine ganze Strecke weiter wieder zum Vorschein. Jedenfalls war er ein ausgezeichneter Schwimmer, und der Rechtsanwalt fühlte etwas wie Neid. Er stand auf, begab sich nun ebenfalls ins Wasser und suchte Alwine einzuholen. Als er noch ungefähr zehn Schritte von ihr entfernt war, drehte sie sich auf die Seite und wandte den Kopf nach dem Fremden, der immer näher kam. Gleichzeitig tauchte dieser unter und dicht vor dem Mädchen wieder empor – deutlich sah man seinen runden, auffallend runden, glattgeschorenen Kopf mit den kreisförmigen, etwas trüben Augen. Der Kopf machte eine Art Verbeugung und der fremde Herr sagte höflich und reserviert: »Gestatten Gnädige, – mein Name ist Fischötter.«

Und Alwine – sie wurde leichenblaß und schrie so grauenhaft, wie er noch nie einen Menschen hatte schreien hören, schlug um sich, daß die nassen Arme in der Sonne funkelten, und schwamm in rasender Eile davon. Sie mochte den Fremden mit dem runden Kopf und dem sinnlosen Namen wohl für einen Spuk gehalten haben und wollte ihm entfliehen.

Der Rechtsanwalt nahm alle seine Kräfte zusammen, und der Fischötter schoß neben ihm dahin wie ein Pfeil, aber als sie noch ein gutes Stück von ihr entfernt waren, schrie sie wiederum auf, reckte sich noch einmal empor und versank vor ihren Augen.

Rascher wie er war der andere zur Stelle, aber Alwine kam nicht mehr zum Vorschein.

Inzwischen waren Leute, die am Ufer standen, aufmerksam geworden, Berger winkte ihnen und sie ruderten rasch mit einem Boot heran. Der Fischötter schwamm immer wieder im Kreise um die Stelle herum, wo das Mädchen versunken war, tauchte wiederholt und brachte endlich den leblosen Körper an die Oberfläche. Man hob ihn in das Boot, und die erschöpften Schwimmer stiegen ebenfalls ein.

Keiner sprach ein Wort. Der Rechtsanwalt war wie betäubt vor Qual und Entsetzen, und der Fischötter saß ebenfalls stumm da. Von seinem runden Kopf rannen die Wassertropfen, und die glasigen, runden Augen blickten in hilflosem Schrecken bald auf das Mädchen, bald auf ihren Geliebten. Er mußte wohl dunkel fühlen, daß er allein die Schuld an dem Unglück trug, aber er konnte es nicht fassen, wußte es sich in keiner Weise zu erklären. Er hatte seine Künste produziert, sich einer schwimmenden Dame vorgestellt, und die Dame war ertrunken. Aber warum und weshalb? –

Der Rechtsanwalt aber fühlte einen wahnwitzigen Groll in sich aufsteigen gegen diese elende Kreatur, die ihn um sein Liebstes gebracht. Erst in dieser schrecklichen Stunde ging ihm das volle Verständnis für die seltsame Empfindungswelt seines Mädchens auf, von der sie ihm so oft gesprochen. – Wäre der Herr Fischötter ihr am Festlande oder im Salon begegnet, so hätte sie vielleicht Vergnügen an ihm gefunden – so aber mußte sie elend durch ihn zugrunde gehen. Und Berger selbst fing allmählich an, ihn für eine Spukgestalt zu halten, wie er triefend, bloß und glasäugig neben der Leiche saß, einem Ungeheuer gleich, das seine Beute bewacht.

Am Ufer angelangt erwachte er wieder zum Bewußtsein der Wirklichkeit, ordnete rasch an, daß man Alwine in das Hotel tragen und einen Arzt rufen solle. Vielleicht, mein Gott, vielleicht war ja noch Hoffnung.

Dann wandte er sich nach dem Fremden um, der immer noch wortlos, triefend und devot dastand, und sagte kurz: »Ich werde Ihnen heute noch meinen Sekundanten schicken – mein Name ist Doktor Berger.« – Und bestürzt murmelte der andere: »Gestatten Sie, mein Name ist –« Fischötter, wollte er murmeln, aber das Wort erstarb ihm auf den Lippen, denn Doktor Berger herrschte ihn mit furchtbarer Stimme an: »Halten Sie ein – kein Wort mehr – nie wieder!«

Damit ließ er ihn stehen und eilte in das Hotel.

Alle Wiederbelebungsversuche waren umsonst – die Geliebte war tot und sein Lebensglück vernichtet.

Am nächsten Morgen wurde das Duell ausgetragen. Dumpf, verstört, halb fühllos von all dem Jammer und von der durchwachten Nacht kam er zum Rendezvous. Als er seinen Gegner vor sich sah, – angekleidet, korrekt und in tadelloser Haltung, mußte er sich einen Augenblick besinnen, was das alles heißen sollte und was dieser Mensch ihm eigentlich getan habe. Und schon war er nahe daran, ihm die Hand zu reichen und zu sagen: »Gehen Sie in Gottes Namen Ihrer Wege!« – Aber als dann der andere sich nochmals vorstellen wollte und mit etwas belegter Stimme begann: »Gestatten Sie – mein Name ist –« – da erfaßte ihn eine Art Raserei, und er schrie ihm entgegen: »Sie oder ich – für uns beide ist nicht Platz auf der Welt.«

Der Fischötter ergab sich blind und unterwürfig in sein Schicksal, er hatte seit den gestrigen Ereignissen nicht den leisesten Versuch gemacht, sich ihm zu entziehen. Warum er so handelte, ist immer ein Rätsel geblieben. Stumm wie ein wehrloses Wild stand er da, und zehn Minuten später lag er blutend auf dem grünen Waldboden. Berger aber wußte selber kaum, wie ihm zumute war, er begriff weder sich selbst noch den anderen. Doch wollte er den Brauch nicht verletzen und trat auf den Sterbenden zu, um ihm noch einmal die Hand zu geben, aber als er den runden, glatten Kopf dicht vor sich sah und die kreisförmigen, brechenden Augen ihn trübe und vorwurfsvoll anblickten – da vermochte er es nicht, sondern blieb schaudernd und unschlüssig stehen, bis der alte Förster mit seinen Gehilfen kam und den toten Fischötter forttrug. – –

Der Erzähler schwieg, und auch wir wußten unsere Teilnahme nur durch tiefes Stillschweigen zu bekunden. Nach einer Weile erhob er sich dann und äußerte, er wolle uns jetzt gleich Lebewohl sagen, denn er gedenke morgen abzureisen. Über drei Jahre habe er schwer mit sich gerungen, um dieser Erinnerungen Herr zu werden – immer und überall hätten ihn die brechenden Glasaugen jenes Unglücklichen verfolgt, und in diesem Sommer habe er sich dann entschlossen, wieder hierher zu kommen – in der unsinnigen Hoffnung, daß angesichts der nüchternen Tageswirklichkeit das Phantom entweichen möge. Ja, und in unserem Kreise sei ihm so wohl gewesen, daß er wirklich neuen Lebensmut gewonnen habe. Aber nun sei selbst in unserer Mitte der unselige Fischötter in Gestalt eines scheinbar zufällig erlegten Wildes wieder auferstanden, und nun müßten wohl auch wir empfinden, daß unser Verkehr für alle Zeit zerstört sei. Nie wieder würden wir wie bisher in harmloser Fröhlichkeit beisammen sitzen können, ohne mit ihm an das tote Tier und an den toten Herrn Fischötter mit den glasigen, gebrochenen Augen zu denken. – –

Wir wußten nichts darauf zu erwidern, wir fühlten, daß er wohl recht hatte, und daß auch unsres Bleibens hier nicht mehr lange sein würde. So schüttelten wir ihm bewegt die Hand und sahen ihm nach, wie er müde und gebeugt durch den dunklen Wald davon schritt.

Spiritismus

Wir saßen in einer Bar und warteten, bis es Zeit war. Um elf Uhr sollte die Seance anfangen. Uns war etwas beklommen zumut, denn der Spiritismus lag uns nicht recht, aber wir waren nun einmal hineingeraten und wußten uns nicht mehr aus der Affäre zu ziehen.

Leonore war an dem ganzen Unheil schuld. Sie hatte seit einiger Zeit eine ausgesprochene Vorliebe für Russen, und wir mußten überall mit ihr hingehen, wo es etwas Russisches gab – zu russischen Bällen, Neujahrsfesten und jetzt neuerdings in eine russische Spiritistengesellschaft, die weit draußen in der Vorstadt ihre Sitzungen hielt.

Es kostete jedesmal viele Überwindungen, um dorthin zu gelangen. Gleich nach dem Abendessen war es zu früh, so traf man sich in einem Lokal, fing an zu trinken und hatte keine Lust mehr aufzubrechen. Dann war es plötzlich so spät, daß wir zwei oder drei Autos nehmen mußten. Die Sache wurde dadurch etwas kostspielig und wir hofften von Tag zu Tag, daß Leonorens Russenpassion sich bald wieder legen möchte.

Es kam noch dazu, daß die Gesellschaft an unseren Spiritismus glaubte und unsere okkulten Fähigkeiten zu hoch einschätzte. Oder geschah es nur aus Höflichkeit, daß der »Geist«, den man beschwor, sich lebhaft für unsere Angelegenheiten und Personalien interessierte, jeden Augenblick einem von uns irgendwelche belanglose Dinge mitteilen ließ, kurz sich allem Anschein nach mit uns in Beziehung zu setzen wünschte. Natürlich saßen wir dann wie auf Kohlen, denn wir wußten nicht, wie man sich in solchen Fällen zu benehmen hat. Leonore konnte uns nicht darüber belehren, denn sie wußte es auch nicht, aber sie verstand es wenigstens, im gegebenen Moment das richtige Gesicht zu machen und dadurch über den Mangel an innerer Beteiligung hinwegzutäuschen.

Gerade an diesem Tage wollten wir uns dagegen auflehnen. Wir sehnten uns allmählich danach, irgend etwas anderes zu unternehmen. Theater, Konzerte, Variété – alles das war uns fremd geworden, seit wir in Spiritismus machten, und es mußte eine Erlösung bedeuten, einmal, wenn auch nur ein einziges Mal, die Seance zu versäumen, an der Autohaltestelle vorbeizugehen, in die Stadt hinein.

Aber dann kam Leonore – als letzte – und sie wurde blaß vor Erregung, als sie unsere Absichten erriet. Heute? – nein, heute sei es ganz unmöglich, wir müßten gehen! Der Vorsitzende des Spiritistenklubs war am Nachmittag extra in ihre Wohnung gekommen. Da sie gerade abwesend war, wurde er von ihrer Tante empfangen und wiederholte ihr dringlich ein Mal über das andere: »Leonore kommen – Geist hat gesagt.« – Er konnte kaum drei Worte Deutsch, und die Tante war in nicht geringer Aufregung, was es mit diesem bleichen Menschen und seiner Botschaft für eine Bewandtnis haben möge. Vom Spiritismus und der Russenpassion wußte sie nichts. Sie, Leonore, mußte also heute auf jeden Fall hingehen, und wir gaben nach, hatten aber trotzdem Mühe, sie zu beruhigen. Außer der Sorge um ihre Russen hatte sie Angst, die Tante möchte auf schlimme Vermutungen gekommen sein und anfangen, den Irrwegen ihres Lebens nachzuspüren.

Man brach auf. Leonore stürzte wie immer an das Telephon und besprach sich mit einem ihrer Freunde, den wir nur dem Namen nach kannten. Er war ausnahmsweise kein Russe. Aber es schienen auch hier Schwierigkeiten vorzuliegen, und das Gespräch dauerte endlos lange. Wir standen alle daneben, denn Leonore hatte keine Geheimnisse vor uns, und wir waren es gewöhnt, daß sie ihr halbes Leben am Telephon zubrachte.

Als wir dann glücklich draußen in der Vorstadt anlangten und die vielen Treppen hinaufgeklettert waren, fanden wir die Russen schon vollzählig versammelt. Der Vorsitzende empfing uns mit ausgesuchter Höflichkeit und Leonore mit einem tiefen Blick, dankte ihr, daß sie gekommen sei, und überwies uns dann einem jungen Mann, der gut Deutsch sprach. Der junge Mann zog uns beiseite in eine Fensternische und erklärte uns folgendes: – der heutige Abend verspreche sehr interessant zu werden, und es werde sich um eine merkwürdige Sache handeln. Man erwarte eine Dame, die Hauswirtin von zwei guten Bekannten. Sie habe traurige Familienerlebnisse gehabt, über denen ein unaufgeklärtes Geheimnis walte, und sei nun durch ihre beiden Zimmerherren zu der Überzeugung gelangt, daß jenes geheimnisvolle Dunkel vielleicht durch okkulte Kräfte aufzuhellen sei. Gestern schon hätten sie eine außerordentliche Séance abgehalten, aber leider ohne Resultat. Einer nach dem anderen habe sich als Medium versucht, aber der Geist äußerte nur unverständliche Dinge, und das letzte, was er vernehmen ließ, deutete darauf hin, daß er nur mit einem weiblichen Wesen Zwiesprache zu halten wünschte. –

Leonore warf uns einen Blick zu, jedem von uns einen Blick und einen auf die Tür. Bei jedem Blick wurden ihre Augen noch um einen Schatten dunkler, nur, als sie die Tür ansah, leuchtete ein matter Strahl in ihnen auf.

Der junge Mann schien nichts davon zu merken und fuhr in fließendem Deutsch fort: – ja, eine sehr merkwürdige Sache – die Dame habe übrigens einen etwas auffallenden

Namen, und er wolle uns lieber gleich darauf vorbereiten, weil sonst bei der Vorstellung – – dabei sah er uns prüfend an, besonders Leonore, die leicht in nervöse Heiterkeit verfiel, wenn ihr etwas komisch in die Ohren klang. Wir erwiderten seinen Blick mit vollkommener Fassung – »Nun, die Dame nennt sich Rabenschnabel – Frau Rabenschnabel – und das ist so gekommen: – ihr verstorbener Mann, der Herr Rabenschnabel, war ein wunderlicher, grüblerischer Mensch gewesen, der in jedem Zufall eine tiefere Bedeutung zu erkennen glaubte und sich in allen seinen Handlungen dadurch bestimmen ließ. So verursachte auch der Name, den er von seinen Vätern übernommen hatte, ihm vieles Kopfzerbrechen, und er fühlte sich gebunden, auch diese Zufälligkeit irgendwie bestimmend auf sein Leben einwirken zu lassen. Lange Zeit war er sich nicht recht klar darüber, wie das geschehen könne, bis er auf den Gedanken verfiel, sich eine Lebensgefährtin zu suchen, in deren Persönlichkeit der dunkle, scharfe und hackende Klang des Namens Rabenschnabel zu bedeutsamer Verwertung gelangte.

Das war keine leichte Aufgabe, und Herr Rabenschnabel war schon ziemlich zu Jahren gekommen, als er – natürlich wieder durch einen Zufall – die Frau kennen lernte, um die es sich für ihn handelte – die Frau, die bis ins kleinste Detail so beschaffen war, daß der Name Rabenschnabel ihr zukam wie eine gottgewollte Bestimmung.

Er heiratete sie, und es schien, als ob damit sein Schicksal erfüllt wäre, denn kaum ein Jahr später kam er auf rätselhafte Weise ums Leben. Er machte eine harmlose Geschäftsreise und wurde in seinem Hotelzimmer erschossen aufgefunden. Neben dem Toten fand man einen Revolver, der ganze Befund ließ auf Selbstmord schließen, aber doch sprachen verschiedene Umstände dagegen. Vor allem, daß absolut kein Motiv vorlag – Herr Rabenschnabel war zeit seines Lebens ein unbescholtener und geordneter Mensch gewesen und hatte nach Aussage seiner sämtlichen Bekannten in glücklicher Ehe gelebt. Ferner wußte man, daß er am Tage seines Ablebens einen Brief mit mehreren Tausendmarkscheinen bei sich trug, und dieser Brief war verschwunden, während Uhr, Portemonnaie und andere Wertsachen sich unberührt bei ihm vorfanden.

Seitdem waren jetzt schon einige Jahre vergangen, und trotz allen Nachforschungen war es nie gelungen, den wahren Sachverhalt aufzuklären. Frau Rabenschnabel verzehrte sich in stillem Gram und hatte, wie schon bekannt, sich unter dem Einfluß ihrer Zimmerherren dem Spiritismus zugewandt – – –«

Wir bemühten uns, Teilnahme und Interesse an den Tag zu legen – im Grunde schien es uns nicht sehr wesentlich. Da Herr Rabenschnabel längst unter der Erde lag, konnte es ja doch nicht mehr viel nützen. Wir aber lebten und konnten uns blamieren.

Mit Leonore war inzwischen eine Wandlung vorgegangen, ihre Blicke suchten nicht mehr die Tür, sondern die Russen, die auf der anderen Seite des geräumigen Zimmers in Gruppen beisammen standen. Dann lächelte sie spitzbübisch und sagte dem jungen Mann, sie müsse noch auf eine halbe Stunde fortgehen, komme aber bestimmt rechtzeitig wieder. Wir fühlten uns erleichtert, sie schien etwas ersonnen zu haben, um sich und uns aus der peinlichen Situation zu befreien. Aber der junge Mann bestand darauf sie zu begleiten, und während noch darüber hin und her gestritten wurde, klopfte es an die Tür, und die erwartete Dame trat mit ihren beiden Zimmerherrn ein. Sie war kohlschwarz gekleidet, die Gestalt ziemlich klein, breit, knochig und mager, wie man es nur bei Frauen aus

dem Mittelstande sieht. Auffallend war die vorspringen-
de, nach unten scharf abgebogene Hakennase und die
bohrenden schwarzgrauen Augen, die wie Vogelaugen
keine wahrnehmbaren Lider zu haben schienen.

Sie warf rasch einige stechende Blicke auf die Versammlung und begann sich mit altfränkischen Verneigungen
nach allen Seiten hin vorzustellen: »Habe die Ehre –
Rabenschnabel – Frau Rabenschnabel – Rabenschnabel –.« Die Stimme fügte sich dem Ganzen aufs glücklichste ein, klang krächzend, knarrend, unheilverkün-
dend, wie der Name selbst. Man war beim Anblick dieser
Dame durchaus durchdrungen von dem Gefühl, daß nur
sie und keine andere Frau Rabenschnabel sein konnte.

Und wie immer, wenn ein schicksalsmäßiges Geschehen
sich mit eherner Notwendigkeit vollzieht – – man war
überwältigt, stand wie angewurzelt, vermochte sich kaum
zu rühren. Vor allem Leonore – als die Dame auf sie
zutrat, mit den grauschwarzen, lidlosen Augen und der
gebogenen Schnabelnase nach ihr hackte und heiser
schnarrte: – Rabenschnabel – Frau Rabenschnabel –
stand sie da wie ein plötzlich zu Stein oder Eis erstarrtes
Menschenbild, stammelte tonlos ihren Namen und schien
nicht mehr zu wissen, wo sie war, und was sich mit ihr
begab. Sie sah die Russen nicht mehr, die bewundernd
und liebevoll zu ihr hinüberäugten – sah uns nicht mehr,
fühlte nicht, wie unsere Herzen ihretwegen fast hörbar
schlugen, und hatte alle Fluchtgedanken wohl völlig vergessen. Denn als die Gesellschaft sich nun organisierte
und verteilte, nahm sie ganz mechanisch ihren Platz ein.

Die Séance begann, und es ergab sich etwa folgendes
Bild: Man ließ sich teils auf dem ungeheuren Diwan, teils
auf dicht zusammengerückten Stühlen nieder und bildete
eine Kette, indem man sich an den Händen faßte. Die
Kette endete am Schreibtisch und der am Schreibtisch

saß, hatte Papier vor sich und einen Bleistift in der Hand, um niederzuschreiben, was der Geist sagen würde. Durch die Kette wurde er anscheinend mobil gemacht, denn wenn wir eine Zeitlang so zugebracht hatten, begann der am Schreibtisch ein heftiges, stoßartiges Schlagen mit Hand und Stift, und es entstand etwas Geschriebenes, das ziemlich merkwürdig aussah und aus dem ein anderer aus dem Kreise alle möglichen seltsamen Dinge vorzulesen wußte. Unsere Beteiligung hatte immer nur darin bestanden, die Kette mitzubilden, dem konvulsivischen Schreiber zuzusehen, zu hören, was vorgelesen wurde und gelegentlich eine treffende Bemerkung zu machen. Und das alles konnten wir ganz gut – wer der Geist eigentlich war, wo er war und weshalb man sich in dieser Weise mit ihm unterhielt, das hatten wir nie begriffen. Frau Rabenschnabel saß auf einem alleinstehenden Sessel dicht bei dem Tisch, neben ihr die beiden Zimmerherren. Alles nahm seinen gewohnten Verlauf. Wir saßen ziemlich lange Hand in Hand, bis endlich das Medium anfing mit seinem Bleistift zu zucken. Aber es schien etwas nicht zu stimmen, das Medium zuckte nicht gut und hielt jeden Augenblick inne. Der Geist war wohl nicht disponiert. Wir drückten uns immer inniger die Hände; Leonore, die zwischen zwei Russen saß, fand heute augenscheinlich kein besonderes Vergnügen daran, wie sie sonst wohl tat. Sie blieb völlig teilnahmlos und starrte wie hypnotisiert auf Frau Rabenschnabel, die sich gespannt, aber ruhig verhielt und nur manchmal mit einem scharfen Blick zu ihr hinüberstach.

Das Medium saß eine Zeitlang regungslos, zuckte dann kurz und entschlossen – der Bleistift zitterte über die Schreibfläche hin, blieb stehen wie ein Soldat und rührte sich nicht mehr. Einer der Herren, der das Geschriebene auszulegen pflegte, trat rasch hinzu, nahm das Blatt und hielt es empor, so daß wir alle lesen konnten, was darauf stand. Nur ein Wort, groß und deutlich: – Leonore!

Wir waren auf alles gefaßt – hätte sie sich gesträubt – wäre sie in Ohnmacht gefallen oder davongelaufen, so wußten wir, was zu tun war – aber Leonore stand ruhig auf, wand ihre Hände aus denen der beiden jungen Russen, die neben ihr saßen, ging an den Schreibtisch und nahm den Bleistift.

Es war ein beklemmender Moment, dann aber erfüllte ihr Verhalten uns mit Staunen und Bewunderung, und wir begannen an ihre spiritistische Begabung zu glauben, von der bisher nur die Russen überzeugt waren.

Hochaufgerichtet saß sie da, starrte mit somnambulem Blick in die Luft und schien sich auf irgend etwas zu konzentrieren. Dann fing sie an zu zucken, – zuckte, soweit wir es beurteilen konnten, sehr gut, nämlich weit konvulsivischer und ausdrucksvoller wie alle bisherigen Medien. Nach der ersten Zeile brach der Bleistift ab. Der Schriftdeuter, der sichtlich erregt neben ihr stand, reichte ihr einen neuen.

Dabei trat er etwas beiseite und in diesem Augenblick nahmen wir mit Entsetzen wahr, daß dicht neben Leonore ein Tischtelephon stand. Dieser Umstand war uns bisher völlig entgangen – vielleicht war es auch früher noch nicht dagewesen – und erfüllte uns mit schwerer Besorgnis. Wir wußten nur allzugut, daß Leonore sich niemals im Bereich eines Telephons aufhalten konnte, ohne einen Teil ihrer Biographie in leidenschaftlichen Ferngesprächen abzuwickeln, und sobald sie dieser unseligen Neigung verfiel, alles andere – Zeit, Ort und jeweilige Umgebung darüber vergaß und vernachlässigte.

Aber entweder stand sie so sehr unter dem Banne der Frau Rabenschnabel, deren Erscheinung offenbar starken Eindruck auf sie gemacht hatte – oder der Wunsch, die

Russen und den »Geist« für sich einzunehmen, war stärker als die Versuchung – sie blieb ganz Medium – schrieb in großen, fliegenden Buchstaben die ganze Seite herunter und stockte dann plötzlich. Der Schriftdeuter beugte sich über sie und las vor – alles horchte in atemloser Spannung.

Der Geist hatte klar und deutlich geredet, während er sich sonst meistens sehr gewunden und schwer verständlich ausdrückte. Er wußte ganz genau, wie alles zugegangen war – nein, Herr Rabenschnabel hatte nicht selbst Hand an sich gelegt, etwa in momentaner Geistesstörung, wie man damals angenommen hatte. Sein Verstand war hell und ungetrübt geblieben, bis zum letzten Augenblick. – Er war ermordet worden, einfach ermordet. Und der Brief mit den Tausendmarkscheinen – – Hier wurde die Vorlesung unterbrochen, denn Frau Rabenschnabel hatte angefangen laut zu schluchzen, ihr Blick umflorte sich, und man konnte jetzt sehen, daß sie doch Augenlider hatte, denn sie hoben und senkten sich ein paarmal in einem ruckartigen Tempo. Die Zimmerherren suchten sie zu beruhigen, aber es war unmöglich. Sie schluchzte immer lauter und rief zwischendurch in weichen schnarrenden Tönen: Rabenschnabel – Rabenschnabel – Richard – wo bist du? – wo ist der Brief? – Richard, der Brief – O mein Gott, sag doch nur ein Wort. –

Leonore schob den Vorleser sanft von sich fort und sagte dumpf und somnambul: – Er hatte den Brief in der Brusttasche – in der rechten Brusttasche. –

»Richard«, – schluchzte Frau Rabenschnabel wieder auf, – »wo ist er?«

»Er wird gleich da sein« – antwortete Leonore – »Sie können mit ihm sprechen.« –

»Ruhe – Ruhe«, – rief der Vorsitzende auf Russisch, und die Zimmerherren übersetzten es.

»Die Kette ist unterbrochen«, – sagte Leonore mit fremder Stimme – »Sascha, Ihre Hand ist nicht da.« –
Sascha saß mitten zwischen uns auf dem Diwan, er warf ihr einen heißen Blick zu, aber sie würdigte ihn keiner Beachtung, denn jetzt hatte sie das Tischtelephon entdeckt und war vollständig in seinen Anblick vertieft.
Wir atmeten schwer, denn wir ahnten dunkel, daß irgend etwas Unheilvolles geschehen könnte, hofften aber noch, wie man eben hofft, daß das Unentrinnbare dennoch vorübergehen möchte.
Frau Rabenschnabel hörte auf zu schluchzen, alles verhielt sich ruhig – eine ganze Weile. Leonore starrte immer noch das Telephon an und begann Nummern vor sich hinzumurmeln, während sie mechanisch mit dem Bleistift spielte.
Wir sahen mit Herzklopfen den Augenblick nahen, in dem sie nach dem Hörrohr greifen und den Spiritismus, die Russen, uns und sich selbst preisgeben würde. Aber sie rührte das Telephon nicht an, sie starrte nur daraufhin und sagte dann mit entrückter Stimme, wie jemand, der im Traum redet:
»Bitte 1366 – nein, es stimmt nicht – umgekehrt – – 6613 – – ja – kann ich Herrn Rabenschnabel sprechen? – es macht nichts – natürlich ist er ermordet worden – –«
Es war totenstill im Zimmer. Und jetzt konnten auch wir nicht mehr an ihrem mediumistischen Zustand zweifeln. Sie hatte sich anscheinend wirklich mit dem Geist in Beziehung gesetzt.
Die Russen flüsterten von einem Phänomen . . . Aller Augen hingen an Leonore, die völlig versunken vor dem Schreibtisch saß, den Kopf zwischen beiden Händen.
Frau Rabenschnabel richtete sich hoch empor und durchbohrte sie mit ihren Blicken – Die Augenlider waren wieder ganz verschwunden. – Und Leonore schien es

plötzlich zu fühlen, – sie sah rasch auf, schrak zusammen und wurde verwirrt. Dann griff sie nach der Kurbel des Telephons wie nach einer Stütze – und jetzt war es zu spät – sie drehte um und nahm das Hörrohr. Wer damals auf ihren Anruf geantwortet hat, war später nicht mehr in Erfahrung zu bringen, sie selbst wußte es auch nicht zu sagen. Ihr ganzes Sein konzentrierte sich in liebevoller Hingabe auf das Telephon und sie sprach leise, aber deutlich und vernehmbar vor sich hin:

»Ermordet worden – – ja, ich muß ihn unbedingt sprechen – – wo sind die Geldscheine – – Richard – halt – warte noch einen Augenblick – – du kannst sie mir nachher geben – – du, das ist eine verfluchte Geschichte! – ich fürchte mich vor ihr – sie schaut mich so unheimlich an – – leg' den Schlüssel unter's Gitter oder warte auf der Straße – – ja – natürlich – Rabenschnabel – Frau Rabenschnabel – um Gottes willen – was meinst du damit? – natürlich bleib' ich bei dir – aber laß dich nur nicht wieder ermorden – – halt den Mörder fest, sonst sagt er es meiner Tante – – geh' nicht fort, Richard – ich bleibe ja bei dir – –«

Ein Aufschrei fuhr durch das Zimmer: »– Richard, das ist nicht wahr – das ist nicht wahr – sie lügt – –« Vergebens mühten sich die Zimmerherren, Frau Rabenschnabel zu beschwichtigen; der Vorsitzende, der Schriftdeuter, alle waren außer sich über die Unterbrechung, redeten wieder von einem Phänomen und gestikulierten wie Wahnsinnige. Aber Frau Rabenschnabel riß sich wild und eckig von ihren Zimmerherren los, schoß auf Leonore zu, ihre Blicke stachen wie Messerspitzen und ein Schwall von krächzenden, schnarrenden Zornesworten ergoß sich über das Mädchen. Was sie sagte, war kaum zu verstehen, aber es handelte sich um die Ehre des Hauses Rabenschnabel und um den Geist des Seligen, mit dem Leonore allem Anschein nach am Telephon einen Ehebruch zu inszenieren suchte.

Leonore hob den Kopf, sah sich verstört um, und ihr Blick fiel auf das zornsprühende Antlitz mit den schwärzlichen Rabenvogelaugen und der gespenstischen Hakennase, die schon in nächster Nähe auf sie einzuhakken drohte. – –

Das alles geschah so schnell, daß wir kaum begriffen, was vorging, bis Leonore wahrhaft markerschütternd aufschrie: »– Rabenschnabel – Frau Rabenschnabel – Richard –« im nächsten Augenblick blaß, mit wirrem Haar und wirren Augen auf uns zustürzte, den Kopf an Saschas Brust barg, nach unseren Händen faßte und absolut nicht mehr zur Vernunft zu bringen war. Unter der übrigen Gesellschaft herrschte eine Art Panik, alles sprach und lärmte durcheinander, diskutierte, schien sich über das Phänomen, über Leonore, kurz über alles zu streiten. Frau Rabenschnabel war verstummt, gänzlich verstummt. Ohne sich von uns zu verabschieden, schwankte sie, von ihren Zimmerherren geleitet, hinaus. Es wurden noch viele Worte gemacht, Entschuldigungen und Bedauern geäußert, Hände geschüttelt, aber die Verständigung war so schwierig, daß wir nicht recht begriffen, wie die Russen sich zu dem Vorgefallenen verhielten und wie sie es aufgefaßt haben wollten. Nur Sascha war zurückgeblieben und hatte sich mit uns um Leonore bemüht, die blaß und matt auf dem Diwan lag und uns verwirrt anlächelte.

»Wir wollen jetzt gehen«, sagte sie schließlich – »bitte, telephoniert an Richard, daß er auf mich warten soll, – ich kann es nicht selbst.« –

Wir wußten, daß ihr Freund Richard hieß, aber keiner konnte sich entschließen, von hier aus zu telephonieren. Wir standen dem Spiritismus nicht mehr so skeptisch gegenüber wie früher und fürchteten, es möchte doch am Ende der selige Rabenschnabel auf unseren Anruf antworten. So zogen wir es vor, in unsere Bar zu gehen und einen Kellner an das Telephon zu schicken.

Als der wirkliche Richard eine Stunde später eilig und besorgt an unseren Tisch trat, wollte Leonore durchaus nichts von ihm wissen, sie sah ihn kaum an und schien ihn nicht mehr zu kennen. Und wir anderen, die ihn persönlich nicht kannten, wollten auch nichts von ihm wissen. Wir hielten ihn für einen Revenant und wollten uns erst bei dem Geist über ihn erkundigen, aber wie sollten wir jetzt die Verbindung mit ihm wiederherstellen?

Wir saßen noch lange beisammen, aber es kam weder ein Gespräch noch sonst etwas zustande. Wir starrten nur in unsere Gläser oder stierten uns mit somnambulen Blikken an, verneigten uns altfränkisch und eckig gegeneinander – nach links, nach rechts und über den Tisch hinüber – dienerten unaufhörlich, nickten mit den Köpfen wie chinesische Porzellanfiguren und schnarrten in mechanischer Ergriffenheit: – Habe die Ehre – Rabenschnabel – Frau Rabenschnabel – Rabenschnabel – Schnabel – bis der graue Morgenschein durch die Fenster drang.

Wir Spione

Wir verlebten das erste Kriegsjahr in einem neutralen Kurort, wo sich alle möglichen Nationalitäten zusammenfanden. In unserem näheren Bekanntenkreis war die Zusammenstellung folgende: drei Deutsche, zwei Wienerinnen, ein amerikanisches Ehepaar namens Strong und ein Italiener, welcher Ravelli hieß, ferner ein Pole und ein Herr, den man kurzerhand den »Balkan« nannte, denn er stammte sicher irgendwo von dort drunten her, sprach sich aber nicht näher darüber aus.

Da wir alle fern der Heimat waren, taten wir das einzige, was man in dieser Zeit im Ausland tun kann, wir verschlangen die Zeitungen und warteten auf Briefe. Dabei gaben wir uns alle Mühe, möglichst wenig über die Weltereignisse zu sprechen – das war so ausgemacht worden, weil wir bis zum Ausbruch des Krieges sozusagen befreundet waren. Es war gewissermaßen unser Ehrgeiz, zu beweisen, daß man unter gebildeten Menschen sich selbst in solchen Zeiten auf eine internationale Basis stellen könne.

Natürlich war es nicht immer so einfach; zum Beispiel fiel der Unterseebootkrieg Mr. Strong des öftern auf die Nerven; seine Frau verhielt sich mehr passiv und zog es vor, mit dem Polen zu kokettieren. Der Pole war Revolutionär und schwur bei jeder Gelegenheit, er würde noch auf einer Kanone in Warschau einreiten; selbstverständlich hieß er Stanislaus. Wenn er sich in dieser Weise äußerte, pflegte der Balkan leise zu knurren und sah ihn scheel von der Seite an. Im übrigen schien sein politisches Interesse nicht besonders rege, dagegen war er leidenschaftlicher Spieler, sprach gerne von Ostende und Monte Carlo, und die Zukunft dieser beiden Orte erfüllte ihn mit großer Besorgnis. – Zwischen den Wienerinnen und Signor Ravelli spannen sich ebenfalls zarte Fäden; sie konnten stundenlang über der Karte von Südtirol sitzen und versuchten dann, sich freundschaftlich über die Berechtigung der Irredenta zu einigen. Wir Deutschen ärgerten uns manchmal, wenn die Damen bei diesen Verhandlungen zu entgegenkommend waren.

Bis zum Frühjahr hatten wir so in gutem Einvernehmen gelebt. Die Bevölkerung des kleinen Kurorts sowie die anderen Fremden schienen sich darüber zu verwundern;

denn wo wir uns nur sehen ließen, in Restaurants, Cafés oder bei geselligen Veranstaltungen, wurden wir mit größtem Interesse angestarrt und beobachtet; sogar auf der Straße bemerkten wir, daß die Vorübergehenden sich gegenseitig auf uns aufmerksam machten.

Allmählich aber geriet die internationale Basis ins Schwanken; vor allem begann man sich gegenseitig zu mißtrauen. Das Ehepaar Strong interessierte sich nach unserem Gefühl in übertriebener Weise für die Feldpostkarten, die wir von Bekannten oder Angehörigen erhielten, und uns stieg manchmal der Verdacht auf, sie möchten am Ende gar nicht von drüben, sondern verkappte Engländer sein; denn wenn wir irgendwelche ganz harmlose Fragen über englische Bräuche taten, konnte Strong manchmal in geradezu verletzender Weise antworten: »Uarum uollen Sie das uissen?«

Außerdem schickte er rätselhaft viele Telegramme ab. Signor Ravelli war überhaupt ungemein neugierig, und wir warnten seine Freundinnen wiederholt, ihm nicht soviel von ihren Alpenwanderungen zu erzählen. Was schließlich den Balkan betraf, so traute ihm in politischer Hinsicht wohl niemand über den Weg, weder wir noch die anderen. Aber entweder merkte er es nicht, oder es focht ihn nicht an. Er blieb immer derselbe, präokkupiert, aber heiter und liebenswürdig. Und wie es denn so kommt – unsere Wege trennten sich unter Mißtrauen und Übelwollen, und die Strongs zogen erbittert in eine entfernt gelegene Pension.

Bald darauf brach der italienische Krieg aus; unser Freund Ravelli rückte zwar nicht ein (ob das Vaterland oder er selbst darauf verzichtete, haben wir nicht erfahren), war aber fortan sehr verstimmt, konnte sich nicht mehr mit seinen schönen Gegnerinnen über die Grenzfragen einigen und verschwand grollend aus unserem Gesichtskreis. Der Balkan war der einzige, der uns treu blieb, denn Stanislaus war schon vorher unter mysteriösen Andeutungen abgereist – wir erhielten späterhin eine Postkarte von ihm aus Warschau, aus der jedoch nicht hervorging, ob er wirklich auf einer Kanone oder auf normalem Wege dahingekommen war.

Neue Bekanntschaften ergaben sich nicht, und das Dasein war recht eintönig geworden, man mußte sich Mühe geben, die Zeit nur einigermaßen totzuschlagen. So kam uns eines Tages aus reiner Langeweile die Idee, unseren Balkon mit einem Zeltdach zu versehen, weil die sich immer gleichbleibende Neugier der Bevölkerung uns auf die Länge lästig fiel. Es wurde also Stoff gekauft, beratschlagt, konstruiert, und als alles so gut wie fertig war, meinte der Balkan, der plötzlich ungeahnte technische Fähigkeiten entwickelte, man solle doch innerhalb des Zeltes eine elektrische Lampe anbringen, um abends in aller Gemütlichkeit »meine Tante, deine Tante« spielen zu können. Gesagt, getan – bald war alles fertig; wir hofften nun die Früchte unserer Arbeit ungestört zu genießen und vor allem von der Neugier der Passanten befreit zu sein. Aber als wir zum erstenmal unter unserem Zeltdach »meine Tante, deine Tante« spielten, gab es geradezu einen Volksauflauf. Der Balkan wurde nervös und trat an die Balustrade, um das Volk zu beruhigen. In diesem Moment teilte sich die Menge, um zwei Polizisten durchzulassen, welche uns für verhaftet erklärten. Was wir getan hatten, war uns völlig unklar, aber wir folgten ihnen ohne weiteres, nur der Balkan verfärbte sich. Am nächsten Morgen wurden wir dem Kommissär vorgeführt, und unsere Verwunderung stieg, als gleich darauf auch unsere alten Freunde Strong und Ravelli in das Bureau traten. Ein Gerichtsdiener begleitete sie und rief dem Kommissär zu: »Spionage – Register 6.«

»Also doch«, sagte die eine Wienerin halblaut, aber Mr. Strong hatte es gehört und fuhr wie ein Berserker auf sie los: »Und Sie? Uir haben Sie immer für Spion gehalten mit Ihre deutsche Freunde und das Balkan – –«

»Balkan?« brüllte der Balkan, »was soll das heißen?« Dies war die erste politische Äußerung, die wir von ihm hörten, aber niemand antwortete. Der Kommissär rief zur Ordnung, aber die allgemeine Aufregung war nicht mehr zu beschwichtigen. Ravelli wandte sich wild an den Beamten und erklärte, die Damen hätten tatsächlich eine merkwürdige Kenntnis der Tiroler Grenzen und die Herrschaften aus Deutschland – – – nun wallte auch in uns das Mißtrauen wieder auf – das Interesse für Feldpostkarten – die Telegramme – kurz und gut, es entbrannte ein Kreuzfeuer von gegenseitigen Beschuldigungen. Der Kommissär wartete geduldig, bis etwas Stille eingetreten war, nahm dann die Personalien auf und eröffnete uns milde, daß wir samt und sonders unter Spionageverdacht ständen. Wir Deutsche und Österreicher waren Register 5. – Der Balkan wurde gesondert behandelt. Man nahm einen Fingerabdruck von ihm, wir hatten diese Prozedur noch nie gesehen und verfolgten sie neugierig; er aber benahm sich wie bei allen technischen Dingen sehr sachverständig. Dann begann das Verhör. Register 6 wurde zuerst vorgerufen – sie hätten Bomben fabriziert und besäßen zusammenlegbare Flugzeuge, wir dagegen wurden beschuldigt, Lichtsignale gegeben zu haben – – Lichtsignale – – wir hatten doch seit drei Wochen keinen Abend zu Hause verbracht, ausgenommen den gestrigen, der so unliebsam unterbrochen wurde; aber hier musterte der Kommissär uns der Reihe nach mit einem durchbohrenden Blick und erklärte, für Spione habe man uns von Anfang an gehalten, uns dauernd beobachtet und nur auf Beweismaterial gewartet.

»Und das Beweismaterial?« fragten wir. – Nun, eben die Lampe – – wir erfuhren erst jetzt, daß Lichtsignale zu spionistischen Zwecken verwandt werden können. Und unser Erstaunen war so aufrichtig, daß er sich endlich überzeugen ließ, die Lampe sei tatsächlich nur zu Beleuchtungszwecken angebracht worden. Sodann kam wieder Register 6 an die Reihe. Mr. Strong antwortete auf die Fragen des Kommissärs einigermaßen erbittert:

»*Yes*, Herr Kommissär, uir haben nicht nur Bomben und zusammenlegbare Äroplane, sondern auch eine Flotte in unserer Pension.«

Der Kommissär wurde nun ernstlich nervös und sagte, gleich würde die Gerichtskommission da sein, welche inzwischen die Haussuchung vornehme.

Man wartete, nach einer guten Weile erschien die Kommission und brachte drei Fußbälle von verschiedener Größe und einen vielfach zusammengeklappten Gegenstand. – – Mr. Strong klappte ihn mit größter Seelenruhe auseinander, und er erwies sich als ein amerikanischer Liegestuhl mit Lesepult und unendlichen Finessen; dann bemerkte er, der Kommissär möge doch mit diesem Flugzeug eine Probefahrt machen. Er selbst würde inzwischen versuchen, mit seinen Bomben die Polizei in die Luft zu sprengen.

Der Kommissär war so enttäuscht, daß wir wirklich Mitgefühl hatten. Es blieb ihm nichts anderes übrig, als beide Register zu entlassen und sich obendrein noch zu entschuldigen. Nur der Balkan wurde zurückbehalten; er hatte sich zwar nie politisch betätigt, sondern war einfach ein vielgesuchter internationaler Hoteldieb.

Wir anderen verließen gemeinsam das Gerichtsgebäude und versöhnten uns unterwegs, fortan war alles gegenseitige Mißtrauen geschwunden.

Noch manchen Abend saßen wir auf dem Balkon und

spielten Karten. Wir glaubten uns rehabilitiert und wurden auch nicht wieder verhaftet, aber die Vorübergehenden blieben immer noch stehen und hielten uns nach wie vor für Spione.

Die Silberwanze

Eine Erinnerung an Belgrad

Wir waren auch einmal in Belgrad, kamen jedoch nicht dazu, es uns näher anzusehen, weil unser Interesse durch andere Dinge abgelenkt wurde und ... aber eben das soll hier erzählt werden.

Man langte gegen Abend an, um am nächsten Tage donauabwärts weiterzufahren. Wir hatten uns alle erst im Speisewagen kennengelernt und wollten bis Bukarest zusammen bleiben.

»Das also ist Belgrad«, sagte der Professor, als der Zug hielt, und begann verschiedene Dinge aufzuzählen, die man unbedingt sehen müsse. Aber er wurde gleich unterbrochen, denn nun kam die Gepäckrevision, welche sich sehr umständlich gestaltete. So hatte eben der Professor – er war Zoologe – einen fliegenden Fisch in Spiritus bei seinem Handgepäck, den er am Ägäischen Meer mit anderen fliegenden Fischen vergleichen wollte. Dieser wurde zum Gegenstand endloser Diskussionen, denn die Beamten waren mehr neugierig als bureaukratisch und wollten durchaus wissen, was es damit auf sich habe und wozu er ihn brauche. Ferner war da eine junge Frau, die ein Baby und viele Koffer mit sich führte. Die Verhandlungen waren schon der Sprache wegen schwierig und wären sicher nie zu Ende gekommen, wenn nicht der Damenimitator aus Budapest russisch gekonnt hätte. Er selbst hatte außer einer Geige nur eine Hutschachtel mit Trikots und Flitterröckchen bei sich. Diese Garderobestücke gaben ebenfalls Anlaß zu endlosen Fragen, und während er ihre Berechtigung eingehend darlegte, hatte ein zigeunerartiges Subjekt, dessen Funktionen uns unklar blieben, sich der Geige bemächtigt und begann eine schwermütige Weise zu spielen. Es war eigentlich ganz stimmungsvoll, aber der Imitator hatte dafür keinen Sinn und brüllte das Subjekt im höchsten Sopran an. Damit und mit seinem Russisch imponierte er uns so, daß wir ihn gewissermaßen zu unserem Oberhaupt erwählten.

Die Revision dauerte eine volle Stunde. Draußen an den Fenstern der Halle lauerte eine Schar von Strolchen auf uns, sie drückten sich die Gesichter an den Scheiben platt und folgten jeder Bewegung mit aufgerissenen Augen. Es waren die Packträger von Belgrad, die sich, als wir den Raum verließen, wie Wahnsinnige auf uns stürzten. Jeder erfaßte ein Gepäckstück, einer sogar das Baby, dann stoben sie auseinander, jeder nach einem anderen Wagen. Wir hinterher, jeder seinem Eigentum nach, Frau Pollacek folgte dem Strolch, der ihr Kind trug, der Damenimitator seinen Flitterröckchen und der Professor dem fliegenden Fisch.

Die Kutscher knallten mit der Peitsche und wollten sofort losfahren. Es war entschieden so gemeint, daß auf jedes Stück Gepäck und auf jede Person ein Extrafuhrwerk kommen sollte. Auf diese Weise hätten wir mindestens ein Dutzend Wagen gebraucht. Außerdem wußten wir ja nicht einmal, wohin die Fahrt gehen solle. Man fiel also den Pferden in den Zügel, schrie, gestikulierte, sträubte sich, bis endlich Koffer und Personen in zwei Fiakern untergebracht waren. Nunmehr verlangten wir ein gutes Hotel in der Nähe des Hafens. Die Strolche unternahmen eine nochmalige Sturmattacke und wollten fürstlich belohnt werden. Der, welcher das Kind getragen hatte, verlangte geradezu ein Lösegeld, bekam es aber nicht.

Endlich rollten wir dem Hotel zu, und nach dem Souper wollten wir die Stadt ansehen. Man fuhr endlos durch dunkle Gassen, an Mauern und Zäunen entlang und hielt schließlich vor einer unwahrscheinlichen Spelunke. Der Wirt war in Hemdärmeln und wenig vertrauenerwekkend. Der Professor wurde ängstlich, Frau Pollacek beschwor uns, wieder umzukehren, aber der Damenimitator hatte Mut und fand, bei unserer geringen Ortskenntnis habe es keinen Zweck weiter zu suchen, wir würden nur unsere kostbare Zeit verlieren.

Es gab eine Art Abendessen, von dem wir nur das Notwendigste zu uns nahmen, und dann gingen wir die Stadt betrachten, hatten aber keinen Plan und fanden sie nicht. Es war zu dunkel. Stundenlang irrten wir durch Gassen, an Bretterwänden, Winkeln und Zäunen entlang und kehrten endlich todmüde zurück. Die Haustür stand offen, aber es war niemand zu sehen. Ratlos tappten wir im Dunkeln herum und stießen in einer Ecke des Flurs auf einen schlafenden Hausknecht. Er wollte durchaus nicht aufstehen und sagte, wir brauchten nur die Treppen hinaufgehen und die Zimmer selbst aussuchen. Der Damenimitator ging mit einem Licht voran, aber in allen Betten lagen schon Leute. Bis wir zuletzt ein unbewohntes Gelaß mit vielen Betten und einem zerrissenen Ledersofa entdeckten. Endgültig verzweifelt beschloß man, hier zu biwakieren. Die ganze Sache, vor allem die Leute, die wir in den anderen Zimmern gesehen, wirkte so unheimlich, daß es uns lieber war, zusammenzubleiben. Es wurde eine ungemütliche Nacht. Die einzige Kerze brannte bald herunter, und alle wälzten sich schlaflos. Zuletzt dämmerten wir doch noch ein, und es war schon Morgen, als

Frau Pollacek uns mit einem gellenden Schrei weckte. Dann jammerte sie halb im Schlaf vor sich hin – es sei nicht mehr zum Aushalten – hätte sie nur diese unselige Reise nicht unternommen und so weiter . . .

Ja, um Gottes willen, was denn los sei? – Sie ermunterte sich jetzt völlig: Es habe sie etwas ganz Fürchterliches gestochen . . . Damit stand sie auf und gebärdete sich wie eine Verzweifelte. Allgemeine Panik. Der Professor sprach von den in den Balkanländern vorkommenden Skorpionarten, die in größerer Anzahl selbst Erwachsenen gefährlich werden könnten. Alle wurden blaß vor Schrecken, nur der mutige Damenimitator schritt zur Tat, untersuchte das eben verlassene Bett und konstatierte, nachdem er alle Decken auseinandergeschlagen hatte, Skorpione in größerer Anzahl seien jedenfalls nicht vorhanden. Uns fiel ein Stein vom Herzen.

Die junge Frau hatte sich inzwischen etwas beruhigt und war ebenfalls herangetreten. Plötzlich schrie sie wieder auf:

»Da – schauen Sie her!«

Alles drängte sich um das Bett, und nun erblickte man ein schimmerndes rundes Tier von der Größe einer mittleren Kaffeebohne, welches sich langsam den Bettrand entlang schob, und, als es die vielen forschenden Blicke auf sich gerichtet fühlte, sichtlich betreten stehen blieb.

Der Professor setzte seine Brille auf und suchte mittels eines Stückes Papier seiner habhaft zu werden. Es gelang. Dann betrachtete er es eingehend, schüttelte den Kopf und meinte, er fühle sich versucht, es als die gemeine Bettwanze, *Cimex lectuarius,* anzusprechen, nur was die silbergraue Färbung und die anscheinend durch den Biß hervorgerufene psychische Erregung beträfe, stehe er vor einem Rätsel.

Es folgte nun eine Art naturwissenschaftlicher Sitzung.

Mit dem Schlafen war es sowieso vorbei, man saß fröstelnd herum und besprach das Ereignis, tauschte Reise-
abenteuer, Kenntnisse, Beobachtungen und Erlebnisse
mit gewöhnlichen Wanzen aus, die ja in den südlichen
Ländern keinem erspart bleiben – immerhin, ein Insekt
wie dieses dem serbischen Boden entsprossene hatte noch
keiner gesehen oder je davon gehört.

Die Sonne stand schon am Himmel, als der Professor sich
erhob und in einer längeren Rede erklärte, er danke den
verehrten Anwesenden herzlich für ihr Bestreben, an der
Lösung des Problems mitzuwirken. Man sei demselben
jedenfalls ein gutes Stück näher gekommen, und er be-
schließe daher, falls es uns recht sei, dem Tier, das seiner
Ansicht nach eine wichtige Entdeckung bedeute, den Namen *Cimex argentuus*, zu deutsch Silberwanze, beizule-
gen und seiner Fakultät sofort Mitteilung darüber zu
machen.

Wir stimmten ihm einmütig bei. Inzwischen war es Zeit
zum Aufbruch geworden und zu spät, um Stadt und
Festung noch in Augenschein zu nehmen. In diesem Moment hatte auch niemand mehr Interesse dafür.

Während wir nunmehr unser Gepäck zusammensuchten,
saßen Frau Pollacek und der Damenimitator immer noch
nebeneinander auf dem Bettrand. Sie sprachen leise, und
es schien uns, daß sie sich manchmal verstohlen die Hand
drückten.

Und das wird wohl so gewesen sein. Wir machten vor
Bukarest noch einmal Station, übernachteten in einem
normalen Hotel, wo jeder sein Zimmer für sich hatte,
aber am nächsten Morgen, als man weiterfahren wollte,
waren jene beiden einfach verschwunden und kamen
auch nicht mehr zum Vorschein. Wir fuhren also ohne
sie, und während der Zug dahinrollte, sannen wir den
verschlungenen Fäden des Lebens nach. Hier waren un-

versehens zwei Menschen, die man flüchtig kannte, glücklich geworden und ein unbekannter Dritter, nämlich der Herr Pollacek, unglücklich – oder auch umgekehrt, wer konnte das wissen? Und das alles war das Werk einer schlichten Silberwanze, die bis dahin in Belgrad ein obskures Dasein fristete und nun berühmt werden sollte.

Der Professor aber lächelte abgeklärt, murmelte vor sich hin »*Cimex argentuus*« und meinte dann, es habe noch jede wissenschaftliche Entdeckung ihre Opfer gefordert.

Das feindselige Gepäck

Ich weiß nicht mehr, wer eigentlich auf den Gedanken verfallen war, eine Mittelmeerfahrt zu unternehmen und warum wir anderen darauf eingingen. Es lag durchaus kein zwingender oder besonders verlockender Grund dazu vor. Fast alle Beteiligten waren gerade schlecht bei Kasse, und man hätte zweifellos besser getan, daheim zu bleiben. Aber vielleicht gerade weil so vieles dagegen sprach, setzten wir uns die Sache in den Kopf, verachteten die Ratschläge wohlmeinender Freunde und rüsteten uns zur Abfahrt.

Unser Reisemarschall, der das Unternehmen angeregt hatte, war Archäologe und viel gereist – er vertrat die Ansicht, man müsse vor allem sehr anständiges Gepäck mit sich führen, und wir unterwarfen uns blindlings seinen Anordnungen. So begaben wir uns in ein Spezialgeschäft für Reiseausrüstungen und kauften dort zwei große, flache Handkoffer aus vorzüglichem Leder, einen dunkelbraunen und einen hellgelben, ferner einen Kabinenkoffer und à Person einen Dressing-bag mit luxuriöser

Inneneinrichtung. Alles erste Qualität, sehr schön und sehr teuer.

Dann versahen wir uns noch mit Feldbetten, denn wie der Archäologe meinte, könne es, zum Beispiel im Peloponnes, leicht vorkommen, daß wir im Freien übernachten müßten. Man konnte diese Betten ganz in sich zusammenschieben und so auf ein ziemlich handliches Paket reduzieren. Und zum Schluß erstanden wir einige recht bequeme Patentklappstühle, die auf den primitiven südlichen Küstendampfern sozusagen unentbehrlich sein sollten.

Der Archäologe war immer noch nicht zufrieden und kaufte noch einen ausgezeichneten amerikanischen Revolver. Er sagte, das sei unbedingt notwendig, und schwelgte schon in dem Gedanken an dramatische Abenteuer mit anatolischen Räubern.

Als das alles erledigt war, nahm unser Gepäck sich wahrhaft fürstlich und äußerst reisekundig aus, nur wir selbst paßten nicht mehr recht dazu. Die Ausrüstung hatte so viel Geld verschlungen, daß für unsere Kleidung nicht viel mehr übrig blieb, wir mußten, falls wir die Reise nicht doch lieber aufgeben wollten, abfahren, wie wir eben gingen und standen, und die Koffer blieben einigermaßen leer.

In der ersten Begeisterung setzte man sich mutig darüber hinweg. Als wir dann aber das erstemal an Bord saßen, überfiel uns eine gewisse Niedergeschlagenheit, jene spezielle Niedergeschlagenheit, die eben durch unzweckmäßige oder deplazierte Kleidung hervorgerufen wird. Wir saßen auf unseren Patentklappstühlen, und die übrigen Effekte hatte man dicht daneben aufgestapelt. Sie sahen etwas zu neu aus, sehr elegant und wirkten durchaus, als ob sie nicht zu uns gehörten. Das wurmte uns. –

Im Laufe der Fahrt kamen wir mit einem vornehmen

alten Araber ins Gespräch, und da wir Vertrauen zu ihm faßten, teilten wir ihm unsere peinlichen Empfindungen mit. Er nahm es sehr ernst damit, ja, er warnte uns geradezu vor den Koffern und meinte: nicht nur Mensch und Tier, sondern auch leblose Gegenstände hätten eine Seele, und vor Dingen, die einem wohl formell angehörten, mit denen man aber nicht in innerem Kontakt stehe, möge man ja auf der Hut sein.

Wir wurden hierdurch nachdenklich gestimmt, und mit der Zeit kam es uns wirklich vor, als ob die Sachen da vor uns so etwas wie eine Seele hätten und zwar eine, die von bösen und rachsüchtigen Instinkten erfüllt sein könne, weil wir sie so ohne weiteres gezwungen hatten, uns zu folgen. Fremd und verächtlich sahen sie uns an, halb schadenfroh und dann wieder, als ob sie sich unserer schämten, uns für Reiseparvenus hielten und sich nicht mit uns identifizieren wollten. Man versuchte, sie versöhnlich zu stimmen, Beziehungen anzuknüpfen, betrachtete sie mit liebevollen Blicken, lobte und bewunderte sie, aber es half nichts, und der Archäologe wurde schließlich ärgerlich. Er zankte mit Emma Müller, seiner Cousine – weil sie ihm zum Trotz heimlich eine unansehnliche, alte Plaidtasche mitgenommen hatte, dann verhöhnte er die Feldbetten, die so korrekt und zusammengeklappt dastanden, als ob sie sich nie zu einem Nachtlager hergeben würden, und gab dem gelben Handkoffer, weil er gar zu unverschämt dreinsah, einen Fußtritt, so daß er beiseite flog und alles durcheinander geriet. Wir erschraken und verwiesen ihm sein Benehmen, aber es war nicht wiedergutzumachen.

Als wir das Schiff verlassen hatten und im Hotel unser Gepäck überzählten, fehlten vier Stück – nämlich die Patentklappstühle. Wir hatten bis zum letzten Moment an Bord gesessen und dann in der Eile vergessen, daß sie unser Eigentum waren. Es war sehr ärgerlich, aber wir schoben es auf unsere Nachlässigkeit. Bald darauf verließen uns auch die Feldbetten. Wir machten einen Ausflug, fanden programmäßig kein Nachtquartier und wagten es zum erstenmal, sie herzurichten und uns darauf auszustrecken. Man schlief wider Erwarten ausgezeichnet und begab sich morgens an einen etwas entfernten Bach, um sich zu waschen. Als wir zurückkehrten, waren die Betten verschwunden und mit ihnen die Dressing-bags, denen wir nur die notwendigsten Toilettengegenstände entnommen hatten. Nur Emma Müllers geschmähte Plaidtasche war zurückgeblieben. Wir nahmen an, daß die Sachen gestohlen worden seien, es war ja auch unverantwortliche Nachlässigkeit, sie auf freiem Felde liegen zu lassen. Der Archäologe lag den ganzen Tag mit seiner Schießwaffe auf der Lauer, aber die etwaigen Diebe ließen sich nicht sehen. Wir bekamen überhaupt keinen Menschen zu Gesicht, auf den man hätte schießen können.

Die anderen Sachen waren in der nächsten Stadt geblieben, wir fanden sie unversehrt wieder und behüteten sie jetzt mit Argusaugen. So reisten wir weiter, vergnügten uns und waren ganz zufrieden. Aber die Beziehung zwischen unserem Gepäck und uns gestaltete sich keineswegs herzlicher – im Gegenteil, denn wir sahen bei dem vielen Herumfahren allmählich so heruntergekommen aus, daß es uns völlig ignorierte und bei jeder Gelegenheit tat, als ob es uns nicht gehörte. Kommissionäre und Portiers betrachteten uns mit Mißtrauen, um so mehr, weil unsere Gepäckstücke so unwahrscheinlich leicht waren. Wir stiegen nur in guten Hotels ab, in der Hoffnung, man möchte uns für angesehene Persönlichkeiten halten, die sich eine scherzhafte Verkleidung erlaubten. Vielleicht tat man es auch, aber diese Lebensweise ging über

unsere Verhältnisse. Wir beschlossen, die Rückreise anzutreten und fuhren nach Italien hinüber. Kaum hatten
wir die Küste erreicht, als unter dem Gepäck eine förmliche Meuterei ausbrach. Sie begann damit, daß der dunkelbraune Handkoffer beim Ausbooten über Bord
sprang – – (oder fiel, wie man es nehmen will). Es war
finstere Nacht und keine Möglichkeit, ihn wiederzubekommen.

Wenige Stunden später mußten wir uns auch noch von
dem Kabinenkoffer trennen, zu dem wir immer noch das
meiste Vertrauen hatten, weil er so ehrenhaft und solide
aussah. In dem versunkenen hatte sich eine Brieftasche
mit Geld befunden, das war nun fort, und wir hatten
nicht mehr genug bei uns, um die Billetts zu bestreiten.
So mußten wir es immerhin noch als glücklichen Zufall
ansehen, daß ein hochherziger Spediteur aushalf und als
Pfand eben den Kabinenkoffer zurückbehielt. Den gelben gaben wir als Passagiergut auf und freuten uns hämisch, als er wehrlos mit entstellten Zetteln beklebt, abgeschleppt wurde. Nur Emma Müllers Plaidtasche kam
mit ins Coupé, von der hatte man anscheinend nichts zu
befürchten.

Es erwies sich denn auch, daß wir wenigstens diesmal
umsichtig gehandelt hatten. Man hatte eben die Grenze
erreicht, als ein Polizeibeamter von Waggon zu Waggon
ging und sich erkundigte, wer einen gelben Lederkoffer,
gezeichnet T. T., aufgegeben habe. Wir wurden blaß und
rot, aber einmütig verleugneten wir ihn, denn uns ahnte
neues Unheil.

Nachher erfuhren wir denn auch, daß er beim Verladen
an irgendeiner Station explodiert war, das heißt, nicht
eigentlich explodiert, sondern ein darin befindlicher Revolver war losgegangen. Dabei war ein Bahnbediensteter
verletzt worden, und nun fahndete man nach dem Besitzer, um ihn dafür verantwortlich zu machen.

Natürlich war es der Revolver des Archäologen – er hatte ihn beim Packen noch rasch mit hineingeworfen, da er meinte, ihn jetzt nicht mehr nötig zu haben.

Hatte nun der Revolver sich rächen wollen, weil er nie zu Schuß gekommen war – wollte der heimtückische gelbe Koffer, gleich seinem dunklen Bruder Selbstmord begehen, um uns zu schaden – oder sollte er uns gar nach dem Leben getrachtet haben?

Bei diesem letzten Gedanken überlief uns noch nachträglich ein kalter Schauer, und lebhaft gedachten wir des alten Arabers und seiner warnenden Worte.

Emma Müllers Plaidtasche war das einzige Gepäckstück, das wir wieder mit nach Hause brachten, und sie wurde fortan in hohen Ehren gehalten.

Der feine Dieb

Gelegentlich einer Ferienreise hatte man uns im letzten Moment ein junges Mädchen mitgegeben, welches Elly hieß und etwas herauskommen sollte. Sie hatte eine mißglückte Verlobung hinter sich, litt unter der Einförmigkeit ihres Lebens in einer kleinen Stadt und war darüber bleichsüchtig geworden.

Wir waren anfangs erschrocken und fühlten uns nicht besonders geeignet, Mädchen aus der Kleinstadt zu chaperonieren, aber es ging dann ganz gut. Elly war bescheiden und sehnte sich nur nach neuen Erlebnissen oder Menschen, die ein wenig aus dem Rahmen des Alltäglichen herausfielen. Gerade weil sie das tat, hatten wir natürlich Pech. Alles, was wir unterwegs sahen, hörten oder kennenlernten, war von haarsträubender Mittelmäßigkeit. Wo immer wir uns aufhielten, schien, als habe der liebe Gott in einer bourgeoisen Anwandlung nur mehr Oberlehrer und Geheimratswitwen erschaffen.

Auch das kann seine Reize haben, aber Elly litt darunter – denn das alles hielt sich unweigerlich im Rahmen des Alltäglichen. Bis dann einer aus dem Kreise ihr den Russen mitbrachte, extra für Elly, wie man Kindern eine Spielfigur mitbringt. Er hatte ihn bei einem Ausflug getroffen (es war noch vor dem Krieg, in jener sagenhaften Zeit, wo es noch Ausländer gab und diese für Attraktionen galten) und, da der Russe sich an demselben Ort aufhalten wollte, mit ins Hotel genommen. Es war eigentlich nichts Bemerkenswertes an ihm, außer seinem schlechten Deutsch, und Elly war wiederum leise enttäuscht, blühte aber doch etwas mehr auf, denn er machte ihr die Cour und fragte mehrmals, ob sie nicht Lust hätte, ihm später nach Amerika zu folgen. Er wollte demnächst hinüberfahren und sich dort eine Existenz gründen.

»Oh, das wird sehr interessant sein«, sagte er mit mindestens dreifachem R. » Interessant« mit dreifachem R war einer seiner Lieblingsausdrücke.

Wir anderen behandelten ihn mit großer Herzlichkeit. Vielleicht ergab sich hier für unseren Schützling eine erfreuliche Zukunftsperspektive.

»Wenn er nur etwas mehr aus sich herausginge«, sagte Elly manchmal, »ich weiß ja eigentlich gar nichts von seinem Leben. Ich denke, er muß Schweres durchgemacht haben, denn er spricht nicht gern darüber.«

»Versuchen wir einmal, ihn etwas aufzutauen«, meinte Herr P., derselbe, der ihn mitgebracht hatte und sehr auf Ellys Wohl bedacht war.

Ja, man mußte ihm einmal etwas auf den Zahn fühlen, wir waren ja in gewissem Sinne für das Mädchen verantwortlich.

So wurde kurz vor seiner Abreise ein kleines Souper

veranstaltet und dem Gast zu Ehren vor, zwischen und nach dem Essen viele Schnäpse getrunken.

Die Stimmung gestaltete sich recht lebhaft, Eis brach und Hemmungen fielen. Einer von den Herren stimmte ein Kosakenlied an:

Wir wollen uns mit Schnaps berauschen,
Wir wollen unsre Weiber vertauschen.
Wodka! Wodka!

und daraufhin taute unser Russe nun tatsächlich auf und erklärte, er fühle sich unter Menschen und Brüdern. Er bekam Heimweh nach seiner Steppe und fing an zu erzählen. Rußland ist bekanntlich sehr groß, und er kannte es sehr genau, war fast überall gewesen und schien vor allem ein leidenschaftlicher Fußgänger zu sein. Fast jeder neue Abschnitt seiner Erzählungen begann damit: »und dann bin ich gelaufen und gelaufen, bis ich kam in Petersburg – und dann bin ich gelaufen und gelaufen und gelaufen, bis ich kam in Kiew.« Das ging so von Sibirien bis zum Kaukasus. Und dann war er gelaufen und gelaufen, bis er nach Deutschland kam, und nun wollte er nach Amerika. Was für einen Beruf er hatte oder gehabt hatte, ging immer noch nicht daraus hervor, aber man suchte es durch allerhand Zwischenfragen darauf zu bringen. Elly hatte doch ein gewisses Interesse daran.

»Warum sind Sie denn nur immer zu Fuß gegangen?« fragte sie so nebenhin. Sie war schon wieder etwas leicht enttäuscht und fing an, ihn langweilig zu finden.

»Weil man immer war hinter mir, Fräulein«, gab er zur Antwort, legte seine Hand auf die ihre und lachte bitter.

Wir begannen zu ahnen, daß er nicht mehr ganz nüchtern war, und hatten Angst, er möchte sich schlecht benehmen. Man hatte dieses junge Mädchen doch schließlich unserer Obhut anvertraut.

»Hinter Ihnen – wer denn?«

»War immer hinter mir Polizei, Fräulein Elly – oh, das war manchmal interessant.«

Die Hand hatte er wieder weggenommen, und selbst etwas von den Schnäpsen umfangen, dachten wir: Sibirien – Polizei – Anarchist – nun ja, das kennt man, und lächelte vorurteilsfrei:

Ja, ja, die russische Polizei – trostlose Zustände –

»Sie sind wohl Anarchist gewesen?« fragte Elly mit neuer Anteilnahme.

»O nein, bei Gott, nie habe ich mich eingelassen mit solchen Sachen. Sie brauchen nicht erschrecken von mir, Fräulein – Polizei kam nur, weil ich früher einmal ein Dieb war und hat man mich zu Gefängnis gesperrt. Aber dann bin ich immer gelaufen und gelaufen, bis ich kam in einen anderen Platz. Und das war sehr interessant.« – Das fanden wir ja auch und waren alle doch etwas betroffen. Aber wir hatten diesen Mann eingeladen, und man darf doch seinen Gast nicht plötzlich fühlen lassen, daß man ihn minderwertig findet.

Elly verstummte allerdings völlig, aber Herr P. nahm statt ihrer das Wort und fragte in leichtem Konversationston: »Ach – Sie waren Dieb?«

»Ja, ich war früher einmal ein Dieb«, wiederholte er mit ungetrübter Selbstverständlichkeit. »Und ist besser das wie Anarchist. – Anarchist will alles nehmen und sagt: für Volk, aber feiner Dieb nimmt nur Überfluß. – Und so war ich immer ein feiner Dieb – gefahren und gefahren in Schnellzug, elegant bekleidet –«

»Hm – Taschendieb also?« warf P. wieder ein, so schlicht und sachlich, daß wir fürchteten, unser Gast möchte uns für Kollegen halten. Aber er war bereits jenseits aller Erwägungen.

»Kein Taschendieb – o nein. Bin ich nur gefahren, elegant

bekleidet, und wenn Leute gingen zum Essen, hab ich revidiert Sachen – bei Gott, sind die Leute nachlässig in russischem Schnellzug. Sehen Sie, Fräulein«, wandte er sich an Elly und die ganze Melancholie der Steppe dunkelte in seinem Blick – »wollte ich von Ihnen nur stehlen blaue Augen und sollen Sie mir freigebig geben den Rest. Bei Gott, nein, bin ich immer nur feiner Dieb gewesen. Oh, das war manchmal –«

»Sehr interessant«, ergänzten wir einstimmig.

Elly hatte bei seinem letzten Kompliment mehrmals die Farbe gewechselt und dann unauffällig den Saal verlassen.

– – – Herr P. wußte es mit feinem Takt so einzurichten, daß der Russe schon am folgenden Morgen die Weiterreise nach Amerika antrat. Alle schüttelten ihm noch einmal herzlich die Hand und wünschten ihm viel Gutes. Dann war uns vorübergehend etwas unbehaglich zumute.

Elly hat ihren kurzen Traum resolut begraben. In gewissem Sinne kam sie aber dennoch auf ihre Rechnung, denn der Russe war an jenem letzten Abend immerhin aus dem Rahmen des Alltäglichen herausgefallen.

Christus

Ein Interview

Die Amerikaner sind bekanntlich sehr neugierig.

Seit Jahren schreibe ich für ein Kunstblatt jenseits des Ozeans Ausstellungsberichte, Kunstbriefe und alles, was sonst dazu gehört, die wissensdurstige Seele des »gebildeten Laien«, der sich für Kunst interessiert, einmal im Monat zu sättigen. Jetzt ist das nicht mehr sensationell genug. Man will mehr – anderes.

Die Redaktion verlangte zuerst »Intimes aus dem Leben

der großen Künstler« – modern Intimes natürlich – und neuerdings soll ich auch noch interessante Details aus dem Leben der Modelle und ihrem Verhältnis zur Künstlerwelt bringen.

Mir ist alles recht. Ich bin ein zufriedener Mensch und möchte auch andere zufriedenstellen. Nach längerem Bemühen ist es mir geglückt, das Notizbuch eines »vielversprechenden Genies« in die Hände zu bekommen. Die darin verzeichnete Modelliste sollte mir als Richtschnur meiner demnächstigen Recherchen dienen.

Aber nun die richtige Auswahl zu treffen: 1. Walburga Stümpfl, als Giftmischerin beliebt, sehr grün im Ton.

2. Crescenz – Nachname fehlt im Notizbuch – stilvoller Rokokoakt.

3. Anna Huber, sehnsüchtiges Profil, sehr geeignet zum Stilisieren.

4. Adalbert Apfelkammer, Athlet und Ringkämpfer, kolossaler Bizeps, unglaubliche Deltamuskeln.

5. Marie Mayr, famose Zierleiste für die »Jugend«.

6. Clemens Brückner, hinterlistiger Priester etc.

Du lieber Gott, die Auswahl ist einfach überwältigend reich, da kann's nicht fehlen.

Tagelang stieg ich treppauf, treppab. Modelle interviewen ist keine Kleinigkeit, sie sind nie zu Hause. Ich begab mich also auf den Rat eines erfahrenen Freundes zu einer Vormittagsstunde an die Stufen der Akademie. Aber ich hatte wieder Pech. Die Stunde war entschieden unglücklich gewählt. Es war nur ein schwerhöriger alter Mann da und einige zerlumpte Italienerweiber. Den letzteren schien es sehr am Herzen zu liegen, von mir interviewt zu werden, aber da sich meine Kenntnisse der italienischen Sprache auf: »Si Signora« und »Non capisco« beschränken, konnten wir zu keinem befriedigenden Resultat gelangen.

Schon wollte ich verzagt und um eine Illusion ärmer dem Tempel der Kunst den Rücken wenden, als ich auf einen großen, hageren Mann aufmerksam wurde, der in einen flatternden Havelock eingehüllt mit majestätischem Schritt die Treppe herauf kam.

Ich hielt ihn erst für einen Königlichen Professor, so gebieterisch war sein Auftreten, so lang und wallend sein Haupthaar.

Als er sich aber schließlich neben den Italienerinnen auf die Balustrade niederließ, faßte ich Mut. »Sie stehen Modell?«

»Jawohl, jewiß, ich bin der Christus – braucht der Herr –«

»Wie heißen Sie?«

»Friedrich Wilhelm Köppke – wenn der Herr mit Kostüm wünscht« –

Er machte mich auf eine große Pappschachtel aufmerksam, die er unter dem Arm trug – »brauner Mantel, dunkelrotes Unterkleid« –

»Sie sind nicht von hier?«

»Nee, ich bin aus Berlin, mit Spreewasser jetauft, aber ich bin schon lange hier.«

Er zerrte wieder an der Schachtel.

»Lassen Sie nur, lassen Sie nur – wo haben Sie das Kostüm denn her?«

»Das hab' ich mir auf der Auer Dult jekauft, sechs Mark hat es jekostet, aber schön ist es auch.« –

Er riß die Schachtel auf und wollte den Havelock abwerfen.

»Warten Sie, warten Sie, es pressiert nicht. – Wie lange sind Sie schon Modell?«

»So an die sechs, sieben Jahre.« –

»Und was trieben Sie vordem?« –

»Da hab ich 'ne Jeschäft jehabt –«

»Was denn für ein Geschäft«, das Vorleben meines Christus war doch jedenfalls nicht ohne Interesse.

»Na, wissen Sie, ich bin so in die Wirtshäuser rumjegangen und hab' mit wollne Hemden hausiert, aber das bringt –«

»Und wie kam es, daß Sie Modell wurden?«

»Das Jeschäft ist nich mehr recht jejangen und dann mit die langen Haare hab' ich mir jedacht –«

»Trugen Sie denn das Haar früher schon so lang?« Mit Bewunderung betrachtete ich seine Mähne.

»Ja, wissen Sie, ich hab' das Reißen jekriegt von den vielen Zug und da hab' ich mir das Haar wachsen jelassen und dann haben mir die Freunde jesagt: laß dich doch malen, Fritze, du hast ja den schönsten Christuskopp, daß der Herrgott seine Freude dran haben könnte. So was suchen die Herren Kunstmaler jrade.«

»Und da wurden Sie Christusmodell?«

»Ja, da hab' ich die wollnen Hemden Hemden sein jelassen und bin in die Ateliers rumjejangen und bin ein sehr beliebter Christuskopf jeworden.«

»Sind Sie denn hier das einzige Christusmodell?«

»O ne, jewiß nicht. Seit der Uhde anjefangen hat, seine biblischen Bilder zu malen, da haben se noch einen modernen Christus uffjeangelt, der hat so langes straffes Haar und so ein schlichtes Jesicht. Das ist der Alois Brüllmayr, der hat mir 'ne janz jefährliche Konkurrenz jemacht. Überall muß Konkurrenz sein heutzutage.«

»Das Modellstehen muß doch recht anstrengend sein, was?«

»Na, davon könnte ich Sie ein Lied singen. Anstrengend ist die Jeschichte, aber es rentiert sich. Da hab' ich zuweilen ans Kreuz müssen, mit so'n Jerüst, wissen Sie. Mit ausjebreiteten Armen und die Ojen verdrehen, jehört allens dazu von wegen den schmerzlichen Ausdruck.

Aber jetzt bin ich zu alt und zu steif dazu. Es jeht nich mehr so. Da steh ich nur Kopp und es wird ein anderer jekreuzigt.«

»Haben Sie denn immer Beschäftigung? Es wird doch nicht alle Tage ein Christus gemalt.«

»Na, da kennt sich der Herr aber schlecht aus, da sind Sie jewiß kein Kunstmaler. Heutzutage muß doch jeder 'n Christus jemalt haben. Das is jetzt jrade die neueste Mode, mit das Biblische. Ne Zeit lang, so vor 'n paar Jahren, da war's schlimm, da hat niemand mehr 'nen Christus jemalt. Da haben sie alle Ölein-Air jemacht. Da war nischt zu haben für unsereinen. Lauter jrüne Wiesen und lila Bäume und die Menschen darin alle nackich. Das war 'ne schlimme Zeit, da hab' ich nur Kopp jestanden in die Schulen und mit'n Christus war jarnischt.«

»Na, und jetzt? Die moderne Richtung?« –

»O jetzt is viel besser jeworden. Symbolistisch muß sin, sagen die Herren. Das is Mode. Und Mode is in der Kunst jrad' so gut wie sonst im Leben. Jetzt machen sie Ihnen 'nen altdeutschen Christus, wie'n die alten Meister jemalt haben, denn das sind doch immer die jrößten jewesen, sagen sie. Da machen sie Ihnen die Haare janz lang und jrad' wie Schlangen und die Dornenkrone janz spitz und was die janz Neusten sind in der Malerei, die machen 'nen stilisierten Christus, da ziehen sie Ihnen det Jesicht in die Länge und die Dornenkrone kommt vom Kopp und auf beiden Seiten wird auch in die Länge jezogen und –«

Mich befiel eine stille Furcht, Christus möchte mich auch noch über das Wesen der Renaissance oder des Rokoko belehren, und ich unterbrach ihn:

»Sind Sie denn schon oft zu großen Bildern gestanden?«

»Na und ob – det will ich meinen. Ich häng' Ihnen schon in alle möglichen Jalerien und Pinakotheken. Einmal am

Kreuz mit die beiden Schächer. Das is sehr schön jewesen. Was die beiden Schächer waren, das sind ein paar Athleten jewesen. Die haben Sie gehangen, det es eine Freude war. Und dann mit der Magdalene. ›Christus und die jroße Sünderin‹ hat's geheißen.«

»Wer war denn die Magdalena?«

»Das is die Josephine Zimmerer jewesen, oder wie sie heißt. Das is ein Mädel jewesen. Immer hat sie ihre Jeschichten mit den Malern jehabt. So janz rotes Haar hat sie. Ich kann's nich so schön finden, aber den Herren hat's jefallen und über Jeschmack läßt sich nicht streiten. ›Der reine Tizian‹ haben sie immer jesagt.« Allen Respekt. Christus imponierte mir immer mehr.

»Sie verstehen wohl bald ebensoviel von der Kunst wie die Maler selbst, Christus?«

»Ja, wenn ich die Kunst nich hätt'. Ich schwärme für alles, was Kunst ist. Das is meine jrößte Freude. Und Jeld bringt's auch ein.«

»Was verdienen Sie denn so im Durchschnitt am Tage?«

»Na, sehen Sie, das schwankt so hin und her. Was die jroßen Meister sind, die berühmten, die zahlen mehr. Und dann kommt's auf die Stellung an, fürs Kreuzigen hat's eine Mark jejeben die Stunde. Jott Strambach, das waren schöne Zeiten! Aber für jewöhnlich jiebt's nur 50 Pfennige für die Stunde, wenn man bloß Kopp steht.«

Du mein Gott, dacht' ich, während Christus sich noch des Näheren über seine Lohnverhältnisse verbreitete, viel, viel »Interessantes« ist aus dem Manne nicht herauszukriegen. Was soll ich nur in meinen Artikel hineinschreiben? Und dazu macht mich sein Dialekt nervös – ich hatt' auf irgendeinen biederen Bajuwaren gehofft, dafür interessiert man sich doch heutzutage viel mehr. Es klingt viel origineller. – Ich mußte entschieden noch etwas »Intimes« herausbringen.

»Christus«, sagte ich deshalb eindringlich, »Sie wissen wohl recht viel von dem Leben der Künstler, so von dem Privatleben. – Als Modell müssen Sie doch recht oft Gelegenheit haben, hinter die Kulisse zu schauen.«

»Na«, sagt Christus mit großem Nachdruck, »wir Modelle, wir sehen alles, wir hören alles, wir sind bei allem dabei, aber wissen tun wir jarnischt, wir sind diskret. Ich könnt' Ihnen da Jeschichten erzählen – aber wir Modelle müssen diskret sein, sonst ist jarnischt mehr, sonst werden wir abjeschafft.«

»Na ja, aber wissen Sie, Christus, ich bin fremd hier. Ich gehe in ein paar Tagen wieder fort. Mir können Sie da schon etwas erzählen. Ich bin Journalist, da muß man auch oft diskret sein. – – Es muß doch oft recht fidel hergehen unter den Künstlern, was?«

»Na ja, fidel, det will ich Sie jlauben. Da liebt man sich und wird jeliebt, det is die reine Wonne und Herrlichkeit.«

Mein Christus machte ein ganz pfiffiges Gesicht und zwinkerte mit den Augen. Mich ärgerte nur, daß er so zugeknöpft war. Ich hätte so gerne etwas Pikantes erfahren.

Noch einen Versuch wollt' ich machen. So ein Liebesroman zwischen einem weltbekannten Genie und der rothaarigen Tizian-Magdalena – famoser Mittelpunkt für meinen Artikel: ›Modelle und Künstler, Interieurs aus der Münchner Moderne.‹ Das Herz wurde mir ganz groß.

»Na sagen Sie mal, Christus – Sie haben mir vorhin von der Magdalena erzählt, die den Malern so gefällt, die wird wohl viel geliebt haben, was?«

Ich schlug meinen jovialsten Ton an, aber Christus blieb ungerührt. –

»Det hab' ich Sie doch schon jesagt. Jetzt hab' ich sie

schon lange nicht mehr jesehen, aber früher, als ich mal mit ihr jestanden bin. Da hab' ich alle ihre Jeheimnisse jewußt.«

– Er zwinkerte wieder verständnisvoll – und fuhr fort: »Ich hab' ihr damals noch sozusagen zum moralischen Halt jedient. Manchesmal hab' ich ihr ins Jewissen jeredt'. Magdalena, hab' ich ihr jesagt, Jugend hat keine Tugend, des weeß ich auch. Ich bin auch mal jung jewesen und habe keine Tugend jehabt, aber jetzt bin ich Familienvater und kenne die Welt. Mach's nicht zu schlimm, Magdalena, sonst kommste noch unter den Leierkasten. Aber sie hat es immer sehr leicht jenommen. ›Schaugt's den Christus an‹, hat sie jesagt und dann haben sie alle jelacht. Na, ich sage Ihnen.« –

»Mit wem hat sie denn?«

»Na, mit allen hat sie Jeschichten jemacht. Sie hat eben für 'ne Schönheit jejolten, aber was die Herren waren, ›Christus‹, haben sie jesagt, ›wir wissen, daß Sie diskret sind‹. – Na, diskret muß man sein.« –

Er lächelte bedeutungsvoll und zog seine Visitenkarte hervor, die er mir feierlich überreichte: »Friedrich Wilhelm Köppke, Katzmaierstraße 16, IV«, darunter stand geschrieben: »Im Besitz eines neuen Christus-Kostüms, dunkelrotes Unterkleid, brauner Mantel, Sandalen etc. empfehle mich den Herren Kunstmalern als Christusmodell.«

»Eine schöne Handschrift haben Sie, Christus«, sagte ich bewundernd.

»Das hat meine Jette geschrieben, was meine Älteste is«, sagte er, »die steht auch schon Modell, aber ich laß sie nur Kopp stehen, ›wenn man Familienvater ist‹ –.«

Ich sah auf meine Uhr und verabschiedete mich von Christus, indem ich ihm einen Zwanziger in die Hand drückte. Er steckte denselben voll Würde dankend ein und hüllte sich fester in seinen Havelock, denn es war kalt.

Ich entfernte mich langsam und einigermaßen deprimiert. Mein Artikel war an der starren Moral und unbeugsamen Diskretion des Christus gescheitert.

Das gräfliche Milchgeschäft

Raoul Lichtwitz kehrte von zweijährigem Aufenthalt aus Paris zurück.

Als der Zug langsam in die Halle des Münchener Central-bahnhofs einfuhr, lehnte er sich weit heraus, um dem zu seinem Empfang herbeigekommenen Freunde zuzuwinken. Dann stieg er aus, und die beiden schüttelten sich kräftig die Hand.

»Schön, daß du wieder da bist!«

»Und du bist immer noch der alte? Den Lodenmantel da kenne ich noch. Hast dich wenig verändert.«

»Ja, ja«, sagte Fritz Beier, »und du bist ja der reine jeune homme chic geworden – komm, laß uns gehen.«

Langsam bummelten sie durch die Stadt hin und hatten sich viel zu erzählen.

»Aber kehren wir ein, Fritz, ich bin müde.«

»Mir ist's recht, was meinst du zum Café Max – aus alter Erinnerung?«

»Du, existiert denn der alte Stammtisch noch von damals?«

»Gott bewahre, das ist alles längst auseinander, ich war seit Ewigkeiten nicht mehr drin. Habe keinen Schimmer, wer da jetzt verkehrt.«

»Na, dann laß uns nur mal wieder hineingehen und den Rummel anschauen.«

Erinnerungen wurden in dem Zurückgekehrten lebendig an die alte Bohème-Zeit.

Sie traten ein. Es war spät. Nur drei Gäste im Lokal. Der eine spielte mit dem Wirt Billard, der zweite saß mit der Kellnerin in einer verschwiegenen Ecke und der dritte gähnte gelangweilt hinter seiner Zeitung.

Sie setzten sich an den alten Stammtisch zu einem Absinth. Beiden wurde ganz wehmütig. Ja – damals!

Und dann fingen sie an von den alten Zeiten zu sprechen. Raoul hatte viel zu fragen nach den einstigen Bekannten.

»Ja, weißt du, es ist immer dasselbe vom Lied: die Zigeunerei hört von selbst auf. Jeder kriegt's einmal satt und fängt an, zu streben und ein nützliches Mitglied der Gesellschaft zu werden.«

Der »jeune homme chic« starrte in seinen Absinth, und verblaßte Bilder stiegen vor ihm auf.

»Was ist denn aus dem ›polnischen Hamlet‹ geworden? Denkst du noch, wie er dasaß und dozierte: Könnt ihr alle nicht verstehen, ›Hamlet‹?«

»Gott im Himmel, ja, und wie er uns wegen uns'rer Oberflächlichkeit heruntermachte. – Ich glaube, er hat jetzt die Fabrik seines Onkels übernommen und versorgt die Welt mit Seife, die er selbst nie brauchte.«

»Und seine Ophelia, die große Blonde?«

»Na, die ist ihm längst durch. Sie ist jetzt irgendwo in der Schweiz und macht Nihilismus. Na ja, diese norddeutschen Mädel, wenn die nach München kommen« –

»Damals war sie immer so unheimlich korrekt. Weißt du noch, wie wir sie damit aufzogen, daß sie in unsrer dekadenten Mitte immer noch den ›moralischen Maßkrug‹ hochhielt?«

»Ja, das hatte die Gräfin aufgebracht.«

»Gott ja, die Gräfin, was ist aus der geworden? Wo ist sie hingekommen? Ich seh' sie noch vor mir, wie sie abends hereinkam, wenn wir alle schon da saßen. Heile Stiefel hatte sie nie an, aber dafür eine Reitgerte mit silbernem Griff, von der sie sich nie trennte. Die stammte noch aus ihrer Glanzzeit auf den väterlichen Gütern. Sie kam immer allein und meist sehr spät und dann knallte sie mit ihrer Peitsche auf den Tisch. ›Donnerwetter, Kinder, jetzt muß ich zuallererst einen Nervenreiz haben!‹ – Du, Fritz, was weißt du von ihr? Erzähl' doch, es interessiert mich.«

»Ja, ich weiß schon, du hast immer ein Faible für exzentrische Weiber gehabt, das kennt man. – Sie soll jetzt Schauerromane für die ›Illustrierte Gerichtszeitung‹ schreiben. Damals, als sie mit ihrem Milchgeschäft pleite gegangen war.«

»Milchgeschäft?«

»Na ja, mit dem Milchgeschäft. Die Geschichte spielte doch noch zu deiner Zeit?«

»Keine Spur, was war denn damit?«

»Na, stell' dir vor, das verrückte Frauenzimmer verfiel eines Tages auf die Idee, ein Milchgeschäft zu betreiben. Sie hatte es ja immer mit Erwerbszweigen zu tun.«

»Ja, ich weiß, damals wollte sie sich durchaus bei einer Akrobatengesellschaft von der Oktoberwiese engagieren lassen«, sagte der »jeune homme chic«. »Sie war ganz wild darauf, drei Abende lang hat sie mit allem jongliert, was ihr in die Hand kam, und verfluchte ihre Erzieher, die ihre Gelenke hatten einrosten lassen, wie sie sagte.«

»Gut«, fuhr der andere fort. »Das ging vorbei, aber die Idee mit dem Milchgeschäft saß fest. Wochenlang redete sie von nichts anderem. Dann schwieg sie wieder und kam überhaupt des Abends nicht her. Wie wir nachher erfuhren, war sie als Statistin am Hoftheater und verdiente allabendlich 58 Pfennige und morgens für die Proben 35. Davon lebte sie und legte ihr anderes Geld zurück.

Dann kam sie nach einigen Monaten endlich wieder, abgerissener als je, aber sonst gar nicht wiederzuerkennen. Sie hat nicht gesungen, nicht gepfiffen, keinen unnötigen Lärm gemacht, sondern sich ganz stillbefriedigt herangesetzt und ihren Absinth getrunken. Und dann auf einmal emporgefahren und mit dem unvermeidlichen Fuchtelknochen auf den Tisch geschlagen: ›Kinder, ich hab's.‹

›Was hast du, was ist los‹, brüllen wir ganz gespannt, denn, wenn es auch immer Blödsinn war, was sie ›hatte‹, so war es doch wenigstens meist etwas Neues und es lag eine Art Methode darin.

Diesmal waren wir gründlich überrascht. Sie hatte die Geschichte mit ihrem Milchgeschäft wirklich zustande gebracht.«

»Na, und wo hatte sie das Geld her?« fragte Raoul Lichtwitz gespannt, »die Ersparnisse werden doch schwerlich gereicht haben.«

»Gott bewahre, sie hat da die unglaublichsten Geschichten geleistet. Finanzoperationen waren ja immer ihre starke Seite, wie du dich erinnern wirst. Da ist sie bei allen ihren Bekannten herumgegangen, die noch so glücklich waren, silberne Löffel oder goldene Uhren zu besitzen und hat sich was zum Versetzen ausgeliehen –«

»Na hör mal« –

»Nun, du weißt doch selbst, wie das in uns'rer damaligen Gesellschaft war. Was man grad' nicht selbst versetzt hat, ist doch egal, ob's jemand anders versetzt. Man hilft sich eben aus. Und sie hat so überzeugend zu reden gewußt von momentaner Verlegenheit und den Leuten plausibel gemacht, daß ein Reklamelöffel mit der Inschrift: ›Trinkt Kath'reiners Malzkaffee‹ genau dieselben Dienste leistet wie ein silberner. Genug, sie bekam alles mögliche zusammen. Aber es reichte immer noch nicht. Dann ist sie auf die Anatomie gegangen zu dem alten Professor Rüdiger. Sie hatte mal irgendwo gehört, daß man seinen Leichnam schon bei Lebzeiten zur Sektion verkaufen könne. Das hat sie uns später alles selbst erzählt: wie der weißhaarige Alte, eben aus der Vorlesung gekommen, in Seziermantel und schwarzer Samtmütze, umringt von anatomischen Präparaten, vor einem ›auserlesenen Frühstück‹ saß, während sie ihm ihr Anliegen vortrug. Wie er dann ganz desperat gesagt hat, jetzt im Karneval käme halb München und wolle sich sezieren lassen, um das Geld zu verjubeln, und schließlich hat er ihr väterlich liebevoll die Backen getätschelt und gesagt: ›Nein, nein, mein Kind, daraus wird nichts. Jetzt sind Sie mir viel zu nett zum Sezieren und später bekommen wir Sie ja doch erst als altes Mütterchen.‹«

»Die hat doch Schneid gehabt«, meinte Raoul voll Ekstase.

»Danke für Schneid«, sagte Fritz Beier.

»Es war denn doch etwas reichlich. Sie hat ihm auch noch die Leichen von drei oder vier ihrer guten Bekannten angeboten. Am Ende hätte sie noch den ganzen Stammtisch zum Anatomie-Futter verkauft –«

»Weiter, weiter, jetzt wird's spannend.«

»Also, mit den Leichen war es nichts, aber sie hat das Geld doch schließlich zusammengebracht. Unter anderem hat sie eine ganze Anzahl Prachtwerke, Stuck-Album und alles mögliche auf Ratenzahlung genommen, und ehe die erste Rate gezahlt war, unter der Hand zu etwas herabgesetzten Preisen wiederverkauft. Und was weiß ich noch. Vor allem hat sie aufgehört, Schulden zu bezahlen, was sonst ihre Hauptbeschäftigung war.

Der besagte Abend verlief übrigens sehr lustig. Die Komtesse fühlte sich Kapitalistin und ließ Sekt anfahren. Sie behauptete, sie brauche zwar heute keinen Nervenreiz, müsse aber doch einen haben. Was die anderen Gäste an dem Abend gedacht haben, weiß ich nicht. Das Café Max erbebte nur so von Hochs auf das ›Gräfliche Milchgeschäft‹.

In acht Tagen sollte die Geschichte eröffnet werden. Bis dahin hatte sie noch viel zu tun, aber sie kam wieder allabendlich und erzählte uns von den Schritten, die noch zu tun waren. Vormittags konferierte sie zwei Stunden lang im Café Elite mit dem Verwalter des Hausbesitzers, dem die Bude gehörte. Nachmittags fuhr sie in die Schillerstraße, um sich mit Herrn Humplmayr, dem damaligen Besitzer des Geschäftes zu besprechen. Dann machte sie einen Landmann ausfindig, der die Milch um dreizehn Pfennig pro Liter abließ. Auf diesen Erfolg war sie besonders stolz, sonst mußte man immer fünfzehn Pfennig zahlen. Die Zeit, die ihr übrig blieb, verwandte sie dazu, um sich die nötigen ›Kenntnisse in der Branche‹ zu erwerben.

Wir bekamen sogar Aufträge, ich hatte ein Schild mit einer Alpenlandschaft und Kühen zu malen, darunter die Inschrift: Milch- und Butterniederlage, ausgeübt von Gräfin von so und so. Erst sollte es Humplmayrs Nachfolger heißen, aber nach eingehender Beratung kamen wir überein, die ›Gräfin‹ würde besser ziehen. Der Maxl, der Bildhauer, du kennst ihn auch noch, mußte eine Kuh für die Fensterausschmückung modellieren, die mit dem Kopf wackeln konnte. Stilvolle Annoncen wurden komponiert, kurz, wir bekamen alle Hände voll zu tun und waren alle ganz Milchgeschäft.

Schließlich war der große Tag gekommen. Humplmayr hatte das Feld geräumt. Die Gräfin war mit ihrem ganzen Besitz, der aus Bett, Koffer, Staffelei und drei schwarzen Dackeln bestand, in die Schillerstraße übergesiedelt. Sie wollte selbst im Geschäft wohnen. Es mußte doch immer

jemand da sein, und die zwei Zimmer nebst Küche mußten sowieso mitgemietet werden. Unsere Bande besorgte,
wie das Usus war, bei Nacht und Nebel den Umzug. Das
Schild wurde befestigt, es war ein Meisterwerk, das Beste,
was ich jemals gemacht habe. Dann das Schaufenster
dekoriert. Die Kuh, die der Maxl überraschend naturge-
treu getroffen hatte, prangte höchst effektvoll zwischen
Pyramiden von Käse und Semmeln.
Dann wurde Bier geholt und bei geschlossenen Läden das
frohe Ereignis oder vielmehr die Aussicht auf die frohen
Ereignisse gefeiert. Gegen ein Uhr wollte die Gräfin uns
entlassen, sie war in Angst, daß sie sonst die Zeit verschlafen würde, sie müsse um vier Uhr in der Frühe am
Platz sein. Sonst pflegte sie erst um elf Uhr aufzustehen.
Wir machten sie darauf aufmerksam, daß es sich überhaupt nicht mehr verlohne, zu schlafen, und so zogen wir
schließlich noch alle ins Luitpold. Sie war gar nicht wiederzuerkennen an dem Abend. Eine Art Feierlichkeit lag
über ihrem Wesen. ›Ja, Kinder, jetzt fängt der Ernst des
Lebens an‹, sagte sie mehrmals ganz ernst und weihevoll.
Schließlich steckte sie uns alle an, und in banger, erwar-
tungsvoller, beinahe andächtiger Stimmung brachen wir
gegen drei Uhr auf und geleiteten sie unter Absingen von
Chorälen – etwas bezecht waren wir alle – an die Stätte
ihres demnächstigen Wirkens. Sie hatte keine Ruhe mehr
gehabt zu bleiben, aus Furcht, es könne eingebrochen
und das Inventar gestohlen werden.
Endlich standen wir vor der Ladentür. ›Verlaßt mich
nicht in dieser Stunde‹, sagte sie ganz ergriffen, ›kommt
mit herein. Ich mach euch einen Kaffee.‹
Wir saßen im Zimmer hinter dem Laden und erwarteten
die schicksalsschwangere Morgenstunde. Die Dackel
schliefen vor dem Ofen. Unsere Gastgeberin hatte sich in
ihre zukünftige ›Millifrau-Uniform‹ geworfen, ein

schlichtes schwarzes Kleid mit blendend weißer Schürze. Du kannst dir gar nicht vorstellen, wie komisch sich das ausnahm bei ihren kurzen Haaren. Sie schien das selbst zu fühlen, stand lange nachdenklich vor dem Spiegel und meinte, wenn dies Geschäft sich rentiere, werde sie sich eine Perücke mit geradem Scheitel und einladenden Zöpfen kaufen, das ganze müsse einen solid bürgerlichen Eindruck machen. Endlich schlug es vier, dann halb fünf. Etwas später rollte ein Wagen vor und ein scharfes Klingeln ertönte. Die Dackel fuhren mit einem wahren Mordsgebell in die Höh'. Die Komtesse wurde leichenblaß: ›Um Gottes willen, haltet die Köter fest und macht keinen Lärm.‹ Sie warf mir die Reitpeitsche in den Schoß, war hinaus und schlug die Tür zu. Draußen hörten wir sie mit dem Kutscher verhandeln, dann eifriges Auf- und Abgehen im Laden, schweres Dröhnen von Gefäßen, Platschen, Klirren von Geldstücken und der Wagen rollte wieder fort. Sie kam wieder herein, ganz echauffiert: ›Die Milch ist da, nun müssen wir sie taufen. Wo mag nur die Wasserleitung sein?‹ Wir suchten und schließlich entdeckte der Maxl sie auf dem Flur in einer dunklen Ecke. Dann saßen wir wieder atemlos in unsrer Hinterstube. Es kamen wirklich Kunden. Die Gräfin platschte, goß und klapperte mit ihren Milchgefäßen, als ob sie ihr Leben lang nichts anderes getan hätte. Ich muß wirklich sagen, an dem Morgen hat sie uns kolossal imponiert. Wir waren ganz baff vor Bewunderung über ihr routiniertes Auftreten. Wir hatten leise die Tür halb aufgemacht und sahen zu, wie sie mit den Leuten verhandelte. Die Arme hatte sie in die Seite gestemmt und sah ganz zunftmäßig aus. Die Kunden betrachteten sie etwas erstaunt und warfen dann und wann einen noch erstaunteren Blick nach unsrer Tür. Als der Laden einen Augenblick leer war, drehte sie sich um und wurde wütend, als sie uns sah. ›Um Gottes willen, ihr verjagt mir ja die Leute. So eine bezechte Bande im Hintergrund, das sieht unsolid aus. Geht lieber nach Haus, ich komme dann abends ins Max.‹

Eben kam wieder eine dicke Frau mit blauer Kanne. Die Tür flog zu. Die Dackel machten einen Mordsspektakel, wir fielen über die Cognacflasche her, und der Hamlet intonierte mit Donnerstimme: ›Hoch soll sie leben!‹ Dann machte sie aber Ernst und warf uns hinaus. Wir mußten einzeln fortgehen, um kein Aufsehen zu erregen.

An dem Abend kam sie um halb elf ins Max. ›Das Geschäft geht brillant, aber müde bin ich zum Umfallen.‹ Sie strahlte, trank drei Tassen schwarzen Kaffee und stürzte wieder fort, um auszuruhen.

Acht Tage lang sahen wir nichts von ihr. Sie hatte sich unsere Besuche verbeten, ›um die dehors zu wahren‹. Dann kam eines Abends ein Dienstmann mit einem Brief: ›Kinder, bitte kommt auf einen Milchpunsch zu mir. Kommt möglichst vollzählig.‹

Wir erschienen in corpore und mußten circa zwanzig Liter nachgebliebene Milch in allen möglichen Gestalten vertilgen helfen. Die Komtesse machte einen ziemlich deprimierten Eindruck.

Sie zog mich beiseite und bat mich, die Inschrift auf dem Firmenschild in ›Humplmayrs Nachfolger‹ umzuändern. Sie glaube, die ›Gräfin‹ mache die Leute stutzig. Übrigens wollte sie jetzt noch einen Zeitungsverkauf und einen Schnapsausschank mit dem Milchgeschäft verbinden. Willy Stenzel, der Lithograph, der damals gerade keine Arbeit hatte, trat mit in das Geschäft ein. Er bekam dafür den Titel Kompagnon und seine Tätigkeit bestand im Vertilgen der nachgebliebenen Milch. Der Schnapsausschank wurde unter Diskretion im Hinterzimmer betrieben, weil die Konzession zu viel kostete, und florierte ziemlich. Willy entwickelte ungeahntes Talent zum Kellner und die blonde Luise Johannsen, die Ophelia aus Mecklenburg, mußte als Anziehungspunkt hinter dem Büffet sitzen und Buch führen. Wir andern erschienen gewissenhaft jeden Vormittag zum Milchfrühschoppen.

Das ging noch so vier Wochen, dann kam Neujahr.

Die Gräfin kam am Sylvesterabend bleich und verstört ins Café. Ihr Vorgänger im Geschäft hatte ihr einen fürchterlichen Streich gespielt. Er hatte an der nächsten Straßenecke wieder einen Milchladen aufgetan und die Kunden von ihr abgezogen. Sie hatte vergessen, wie es üblich ist, die diesbezügliche Bedingung im Kaufkontrakt festzumachen. Den Milchbezug hatte sie jetzt schon von zweihundert auf hundert Liter herabsetzen müssen, es gingen höchstens fünfzig pro Tag ab, und unsere vereinten Kräfte hätten nicht vermocht, des Restes Herr zu werden. Willy Stenzel war von dem unausgesetzten Milchkonsum schon so dick geworden, daß sein Arzt ihm eine Entfettungskur anempfohlen hatte. Das ›Zweistundenweib‹ zum Austragen war längst abgeschafft und die Komtesse lief morgens selbst treppauf, treppab mit Milchkannen, Semmeln und Zeitungen. ›Wenn ich nur einen Blick in meine Familiengruft tun könnte‹, sagte sie einmal ganz verzweifelt, ›um zu sehen, ob meine Ahnen noch auf der richtigen Seite liegen.‹

Die Schnapsproletarier waren noch ihre einzige Rettung. Sie wußte ihre Herzen zu gewinnen, indem sie sich zu ihnen setzte und mit ihnen Schnaps trank und jede Woche einmal ihren Namenstag kundgab, an dem sie die ganze Bande traktierte. Sie schickten ihr dafür ihre Frauen und Kinder zum Milchholen.

Wenn nur die Jahreswende erst überstanden war. Die Gräfin hatte alle ihre Gläubiger, und die sollen nach

Legionen gezählt haben, auf das brillant gehende Geschäft vertröstet. Wir alle zitterten mit ihr.

Die ersten Januartage verliefen noch ruhig. Aber das konnte die allgemein gedrückte Stimmung nicht heben. Am 5. oder 6. Januar begann es Rechnungen zu regnen. Eines Tages vermißten wir die Dackel. ›Ich hab sie dem Schreiner gegeben, der mir den Ladentisch und die Regale gemacht hat‹, sagte sie fast mit Tränen in den Augen. ›Und dem Spengler hab' ich sie auch versprochen, damit er einstweilen Ruh' gibt. Und dann war der Schnapslieferant da, dem bin ich an die 100 Mark schuldig. Der Kerl wollte mich denunzieren, weil ich ohne Konzession ausschenke, aber Willy und ich haben mit ihm gekneipt, bis er gerührt und versöhnlich abgezogen ist.‹

Wir versuchten sie zu trösten, aber es kam nicht recht von Herzen. Wir sahen ›la débâcle‹ herankommen und wußten nicht, wie man sie davor retten sollte.

Bald darauf kamen sie und Willy eines Abends ganz verstört zu uns. Die Komtesse war sichtlich nervös, sie warf die Reitpeitsche in die Ecke, pfiff den Dackeln, stieß dann einen tiefen Seufzer aus, als ihr einfiel, daß sie nicht mehr da waren. Dann setzte sie sich an den Tisch und sagte resigniert: ›Jezt haben wir den Dalles, wir sind ruiniert!‹

Der Kompagnon sah rotbackig und geknickt zu ihr herüber und erzählte dann, daß der Buchhändler die Komtesse auf Betrug verklagt habe; sie hatte schon längst keine Raten mehr für die Prachtwerke gezahlt, und als er dann die Werke selbst zurück verlangte, mußte sie zugeben, sie verkauft zu haben. Nun würde sie brummen müssen, und wer sollte dann das Geschäft führen? Willy kannte sich in der ›Branche‹ nicht genügend aus, und die Ophelia war zu faul. Heute schlief sie seit 24 Stunden, weil sie gestern in der Schnapskantine hat ausschenken müssen. Morgen sollte ihr gekündigt werden. Die ganze Tafelrunde war mit niedergeschmettert.«

Fritz Beier machte eine lange Pause und bestellte 2 Melanges.

»Nun und?« fragte Lichtwitz, während er in seinem Glase rührte.

»Ja, damit war die Geschichte eigentlich zu Ende. Der Krach war nicht mehr aufzuhalten. Es gingen noch ein paar Wochen hin, während denen sie unaufhörlich vor Gericht zitiert wurde. Der Schnapslieferant hatte sie sofort denunziert, nachdem er seinen Rausch ausgeschlafen, und die Schnapskantine wurde polizeilich aufgehoben. Ein paarmal hatten wir uns allesamt wegen nächtlicher Ruhestörung zu verantworten, denn weil keine Kunden mehr kamen, saßen wir schließlich Tag und Nacht im Laden und tranken Milchpunsch, um sie wenigstens noch etwas aufzuheitern. Willy war ganz verzweifelt. Die Komtesse tröstete sich noch damit, daß man vielleicht noch mit Vorteil betrügerischen Bankrott machen könne. Der Maxl hatte ein Pleitelied komponiert, das den ganzen Tag gesungen wurde. Ich sage dir, die Nachbarn standen oft scharenweise vor der Tür und vor den Fenstern und hörten dem Radau zu.

Schließlich wurde eines Tages das Inventar gepfändet und die Bude bis auf weiteres geschlossen.«

»Und sie, die Gräfin, was tat sie nachher?«

»Was sollte sie tun? An dem Abend, wie das geschehen war, waren wir natürlich wieder hier, und sie kam auch, schlug einmal wieder mit der Reitgerte auf den Tisch, was sie schon lange nicht mehr getan hatte, und verlangte einen Nervenreiz nach dem andern. Sie schien ganz aufgekratzt, aber wir wußten schon, daß sie nur so tat, die Geschichte war ihr doch sehr nahe gegangen. Als wir aufbrechen wollten, sagte sie: ›Na, Kinder, mich werdet ihr nicht so bald wieder sehen. Ich gehe ins Ausland. Sonst kann ich den ganzen Rest meiner kostbaren Jugendzeit hinter Schloß und Riegel sitzen. Ich habe einen ganzen Stoß von Vorladungen und Anklagen, die lasse ich euch zum Andenken da. Und meine Ahnen würden sich gar zu viel im Grabe umdrehen müssen, dazu habe ich doch noch zu viel Pietät. Ich gehe lieber fort.‹«

»Ist sie denn wirklich ins Ausland?«

»Wenigstens war sie fort. Sie soll damals irgendwo hier in der Nähe aufs Land gegangen sein, und die Münchener Polizei hat sie nicht ausfindig gemacht. Sie schrieb nie und ließ nichts von sich hören, um jede Spur zu verwischen. Man hörte nur hier und da noch irgendwelche Gerüchte über sie.«

»Schade«, sagte der ›jeune homme chic‹, »ich hätte sie doch gerne einmal wiedergesehen.«

»Wer weiß«, antwortete Fritz Beier tiefsinnig, »solche Existenzen tauchen immer mal wieder auf. – Zahlen« –

Das Jüngste Gericht*

Es war am Vorabend des Jüngsten Gerichts.

Petrus und der liebe Gott pflogen Rat miteinander. Sie waren in einiger Verlegenheit, wie die Sache gehen sollte.

»Petrus, wie soll es nur werden?« seufzte der liebe Gott. »Wir sind gar zu sehr aus der Zeitanschauung herausge-

---

* Als »Das Jüngste Gericht« 1897 im »Simplicissimus« erschien, erhob der Staatsanwalt gegen die Verfasserin Anklage wegen Gotteslästerung und beschlagnahmte die Nummer. Die Anklage wurde später zurückgezogen. Der Staatsanwalt Donnerschlag war wieder einmal zu voreilig gewesen.   Die Herausgeberin

kommen. Und da kommen nun alle diese modernen Menschen und sind eine ganz andere Art von Rechtsprechung gewöhnt und wir –«

Petrus hatte erst schweigend zugehört, dann seufzte er: »Gottvater, wir sollten einen Staatsanwalt zum Beistand haben. Siehst du, die Leutchen auf Erden können sich keine Gerichtsverhandlung ohne Staatsanwalt vorstellen. Und sie haben recht. Wer soll denn anklagen? Für dich schickt sich das nicht. Der oberste Richter kann doch nicht die Anklage führen. – Das Prinzip der Milde und Gerechtigkeit würde darunter leiden. Und ich? Man weiß ja, wie die Leute sind. Sie könnten mich für parteiisch oder am Ende gar für bestechlich halten. Und dann träfe es sich gerade gut. Gerade gestern haben wir einen Staatsanwalt in die Juristenabteilung des Fegefeuers bekommen. – Die Herren sollen ja heutzutage Kolossales in der Rechtsprechung leisten.«

Aber der liebe Gott wollte nicht recht dran. Er meinte, es müsse auch so gehen. Die Zuziehung eines Staatsanwalts sei ja doch im göttlichen Weltplan von Anbeginn nicht vorgesehen.

Sankt Petrus wagte nicht weiter zu widersprechen. Die Sache hatte ja auch immerhin ihre Bedenken.

Der Jüngste Tag brach an. Auf Erden herrschte ein furchtbares Durcheinander, die Erde drehte sich nicht mehr, die Sonne hatte aufgehört zu scheinen. Die Gräber taten sich auf, und mit Entsetzen sah man seine guten Freunde wieder auferstehen.

Die recht gesinnten Menschen erfaßten sofort die Sachlage und fingen an zu beten und sich zu bekehren. Die Lasterhaften und Verstockten dagegen beeilten sich noch, die wüstesten Gelage und Orgien zu veranstalten, weil sie in ihrem sträflichen Materialismus meinten, es sei ja nun doch alles vorbei.

Im Himmel war die Konfusion womöglich noch größer. Der liebe Gott und Petrus saßen vor ihren großen Büchern, suchten, zählten und verglichen um die Wette. Da waren die Geburts- und Todesregister, die Himmel-, Höllen- und Fegefeuerlisten. Da waren die Kontobücher – auf der einen Seite standen die Sünden, auf der anderen die guten und verdienstlichen Werke der Menschheit aufgezeichnet.

Manches Mal konnte der liebe Gott sich nicht durchfinden, und Petrus schlug das Gewissen. Die Buchführung war seine schwache Seite, und er hatte es manchmal nicht ganz genau damit genommen. Gewöhnlich hatte er sich dabei beruhigt, daß es am Ende gar nicht zum Jüngsten Gericht kommen würde.

Und nun war es da. – Kalter Angstschweiß trat dem armen Petrus auf die Stirn. Verstohlen blickte er zu Gottvater hinüber. Der legte gerade die Feder aus der Hand und sagte nach längerem Nachdenken: »Petrus, weißt du, ich glaube, die Idee mit dem Staatsanwalt wäre doch nicht ganz ohne. Wir finden uns da sonst nicht zurecht. Die Rechtsanschauungen haben sich gerade in letzter Zeit so sehr verschroben.« – Der liebe Gott versprach sich, er meinte verschoben – Petrus merkte es, aber wagte nicht, ihn zu verbessern.

Voller Freude suchte er den Schlüssel zur Juristenabteilung und begab sich ins Fegefeuer. Als er zurückkam, erschien mit ihm ein Herr in der üblichen Büßertracht, der mit kalten, unbestechlichen Blicken um sich schaute. Er stellte sich dem lieben Gott als Staatsanwalt Donnerschlag vor. »Freut mich, klingt sehr vielversprechend«, sagte der liebe Gott, die Verbeugung erwidernd, »Petrus, du magst einstweilen die Leute versammeln und eine provisorische Scheidung vornehmen, du weißt ja, die Schafe zur Rechten, die Böcke zur Linken.« – – »Wir pflegen uns hier nämlich bildlich auszudrücken, das ist so die Tradition«, fügte er zum Staatsanwalt gewendet hinzu.

»Sie, Herr Donnerschlag, sind wohl so freundlich, einstweilen die Register durchzusehen und sich etwas zu orientieren. Petrus hat Ihnen wohl schon gesagt, was uns veranlaßt hat, Sie um Ihren fachmännischen Beistand anzugehen. – Ich habe jetzt noch alle Hände voll zu tun. Auf Wiedersehen!«

– Der Gerufene setzte sich vor die Bücher, zog eine Miniatur-Westentaschenausgabe des Strafgesetzbuches hervor, las, schlug auf und machte Notizen.

Endlich war alles so weit. Das Jüngste Gericht konnte beginnen.

Petrus hatte die provisorische Einteilung in Gerechte und Ungerechte sehr geschickt arrangiert.

Die Gerechten begannen vorlaut ein Halleluja anzustimmen. Ein Teil der Verdammten betete und flehte um Gnade, andere tobten, ein paar alte Schiffskapitäne fluchten sogar. Als man es ihnen verwies, behaupteten sie, man gewöhne es sich im Fegefeuer an.

Die Glocke des Präsidenten erscholl, und der liebe Gott hielt eine der Gelegenheit angemessene Thronrede, in welcher er sein Programm kundtat. Dann stellte er der Versammlung den Staatsanwalt Donnerschlag vor, was mit allgemeinem Gemurmel begrüßt wurde. Herr Donnerschlag ignorierte diese zweifelhafte Kundgebung vollkommen. Er glaubte die Beförderung zum himmlischen Justizminister schon ganz sicher in der Tasche zu haben. Nun intonierte das Orchester »Heulen und Zähneklappern« nach einem eigens für diesen Tag von einer einflußreichen Persönlichkeit komponierten Motiv.

Petrus mußte das Buch des Lebens herbeibringen, und die Verhandlung konnte beginnen.

»Es geht nach dem Alphabet, Herr Staatsanwalt«, bemerkte der liebe Gott. – –

»Adam«, begann Herr Donnerschlag mit weithin vernehmlicher Stimme.

Ein Gemurmel äußersten Unwillens erhob sich von allen Seiten. Im Hintergrunde wurde sogar gezischt. Sankt Petrus konnte sich eines Lächelns nicht erwehren. Da standen sie ja, die beiden Sünder, die so viel Unheil angerichtet hatten.

Eva hatte die eine Hand, in der sie den berühmten Apfel hielt, auf dem Rücken versteckt und beide waren äußerst verlegen. Sie schienen sich in der großen Versammlung zu schämen, da sie so wenig anhatten.

»Passons là-dessus«, warf der liebe Gott in jovialem Ton ein und sagte dann leise zum Juristen, als er dessen Brillengläser verwundert auf sich gerichtet sah: »Entschuldigen Sie, Herr Staatsanwalt, mit Adam und Eva ist das so eine besondere Sache. Sie verstehen – der göttliche Weltplan –.«

Herr Donnerschlag wollte etwas entgegnen, aber jetzt hatte Eva sich halb umgewandt und warf ihm über die Schulter einen Blick zu, der ihn entwaffnete. »Gut denn, lassen wir die Sache ruhen, handelt sich ja auch nur um leichte Delikte – – Mundraub.«

Er murmelte noch etwas vor sich hin und fuhr dann mit der Verlesung fort:

»Abel! – hat sich früh der himmlischen Gerechtigkeit entzogen, indem er vorgab, von seinem Bruder Kain, einem notorischen Mordbuben, umgebracht worden zu sein. – Ich beantrage die Vorführung.«

Petrus und der Herrgott wechselten einen ratlosen Blick, aber Petrus faßte sich schnell und erklärte kurz und bündig, die Sache habe längst eine andere Aufklärung gefunden. Man habe Abel seinerzeit einen Abonnementsplatz im Himmel eingeräumt und er sei unbedingt unter die Gerechten zu klassifizieren, – was auch geschah.

»Bebel«, las der Staatsanwalt mit einem tiefen Seufzer der Befriedigung – endlich fing er an, sich heimisch zu fühlen.

»Gehört doch nicht hierher«, rief der liebe Gott entrüstet, »bitte im Alten Testamente fortzufahren.«

Petrus bekam einen zornigen Blick, diese unordentliche Buchführung. Es war wirklich zu arg.

Das eben aufgeflammte Feuer in den Augen des Staatsanwaltes erlosch. Enttäuscht und abgekühlt las er weiter: »Abraham«. –

Wieder wurde interpelliert. Der Himmelvater war hinter den Verlesenden getreten und raunte ihm zu:

»An Abraham dürfen wir nicht rühren. Bedenken Sie doch, der Stammvater des Volkes Israel. Sie begreifen, es sind die Prinzipien, die aufrechterhalten werden müssen.« –

Und die Musik spielte einen Tusch, während Abraham unangefochten zu den Gerechten passierte. Jakob und Esau machten einen Versuch, sich ihm anzuschließen, wurden aber zurückgehalten. Ihnen ahnte Schlimmes.

Jetzt wurde eine Schar verwilderter Zuchthäusler durch einen Gendarmen vorgeführt. Sie hatten rote Kokarden an den Hüten und sangen die Marseillaise. Es waren die Kinder Korah.

»Korah und Genossen«, begann Herr Donnerschlag, »mehrfach vorbestraft wegen Aufruhrs und Zusammenrottung.«

Es wurde beraten. Der Staatsanwalt beantragte lebenslängliche Höllenstrafe und Stellung unter Polizeiaufsicht wegen Gemeingefährlichkeit der in Frage kommenden Individuen. Auch seien denselben die bürgerlichen Ehrenrechte abzuerkennen.

Petrus warf sich zum Verteidiger auf. Er meinte, man müsse mit der noch besserungsfähigen Jugend nicht so hart verfahren. Aber Herr Donnerschlag hielt ihm entgegen, es könne der zunehmenden Entsittlichung und inneren Zerfetzung des Volkes durch dergleichen rot angehauchte Bestien nicht scharf genug entgegengearbeitet werden. Er wußte diese Anschauung so plausibel zu machen, daß einstimmig auf Vollstreckung des Urteils erkannt wurde.

Man machte kurzen Prozeß mit der Rotte. Die Höllenversenkung wurde in Tätigkeit gesetzt, und die Kinder Korah verschwanden mit einem Hoch auf die Anarchie in der Tiefe.

»Nun hat es doch endlich mal jeklappt«, ließ sich ein Eckensteher aus der Schar der Gerechten vernehmen. – Plötzlich entdeckte man, daß auch der Gendarm mitverschwunden war. Jemand wollte gesehen haben, wie ein Kind Korah ihn böswillig mit hinabgezogen habe.

Der Staatsanwalt beantragte Wiederaufnahme des Verfahrens, aber Petrus erklärte ihm, daß das bis zur nächsten Höllenrevision warten müsse. Augenblicklich würden weder die Angeklagten noch die Opfer vernehmungsfähig sein.

Herr Donnerschlag war just in seinem Element und begann Exempel zu statuieren, daß es eine Lust war. So wütete er mit verfassungsmäßiger Schneidigkeit durch die zwei Bücher Josua und das Buch der Richter hindurch, daß dem lieben Gott angst und bange wurde.

Heimlich rief er Petrus beiseite, um Rücksprache mit ihm zu nehmen.

»Petrus, was sollen wir machen, der Mann wächst uns über den Kopf. Dein Rat war gut, aber ich wollte, du hättest ihn mir nicht gegeben. – Wo der Donnerschlag nur all die Paragraphen hernimmt. Für jeden hat er einen, der für ihn paßt. Was sollen wir denn anfangen, wenn er an die Könige kommt mit den fatalen Weibergeschichten. Das gibt noch den reinen Kolonialskandal.«

»Es ist recht peinlich«, sagte Petrus nachdenklich. »Im schlimmsten Falle müssen wir den Teufel durch Beelzebub austreiben und – –«

»Das geht nicht«, antwortete Gottvater entsetzt, »das wäre doch zu mittelalterlich possenhaft.« – »Ich meine es ja nur bildlich«, sagte Petrus mit Würde. – Die Unterhaltung wurde jäh unterbrochen durch ein wüstes Getöse, Musik, Lärmen, Durcheinanderrufen.

»Um Gottes willen«, schrie Petrus, »sie sind schon bei David und wir haben nicht aufgepaßt.« –

Es hatte seine Richtigkeit. Schon hatte Herr Donnerschlag seine Anklagen vorgebracht, die in schwerer Menge auf den König von Israel herabregneten. David ließ sich aber nicht einschüchtern, sondern tanzte mit seinen Hofschranzen vor der Bundeslade, während das Getöse der Harfen, Zymbeln und Pauken durch den Himmel erschallte.

Petrus hatte seine schwere Mühe, alles wieder zur Ruhe zu bringen. Mehrmals mußte die Glocke des Präsidenten ertönen, bis die Verhandlung weitergehen konnte.

Nun begann Sankt Peter mit Gewandtheit die Verteidigung, aber es war ihm nicht möglich, den eklatanten Beweisen gegenüber durchzudringen, die Herr Donnerschlag auf den Tisch des Hauses niederlegte. Da war der Uriasbrief. Petrus und Gottvater konnten nur mit Mühe ihr Erstaunen darüber ausdrücken, wie der in die Hände der Staatsanwaltschaft gelangt sein konnte.

Der Staatsanwalt beantragte für den König David eine halbe Ewigkeit schwerer Höllenpein wegen Ehebruchs und Totschlag.

Vergebens suchte Petrus darzutun, daß Ehebruch Privatsache sei und nur auf Antrag des armen seligen Urias hätte verfolgt werden können, und daß man an dem Tode des letzteren doch nicht unbedingt den König beschuldigen könne. Derselbe habe nur angeordnet, daß Urias während der Schlacht an einem exponierten Platz Posten stehen solle. Das müsse jeder Soldat. Es könne hier also höchstens von einem *Dolus eventualis* die Rede sein.

»Der Petrus hat wirklich schon etwas profitiert«, dachte der liebe Gott, der ganz verwundert dem glänzenden Plädoyer zugehört hatte. Aber gegen Herrn Donnerschlag kämpfte selbst Petrus vergebens. Mit dem kostbaren Beweisstück, mit einem Hagel von Paragraphen und mit der festen Absicht, dem lasterhaften Judenkönig eins auszuwischen, trug der findige Mann des Rechts den Sieg davon, und das Unerhörte geschah. David mußte zur Hölle fahren. Für Sack und Asche war es zu spät. Nun hatten ihm alle seine Psalmen doch nichts geholfen. Verstimmt trat er die Fahrt an, mit seinen Zymbeln und Pauken zu einem letzten Tanz aufspielend.

Der ganze Himmel war skandalisiert. Petrus und der liebe Gott schauten sich verzagt an. Jetzt sollte Hiob dran kommen.

»Gottvater«, flüsterte Petrus, »laß mich nur machen, ich werde Rat schaffen.«

»Mach', was du willst«, sagte der liebe Gott ganz apathisch, »nur rette mir meinen Knecht Hiob.«

Sankt Peter entfernte sich schleunigst.

Während seiner Abwesenheit saß der liebe Gott wie auf Kohlen und mußte zuhören, wie der Staatsanwalt fortfuhr, ihm sein bestes Himmelsmaterial mit Hilfe dieses entsetzlichen Strafgesetzbuches zur Höllenware zu stempeln.

Hiob, der hart mitgenommene alte Mann, dem er, der Himmelsvater, längst ein Rentengut zugesichert hatte, wo er sich von den Strapazen seiner Heimsuchung erholen konnte, wurde der Majestätsbeleidigung geziehen. Und da sollte man noch ruhig sitzen und zuhören. Empört sprang der liebe Gott auf und übernahm dieses Mal selbst die Verteidigung:

Da hätte er denn doch noch ein Wort mitzureden. Die Sache sei überhaupt zwischen ihm und Hiob längst zur beiderseitigen Zufriedenheit beigelegt worden, da man sie nun aber noch einmal an die Öffentlichkeit gezerrt habe, so müsse er denn doch die Ansicht betonen, daß sich Hiob allerdings im Übermaß seiner Schmerzen einer Gotteslästerung schuldig gemacht, aber wenn er selbst, – Gottvater – – »Gotteslästerung mit Gefängnis bis zu drei Jahren bestraft, § 16,6«, warf der Staatsanwalt ein.

Der liebe Gott konnte vor Zorn nicht weiterreden, und der Staatsanwalt setzte nun auseinander, wie hier nach seiner Auffassung unbedingt eine Majestätsbeleidigung zu konstruieren sei, insofern als für Hiob in diesem speziellen Fall eine Identität der himmlischen und irdischen Staatsgewalt vorgelegen habe. – –

Petrus war inzwischen wieder erschienen. In seiner Begleitung erblickte man einen allgemein bekannten Nervenarzt, der seinerzeit auf Erden durch seine tiefsinnigen Lehren über Suggestion und Gegensuggestion manchen Raubmörder den Händen der strafenden Gerechtigkeit entrissen hatte.

Ein alter Russe mit Heiligenschein und apostolischen Allüren machte die Umstehenden auf die ausgeprägte Schurkenphysiognomie des neuen Ankömmlings aufmerksam.

Jetzt unterbrach Petrus den Staatsanwalt mitten im schönsten Reden, was dieser nicht gern sah, aber er hatte längst gemerkt, daß man es mit dem Alten nicht verderben dürfe. So ließ er resigniert die Zeugen abtreten. Es waren die drei Freunde Hiobs, die mit ihren langen Reden und weisen Bemerkungen die Versammlung schon aufs höchste irritiert hatten.

Es wurde eine Erholungspause gemacht und während derselben die landesüblichen Erfrischungen herumgereicht, welche aus Heuschrecken und wildem Honig bestanden.

Dann ertönte wieder die Glocke, und diesmal ergriff Petrus zuerst das Wort. Er redete erst von der hohen Bedeutung des Tages, sprach dann über Gerichtswesen im allgemeinen und über das Wesen des Jüngsten Gerichtes im speziellen, erwähnte ferner, daß eine nicht zu verkennende Mißstimmung über einige der heute gefällten Urteile in der Versammlung herrsche. – Einige scheelsüchtige Böcke hätten zwar triumphiert, aber unter den Schafen herrsche große Trauer. –

Hier lächelte Herr Donnerschlag satanisch. – Er, Petrus, mache deshalb den Vorschlag, daß ein Schwurgericht zusammentreten solle, das jedesmal nach eingehender Beratung den endgültigen Urteilsspruch zu fällen habe.

Ein beifälliges Gemurmel ging durch die Versammlung. Der liebe Gott atmete auf: Wenn man die Geschworenen richtig zusammenstellte, konnte Hiob noch gerettet werden. Und vielleicht waren auch noch Aussichten für David. Man mußte ihm sofort telephonieren, daß er Revision gegen das vorhin gefällte Urteil einlege.

Der Staatsanwalt protestierte heftig. Aber der Redner war noch nicht zu Ende. Nachdem der Beifall sich gelegt, fuhr er fort: er habe außerdem die Absicht, eine anerkannte ärztliche Autorität als Sachverständigen heranzuziehen – hier machte der Arzt eine tiefe Verbeugung gegen die Anwesenden. – Als Sachverständiger, der vor und nach jedem Urteilsspruch den Geisteszustand aller Beteiligten aufs genaueste zu untersuchen habe. Es sei in

letzter Zeit so oft nachträglich die geistige Zurechnungs-
fähigkeit eines Verurteilten oder seines Richters ange-
zweifelt worden. Hierzu komme noch, daß die Leute
durch den Aufenthalt im Fegefeuer sehr oft ihre geistige
Frische einbüßten. Man kann nicht nachsichtig genug
vorgehen. –

Ein rasender Beifallssturm machte den Himmel erbeben
und übertönte die Worte des Herrn Donnerschlag, der
sich Gehör zu verschaffen suchte. Er war der erste, der
sich der Untersuchung durch den skeptisch blickenden
Arzt unterziehen mußte, während Petrus und der liebe
Gott sich mit der Auswahl der Geschworenen beschäftigten. Die bewährte Einteilung in Böcke und Schafe wurde
auch hier festgehalten.

Als alles arrangiert war, wurde der Fall Hiob von neuem
aufs Tapet gebracht. Der Arzt stellte zeitweilige geistige
Störungen fest, an denen der alte Mann gelitten habe, und
die Geschworenen verneinten die Schuldfrage.

Das Urteil erregte allgemeine Befriedigung. Die Gerechten frohlockten, und manchem Verdammungskandidaten
wurde leichter ums Herz. Der liebe Gott telephonierte an
David, und der degradierte König beging in der Hölle
einen Freudentanz.

Herr Donnerschlag war außer sich. Seine Ausdrockswei-
se war fast unehrerbietig.

»Petrus«, sagte der liebe Gott leise zu diesem, »wir müssen sehen, ihn loszuwerden. Er macht sich unmöglich
und kompromittiert uns.«

»Nur abwarten«, meinte Petrus, »vielleicht können wir
ihn unter Kuratel stellen lassen.« –

Er nahm den Arzt beiseite und besprach sich mit ihm.
Aber sie wurden gleich wieder unterbrochen.

Ratlos stürzte der liebe Gott herbei: »Um Himmels willen, Petrus, wo bleibst du? Alles steht auf dem Kopf.

Nun sieh selbst, was du angerichtet hast mit deinen Geschworenen. Eben haben sie die Jesabel freigesprochen, und jetzt ist Kain dran. Den bringen sie mir womöglich auch noch in den Himmel, deine Geschworenen!«

Dem armen Petrus wirbelte der Kopf. Heute mußte auch alles schiefgehen.

Allgemeine Panik hatte die Versammlung ergriffen. Jesabel wandelte mitten unter den Gerechten und zog drei Foxterriers an der Leine hinter sich her. Vor den Geschworenen stand Kain mit rohen Landstreichermienen und leugnete hartnäckig. Seine Manieren hatten einen unangenehm arbeitslosen Anstrich.

Auch aus der Hölle ertönte wilder Aufruhr. David tanzte, und die Kinder Korah brachten ein dröhnendes Hoch auf das Proletariat der Zukunft aus. Nur der Geistesgegenwart Sankt Peters gelang es, die Situation zu retten. Er erklärte der gespannt aufhorchenden Versammlung, das Jüngste Gericht müsse unlösbarer Schwierigkeiten wegen einstweilen vertagt werden.

Alles atmete auf. Nur Herr Donnerschlag stand wie angewurzelt da.

Der liebe Gott begann die nötigen Befehle zu erteilen, und die himmlischen Heerscharen flatterten geschäftig hin und her.

Tausende von weißbeschwingten Engeln stießen in ihre Posaunen. Petrus drückte auf einen Knopf, und das große Schwungrad der Dynamo, die das Weltsystem zu bewegen hatte, begann sich langsam zu drehen. Mit donnerartigem Getöse fingen die Planeten wieder an, ihre vorschriftsmäßigen Bahnen zu wandeln.

Noch ein rasender Posaunenstoß, alles drehte sich – alles versank und verschwand. – – –

Mit einem lauten Ausruf des Schreckens fuhr der Rechtspraktikant Guido Kusbohrer aus dem Schlaf empor.

Neben seinem Bett rasselte der Wecker. Es war höchste Zeit aufzustehen, wenn er nicht zu spät in den Gerichtssaal kommen wollte. Er kleidete sich rasch an. Der Kopf wirbelte ihm. Seine erste Verteidigung – – Himmelherrgott, ob er seinen Klienten wohl durchbringen würde?

Das allerjüngste Gericht

Endlich sind wir in der Lage, unsern Lesern über den allgemein mit Spannung erwarteten Sensationsprozeß gegen Herrn A. L., Redakteur der illustrierten Wochenschrift Simplicissimus und die Gräfin R., Verfasserin der seinerzeit konfiszierten Humoreske: »Das Jüngste Gericht« zu berichten. Die genannten Persönlichkeiten standen bekanntlich unter der erdrückenden Anklage, in idealer Konkurrenz miteinander, nämlich Herr L. als Herausgeber der Zeitschrift und die Gräfin R. als Verfasserin des inkriminierten Artikels, ein erschwertes Verbrechen der Gotteslästerung im Zusammenfluß mit einem qualifizierten Vergehen wider die öffentliche Ordnung, im sachlichen Zusammenhang mit einem Vergehen des groben Unfugs, verübt durch die Presse, begangen zu haben.
Unser O-Korrespondent schreibt uns dazu:
Gestern fand die Verhandlung gegen L. und Genossen vor dem Schwurgericht bei dem K. Landgericht München XXVII unter ungeheurem Andrang des Publikums statt. Die von der Redaktion des Simplicissimus dazu versandten Einladungskarten – mit den sattsam bekannten Teufels- und Mopsplakaten geschmückt – wurden noch rechtzeitig konfisziert. Trotzdem war das Haus völlig ausverkauft.

Als Geschworene waren unter anderen ausgelost worden: der bekannte Münchener Volkssänger Papa Geis, der ebenso bekannte Vaterlandsredakteur und Partikularist Dr. jur. Sigl, der Oberkellner Fritz aus dem Wiener Café, der Wurzelsepp von der Oktoberwiese und verschiedene geistliche Herren. Als Sachverständige hatte die Verteidigung die schon einmal konfiszierten Herren Franz Wickelkind und Th. Th. geladen. Man hatte ihnen vorsichtshalber Handschellen angelegt. Von seiten der Staatsanwaltschaft war die Ladung der Herren von Köller und von Stumm beantragt. Die Herren hatten aber als anderweitig beschäftigt abgelehnt.

Die Inszenierung war einfach, aber geschmackvoll. Vorsitzender, Landgerichtsräte, Ersatzrichter, Staatsanwälte, Verteidiger – für alles war hinreichend gesorgt.

Die Verhandlung begann um 10 Uhr vormittags. Bereits eine Stunde früher waren die Angeklagten in einem geschlossenen Landauer von der Angerfrohnfeste unter Begleitung einer hinreichenden Gendarmeneskorte in das Gerichtsgebäude verbracht und sofort in den Schwurgerichtssaal geführt worden. Beide erschienen etwas angegriffen von der ausgestandenen Untersuchungshaft, aber geistig ungebrochen und nahmen mit voller Fassung ihren Platz auf der Anklagebank ein. Herr L. trug ein helles englisches Radfahrkostüm aus dem Warenhaus Tietz, das indessen durch die Untersuchungshaft sehr gelitten hatte, die Gräfin ein schwarzseidenes Reisekostüm mit Courschleppe und Brillanten. Sie war frisch vom Hofball weg verhaftet worden.

Vor Eintritt in die Verhandlung richtet der Vorsitzende ernste, eindringliche Worte an die Geschworenen. Die Erregung über die skandalösen Vorfälle, die heute zur Sprache kommen sollten, sei bis in die weitesten Kreise gedrungen. Es wäre nun höchste Zeit, die Erregung der breiten Massen einzudämmen durch ein der öffentlichen Meinung Genüge leistendes exemplarisches Urteil.

Als Überführungsgegenstände befanden sich auf dem Podium vor dem Richtertisch: 1) je eine in Leipzig morgens 7 Uhr seitens der Staatsanwaltschaft von der Presse weg beschlagnahmte Nr. 41 der illustrierten Wochenschrift Simplicissimus, gewöhnliche und Luxus-Ausgabe; 2) das Manuskript: Das Jüngste Gericht; 3) die Korrekturbogen, erste und zweite Korrektur; 4) die Feder, aus der das inkriminierte Machwerk geflossen sein soll; 5) der Anzug, den Herr. L. am Tage des Verbrechens trug; 6) einige Semmeln, die gleichzeitig mit der Nr. 41 des Simplicissimus ausgetragen werden sollten.

Die letzteren gingen von Hand zu Hand und wurden für ungenießbar erklärt. Beim Anblick der genannten Gegenstände steigerte sich die Aufregung im Publikum, das nicht wie sonst bei Sensationsprozessen aus der Hefe des Volkes bestand. Diesmal waren die hervorragendsten »Stützen der Gesellschaft« zugegen. Aber nicht nur bemerkte man die Vertreter der *haute finance* – nein hie und da gewahrte man auch den bedeutenden Kopf eines Akademieprofessors der älteren Richtung. Die Freunde und Abonnenten des Simplicissimus und andere Angehörige der Angeklagten konnten der Verhandlung nicht beiwohnen, da sie zugleich mit ihren Einladungskarten konfisziert, bzw. während der Dauer der Verhandlung in Haft genommen worden waren.

Die Erregung im Publikum blieb nicht ohne Wirkung auf die Angeklagten. Herr L. erblaßte sichtlich, und die Gräfin verlangte ein Glas Wasser, das ihr von einem Gerichtsdiener bereitwillig gereicht wurde. Der Vorsitzende mußte durch Glockenzeichen die Ordnung wieder herstellen.

Die geladenen Zeugen rekrutierten sich aus allen Ständen,

Gesellschaftsstreifen, Berufsarten, Geschlechtern und Lebensaltern. –

Zuerst erfolgte die Verlesung der Strafliste der Angeklagten. Beide sind vorbestraft, und zwar Herr L. wegen Hundesteuerhinterziehung des Simplicissimusmopses und die Gräfin wegen unbefugten Sechsspännigfahrens im Weichbild der Stadt. Mit Spannung folgt das Publikum diesen pikanten Details aus dem Vorleben der Angeklagten.

Wir geben das Verhör genau nach dem stenographischen Bericht wieder:

Vorsitzender: »Angeklagter L., ich mache Sie darauf aufmerksam, daß nur ein volles Geständnis Sie retten kann. Geben Sie zu, der verantwortliche Redakteur der illustrierten Wochenschrift Simplicissimus zu sein?« – Angeklagter: »Darüber kann ich mich nicht so ohne weiteres aussprechen.« – Vorsitzender: »Versteifen Sie sich nicht aufs Leugnen. Weshalb geben Sie den Simplicissimus heraus?« – Der Angeklagte greift in die Brusttasche, zieht eine vergilbte Nr. 1 des Simplicissimus, die er stets béi sich trägt, heraus und beginnt mit heftigem Pathos das Programmgedicht: »Simplicissimus spricht« zu verlesen:

»O Narrenspiel der bunten Wirklichkeiten,
   Was menschlich ist, versinkt – –«

Ein Entrüstungssturm im Publikum bricht los und schneidet dem Angeklagten L. jedes weitere Wort ab.

Vorsitzender (nachdem die Ordnung wieder hergestellt ist): »Geben Sie zu, die inkriminierte Humoreske ›Das Jüngste Gericht‹ bei F. Gräfin R. für Nr. 41 Ihres Blattes zwecks Veröffentlichung bestellt zu haben?« – Angeklagter: »Da hier eine Reichsgräfin im Spiel ist, kann ich mich als Kavalier hierüber nicht aussprechen.« – Vorsitzender: »Wo hielten Sie sich am Tage des Verbrechens auf?« – Herr L. versucht sein Alibi nachzuweisen, indem er aufs

genaueste angibt, in welchen Straßen Münchens er sich am Morgen bewegt hat. Der Verteidiger weist darauf hin, daß Herr L. sich zu jener Zeit in München aufgehalten hat, während das Verbrechen in Leipzig stattfand. Dieser Umstand entgehe zwar dem unbefangenen Beobachter, er bitte aber, ihn im Interesse seines Klienten in Erwägung zu ziehen. – Vorsitzender: »Angeklagter L., haben Sie dazu noch etwas hinzuzufügen?« – Angeklager (mit fester Stimme): »Nein.« Vorsitzender: »Sie geben also zu, durch Veröffentlichung des ›Jüngsten Gerichts‹ in idealer Konkurrenz mit der Gräfin R. ein erschwertes Verbrechen gegen die Religion, im Zusammenflusse mit einem qualifizierten Vergehen wider die öffentliche Ordnung, im sachlichen Zusammenhang mit einem Vergehen des groben Unfugs, verübt durch die Presse, begangen zu haben? Ich mache Sie noch einmal darauf aufmerksam, daß Sie durch ein unumwundenes Geständnis sich Ihr eigenes Schicksal sowie Ihren Richtern die schwere Aufgabe nur erleichtern können. Sind Sie geständig?« – Angeklagter (mit zuerst leise vibrierender, dann aber wieder fest werdender Stimme): »Nein.« –
Sensation unter den Zuhörern.
Nunmehr wird die Mitangeklagte, Gräfin R., aufgerufen. Vorsitzender: »Geben Sie zu, Mitarbeiterin der illustrierten Wochenschrift Simplicissimus zu sein?« – Angeklagte: »Ja.« – Vorsitzender: »Geben Sie zu, die Humoreske ›Das Jüngste Gericht‹ verfaßt zu haben?« – Angeklagte (nach einem Blick auf Herrn L. unsicher): »Ich erinnere mich dessen nicht genau.« – Der Verteidiger bemerkt hierzu, daß seine Klientin an hochgradiger Neurasthenie und zeitweise an lähmenden Zwangsvorstellungen leide. – Vorsitzender (mit Donnerstimme): »Angeklagte, erkennen Sie diesen Federhalter?« – Angeklagte (fährt zusammen): »O Gott!« – Vorsitzender: »Angeklagte, Sie

sind überführt worden. Wagen Sie noch zu leugnen, daß
Sie den Artikel verfaßt haben?« – Angeklagte (mit beben-
der Stimme): »Nein.« – Vorsitzender: »Sie geben also zu,
Verfasserin des ›Jüngsten Gerichts‹ zu sein? Ich bitte Sie
in Ihrem eigenen Interesse um ein volles Geständnis.«
Angeklagte: »Ja.« – Vorsitzender: »Damit sind wir bei
dem Schwerpunkt unseres Prozesses angelangt, der schon
so lange die öffentliche Meinung beunruhigt hat. Ich bitte
Sie nun, mir noch einige Fragen ohne Rückhalt zu beant-
worten. Welches Honorar erhielten Sie für die Humoreske?« – Angeklagte: »Ich schrieb den Artikel im Interesse
der Kunst und der Freiheit.« – Vorsitzender: »Das setzt
mich in Erstaunen. Ihre Arbeit wurde nicht honoriert?« –
Zwischenruf des Angeklagten: »Mit 54 Mark«, was die
Angeklagte auf Befragen zugeben muß. – Vorsitzender:
»Wer zeichnete für den Betrag?« – Angeklagte: »Herr
Horfiz Kolm oder Herr Wasserkopf, ich vermag mich
dessen nicht genau zu entsinnen.« – Vorsitzender (mit
erhobener Stimme): »Meine Herren, es liegt auf der
Hand, daß wir es hier mit den Hintermännern des Angeklagten L. zu tun haben. Sie werden den Nachforschungen der bewährten Münchener Polizei nicht entgehen.
Früher oder später wird es uns gelingen, dieses licht-
schéue Treiben an die Öffentlichkeit zu ziehen und zu
brandmarken.«
Im Zuhörerraum Rufe: »Lynchen! Lynchen!« Der Vorsitzende mahnt zur Ruhe.
Vorsitzender: »Meine Herren Geschworenen, nach dem,
was Sie jetzt selbst gesehen und gehört –«
Hier unterbricht der Staatsanwalt mit dem Antrag, noch
die Belastungszeugen vernehmen zu wollen. Als erste
Gruppe erscheinen die Setzer und Drucker der Druckerei
von Besse und Hecker in Leipzig. Sie treten gefesselt und
in Sträflingskleidung in den Saal.

Vorsitzender: »Sie wissen, warum man die Zeugnis-
zwangshaft über Sie verhängt hat?« – Zeugen (einstimmig): »Nein.« – Vorsitzender: »Sie haben den Druck der
Nr. 41 der illustrierten Wochenschrift Simplicissimus am
3. Januar morgens 7 Uhr fertiggestellt?« – Zeugen: »Ja.«
– Vorsitzender: »Haben Sie das Blatt gelesen?« – Zeugen:
»Nein.« Vorsitzender: »Hat die in der betreffenden
Nummer veröffentlichte Humoreske ›Das Jüngste Gericht‹ Ihre religiösen Empfindungen, Ihre deutsch-natio-
nale, königstreue Gesinnung und Ihren Sinn für öffentliche Ordnung und Sitte verletzt?« – Zeugen (einstimmig): »Ja.« – Der im Auditorium anwesende Chef der
Leipziger Druckerei tritt vor und erklärt, nicht mehr für
die inkriminierte Firma drucken zu wollen, worauf ihm
sein Personal wieder ausgeliefert wird.
Vorsitzender: »Meine Herren Geschworenen! Nach
dem, was Sie selbst gesehen und gehört haben, kann es
keinem Zweifel mehr unterliegen –«
Die Verteidigung interpelliert mit der Bitte, nunmehr
auch die Entlastungszeugen vernehmen zu wollen. Der
Gerichtshof lehnt diesen Antrag ab mit der Begründung,
daß die Entlastungszeugen sich nur aus Verwandten,
Freunden und Bediensteten der Angeklagten zusammen-
setzen. Auch droht das Interesse des Publikums an der
Verhandlung, die erst um 10 Uhr abends sich ihrem Ende
zu nahen scheint, zu erlahmen.
Der Verteidiger stellt noch den Antrag auf Vernehmung
der Sachverständigen Wickelkind und Th. Th. Der Antrag wird aber abgelehnt mit der Begründung, daß die
betreffenden Herren seinerzeit nur wegen Vergehens gegen die Sittlichkeit in Wort und Bild, nicht aber wegen
eines der hier in Frage kommenden Reate konfisziert
worden seien und mithin nicht als Sachverständige im
eigentlichen Sinne gelten könnten.

Nach Beendigung des Plaidoyers wendet sich der Vorsitzende zu längerer Ansprache an die Geschworenen, der er die übliche Rechtsbelehrung folgen läßt. Sodann ziehen sich dieselben zur Beratung zurück. Diese dauert 1½ Stunden, nach Ablauf welcher Zeit der Obmann der Geschworenen den gefällten Wahrspruch verkündet. Alle Schuldfragen werden mit mehr als sieben Stimmen bejaht und mildernde Umstände von vornherein kurzweg abgelehnt.

Der Staatsanwalt beantragt für jeden der Angeklagten je 1 Jahr Zuchthaus, Verlust der bürgerlichen Ehrenrechte bis 4 Jahre über ihren Tod hinaus und Zulässigkeit der Stellung der Angeklagten und ihrer Gräber unter Polizeiaufsicht. Der Verteidiger plädiert für milderes Strafmaß und Anrechnung der Untersuchungshaft auf die Strafen.

Der Gerichtshof erkennt nach dem Antrag des Staatsanwalts.

Die Angeklagten werden gefesselt und zu dem seit Mittag ihrer harrenden »grünen Wagen« geführt, der sie zur Verbüßung ihrer Strafe nach Stadelheim führen soll.

Inzwischen war es Mitternacht geworden. Dumpf erschollen die zwölf Schläge vom Turm der Frauenkirche. Und während noch die anderen Glocken der Stadt mit wechselnd hohen Stimmen darauf antworteten, geschah etwas Unvorhergesehenes. Man hatte vergessen, die inhaftierten Freunde und Abonnenten auf freien Fuß zu setzen. Nun hatten sie sich, da ihre Rufe nach Freiheit nutzlos verhallt waren, selbst befreit. Beim Anblick des grünen Wagens errieten sie alles.

Die Gendarmen überwältigen und die Pferde ausspannen war das Werk eines Augenblicks. Im Triumph wurde der grüne Wagen beim düsteren Schein von Pechfackeln und unter Absingung der Wacht am Rhein durch die schweigende Nacht nach Stadelheim gezogen.

Aufsätze zu Zeitfragen

1898–1903

Das Männerphantom der Frau*

Der Mann! – Einmal muß der Moment ja doch schließlich kommen – trotz der strengsten Mutter und der wachsamsten Tante – der Moment, wo »der Mann« nicht mehr hinwegzuleugnen ist und wo das junge Mädchen anfängt, etwas zu fühlen und zu begreifen, etwas – ja, wie soll man es definieren, dieses geheimnisvolle Etwas, die Vorempfindung des andern Geschlechts im eignen Blute?

Daß er, »der Mann«, existiert, hat man ja auch schon vorher gewußt, aber wie er existiert, wie er beschaffen ist, auf welchen Bedingungen sein Dasein sich aufbaut, weshalb, wozu und inwiefern er eben »der Mann« ist, das wird bekanntlich dem heranwachsenden Weibe so lange wie möglich verborgen gehalten.

Bis die Stunde der großen Offenbarung kommt, früher oder später. Und die Offenbarung wird jedem in anderer Form und Gestalt, je nachdem wie er – oder sagen wir in diesem Falle lieber: sie – und ihr inneres und äußeres Leben sich gestaltet. Es läßt sich das weder generalisieren noch spezialisieren, das eine wäre zu oberflächlich und das andere zu schwierig oder richtiger gesagt, einfach unmöglich. Es ist eben ein individuelles Erlebnis, das nur in seinen Folgen und Wirkungen an die Oberfläche tritt und auch da wieder in unterschiedlicher Form.

Im allgemeinen hat die Frau von heutzutage es aufgegeben, »Gretchen« zu mimen. Es liegt ihr nicht mehr und man verlangt auch nicht mehr danach. Damit soll jedoch

---

* Entstanden 1898 für die »Zürcher Diskussionen«

nicht bestritten werden, daß noch hier und da, wenigstens bei uns im lieben Deutschland, ein wirkliches unverfälschtes, fast möchte ich sagen, chronisches Gretchen vorkommt, das stille deutsche Mädchen, das in Gedanken, Worten und Werken stets auf dem vorgeschriebenen Wege bleibt, mit Scheuklappen vor den Augen und einem unerschöpflichen Vorrat von himmelblau und rosa gestreiften Illusionen durch die Welt geht, die böse Welt, die ihm selbst beim besten Willen nicht den Schmelz von den Flügeln zu streifen vermag.

Für diese verkörperte Jungfräulichkeit sind die Männer entweder Halbgötter oder Schurken. Das heißt, sie kennt und sieht nur die Halbgötter, aber sie weiß, daß es auch Schurken gibt, sie weiß es als historische Tatsache, die ihre Gefühlssphäre nicht weiter berührt. »Der Mann«, an den sie denkt, mit dem ihre Gedanken sich beschäftigen, von dem sie träumt, ist der Inbegriff alles »Großen und Edlen« – Er, der Herrlichste von Allen.

Es ist daher ein furchtbarer Moment, wenn sie schließlich doch einmal erfährt, daß alle Männer »so« sind. Das Mädchen mag vor solcher Erkenntnis behütet bleiben, einmal durch sein eignes Wesen und dann durch die tausend und abertausend Schranken, die Brauch und Sitte um sie her aufrichten, sie mag älter und selbst alt werden, ohne ihre Illusionen einzubüßen. Wird sie aber Braut und Frau, so ist es unvermeidlich, daß ihre Ideale Schiffbruch leiden. – Die Braut sucht in das Innenleben des Geliebten einzudringen, sich ein Bild davon zu machen, ihn ganz zu verstehen, und da stößt sie auf manchen Punkt, der dunkle Ahnungen in ihr erweckt, er möchte Gebiete durchwandert haben, deren Pfade nicht immer mit weißem Sand bestreut waren. Sie wehrt sich dagegen, sie will nicht daran glauben und hofft immer noch, daß doch vielleicht dieser eine, von ihr Auserwählte, anders ist wie die andern. Sie möchte wenigstens für sich noch einen Altar retten, an dem sie beten und das Weihopfer ihres Lebens vertrauensvoll niederlegen kann. Aber selbst, wenn sie diesen schönen Wahn noch mit in die Ehe hinüberrettet, als Frau erfährt sie doch früher oder später einmal etwas von der unvermeidlichen »Vergangenheit« des Gatten. Der Altar des unbekannten Gottes stürzt zusammen und an die Stelle des Idols tritt das Bild eines verzerrten Scheusals und das ist der Mann, ihr Mann – jeder Mann ohne Ausnahme.

Irgendwie muß der Schlag überwunden werden. Die einfachste Lösung aus diesem Konflikt, den wohl jede Frau, die ahnungslos in die Ehe tritt, durchzumachen hat, ist die praktische christliche. Mütter, Tanten und Pastoren sind jederzeit damit bei der Hand, wenn sie etwas von dem Sturm erfahren, der die Seele des armen Gretchens aufgewühlt hat: Man muß sich eben damit abfinden, es ist nun einmal der Gang der Welt. Das Weib soll und muß vergeben, immer wieder vergeben und mit seinem Überfluß von Reinheit die Mängel des andern ausgleichen.

Die einen ergeben sich in ihr Schicksal, als stille Frau an der Seite des Sünders auszuharren, und versuchen in tausendfacher Entsagung das zertrümmerte Götterbild wieder zusammenzuflicken, und wenn sie Mutter werden, in ihren Kindern die vernichteten Ideale wieder aufzubauen. Die andern wenden sich und werden »moderne Frauen«. Jede, auch die hypermodernste, hat wenigstens in frühester Jugend einmal ein ähnliches Gretchenstadium durchgemacht. Aber wer nicht zum chronischen Gretchen veranlagt ist, und das sind nicht viele, ist damit fertig, ehe die Heirat in Frage kommt. Das moderne junge Mädchen ist fast durch die Bank demi-vierge, wenn es die Schule verläßt. Es ist auch kaum anders möglich bei der starken

Betonung des Sexuellen – wie Laura Marholm* sagt: des »zentralen Gebietes«, die das Hauptcharakteristikum unserer Zeit ist. In Schule und Pension wird die Neugier geweckt und gesteigert, und dann bekommt man irgendwie einmal ein sogenanntes »schlechtes Buch« in die Hand, das auf dem Schreibtisch des Vaters entdeckt, oder von einem Bruder eingeschleppt wird. Man darf nicht in's Theater, wenn die »Gespenster« gegeben werden, und für 20 Pfennig kann man sie kaufen, um zu ergründen, weshalb das Verbot erlassen wurde. Oder die ältere Generation spricht sich bei einem Gesellschaftsabend mit Entrüstung über die Kreutzersonate aus – jeder Primaner besitzt sie und ist mit Freuden bereit, sie zum nächsten Rendez-vous mitzubringen. Und die demi-vierge verschlingt Ibsen und Zola und Hermann Bahr. – Immer intensiver wird der mit leisem Schauder untermischte Wissensdrang, das Wesen des Mannes zu ergründen, dieses unheimlichen Mannes, der sich in den Tiefen und Abgründen des Lebens bewegt, von denen wir nichts wissen dürfen. Es ist aus mit den Idealen und Illusionen, man will auch nichts mehr von ihnen wissen, man ist stolz, keine mehr zu haben, und will jetzt nur noch Wahrheit, möglichst krasse und detaillierte Wahrheit – alles wissen, alles begreifen. Und aus der theoretisch gestillten Neugier wächst eine rasende Empörung hervor, eine wütende Auflehnung gegen die »verlogene Gesellschaft«, die von uns verlangt, daß wir es mindestens den Engeln gleichtun sollen an Unschuld und Reinheit, nur um den sorgfältig gehüteten Schatz diesem Moloch von »Mann« in die Arme zu legen, – daß wir Perlen sammeln

---

* Laura Marholm, Pseudonym für Laura Hansson, geb. Mahr, geboren in Riga, lebte von 1857–1905, wurde als Schriftstellerin bekannt durch das Frauendrama »Karlina Bühring«.

sollen, um sie vor die Säue zu werfen. Das innerste Gefühl empört sich dagegen, es muß etwas geschehen, um die Weltordnung abzuändern, denn diese Weltordnung ist niederträchtig und empörend, der Mann hat die Kraft und das Recht auf alle Güter des Lebens, das Recht alles Große und Schöne zu vollbringen, wenn er Lust dazu hat, und ebensogut besitzt er die uneingeschränkte Freiheit, schlecht und gemein und lasterhaft zu sein, ohne daß ihm irgend jemand dreinzureden wagt.

Und sie gehen hin und werden Bewegungsweiber. Der Mann ist ihnen fortan etwas, das überwunden werden muß. Und das Bewegungsweib konstruiert sich ein seltsames Phantasiegebilde zurecht und sagt: das ist der Mann, so ist der Mann, wir haben ihn endlich erkannt. Er steht nicht über der Frau, wie man uns gelehrt hat, er ist durchaus kein Halbgott, ja nicht einmal ein interessanter Teufel. Er ist einfach borniert, denn er faßt die Frau nicht als selbständigen Menschen auf, sondern sieht in ihr immer nur das Geschlecht, das Werkzeug seiner schnöden Lust und seiner egoistischen Laune. O Gott, wie ist er überflüssig, dieser Mann, wahrhaftig, wir können ebenso gut ohne ihn auskommen, denn wir wollen nicht nur Weib sein, sondern vor allem freie selbstständige Menschen.

Sie betrachtet ihn nun entweder als Objekt der Verachtung, oder als Gegner, der aufs äußerste bekämpft werden muß, da man ihn ja leider nicht mit Stumpf und Stiel vom Erdboden vertilgen kann. In exceptionellen Fällen mag er vielleicht noch als Kamerad geduldet werden, aber wohlverstanden nur als Kamerad auf gemeinschaftlich menschlicher Basis (und das ist schließlich eine noch schwerere Verkennung des Mannes, wie wenn man ihn als Sünder und Lady-killenden Schurken auffaßt.)

Von allen diesen Frauen, die sich emanzipieren, um zu

beweisen, daß das Weib nicht inferior ist und bei jeder Gelegenheit betonen, daß sie im Gegenteil den Mann für minderwertig halten – von allen diesen Frauen hat wohl selten eine den Glauben an ihn durch Desillusionierung auf praktischem Wege verloren. Wo das vorkommt, schlägt die Frau andere Wege ein, um sich dafür zu rächen, daß sie angebetet hat, wo er nur genießen wollte. Da sie bei einem sogenannten »Fehltritt« – was ja meistens der Fall ist, wenigstens wenn es der erste war – den Kürzeren zieht, und schlecht dabei wegkommt, überträgt sie den Begriff des »gewissenlosen Verführers« von dem einen Mann im Speziellen auf die Männer im Allgemeinen, und wenn sie einen ausgebildeten »Weib-Instinkt« besitzt, sucht sie an anderen heim, was der Eine ihr getan. Sie wird alles daran setzen, in den Männern die Illusion über das Weib zu vernichten, weil ein Mann ihr die Illusion über sein ganzes Geschlecht geraubt hat.

Frauen sagen und schreiben oft seltsame Sachen. So Laura Marholm: »Unter den Frauen und nicht zum wenigsten unter den deutschen Frauen ist es sehr allgemein, daß sie den Mann nicht so feierlich nehmen, wie er sich's einbildet, und wie sie's ihm einbilden. Sie finden ihn komisch, nicht erst, wenn sie mit ihm verheiratet sind (sic!), sondern sogar schon, wenn sie in ihn verliebt sind. Die Männer wissen es gar nicht, wie komisch die Frauen sie finden . . .«, und weiterhin: »Besonders für das junge Mädchen ist der Mann ein ewiger Lachreiz mit einem Schauder darin.« –

Laura hätte richtiger getan, wenn sie ihr Werk »das Buch der hysterischen Frauen« betitelt hätte, anstatt es kurzweg »Buch der Frauen« zu nennen. Das junge Mädchen, für welches der Mann ein ewiger Lachreiz mit einem Schauder darin ist, gehört direkt in die Kaltwasseranstalt. Nach Marholm'scher Ansicht ist die Frau überhaupt die hysterische Sphinx par excellence und man kann den unglücklichen Mann nur bedauern, der sich mit ihr aufs Rätselraten einläßt. Es ist doch zum Mindesten originell die Frage über die Beziehungen zwischen Mann und Weib – die für einen normalen Menschen überhaupt keine »Frage« ist – lösen zu wollen, indem man an 5 oder 6 »exzeptionellen Weibnaturen« nachzuweisen sucht, daß sie sich noch viel exzeptioneller ausgewachsen hätten, wenn sie zur rechten Zeit den rechten Mann gefunden hätten. Es ist sonderbar, daß die Verfasserin, die doch den Mut gehabt hat, so energisch zu betonen, daß die Frau des Mannes nicht »entraten« kann, ohne schweren Schaden an Leib und Seele zu nehmen, eines fast ganz ignoriert, oder wenigstens nur en passant erwähnt, nämlich die Mutterschaft. Sie spricht von »dem Weibchen, das durch die Wälder rennt mit dem klagenden Ruf nach dem Gatten«, aber sie scheint – trotz der Behauptung, daß sie sich das Spiel des Lebens schon geraume Zeit hindurch angesehen hat – nicht dahinter gekommen zu sein, daß dieser intensive Schrei des Weibes nach dem Manne im letzten Grunde doch nichts weiter ist wie der Ausdruck des tiefen Verlangens nach Mutterschaft. Wenn es absolut notwendig war, ein Buch der Frauen zu schreiben, hätte man ihm als Motto das Wort von Nietzsche voranstellen sollen: »Alles am Weibe ist ein Rätsel und alles am Weibe hat nur eine Lösung: Schwangerschaft.« Der angebliche Weiberfeind hat das Weib besser verstanden wie es sich selbst jemals zu verstehen vermag, und es liegt ja auch in der Natur der Sache, daß ein Geschlecht immer nur vom andern Geschlecht richtig verstanden wird, niemals aber von dem eignen, das immer durch die subjektive Brille sieht. Das Weib, mag es geistig hoch oder tief stehen, normal oder »exzeptionell« veranlagt sein, seinem physischen Bau nach bleibt es doch immer zur Mutter geschaffen und daher ist die Bedeutung seines ganzen Geschlechtslebens mit seinen praktischen Konsequenzen eine ganz andere wie beim Mann. Er wird zum Mann durch die betätigte Erkenntnis des andern Geschlechts, das Weib hingegen wird niemals dadurch die Höhe seines Wesens erreichen, daß es einen oder mehrere Männer gekannt hat, sondern einzig und allein durch die Mutterschaft, die alle Funktionen seines Geschlechtslebens zur Entwicklung bringt. Im Gegensatz zu unserer Zeit, wo manche Frau sich gegen den Gedanken sträubt, Mutter zu werden, galt die Unfruchtbarkeit bei allen alten Völkern für eine Schande und wurde als Fluch der Gottheit angesehen, bekanntermaßen vor allem bei den Juden. Man denke an Laban's Werbung um Rebekka, die ihre Geschwister mit dem Wunsche ziehen ließen: Wachse in viel tausend mal tausend (1. Mose 24, 60). Bewußt oder unbewußt liegt hier die Idee zu Grunde, daß Kinderlosigkeit das Schlimmste ist, was einer Frau zu widerfahren vermag. Die Frau, die nach Laura Marholm Mutter werden kann, ohne eigentlich in das Geheimnis der Mannesliebe eingedrungen zu sein, ist weit mehr Geschlechtswesen wie die sterile »Geliebte und Gefährtin« des Mannes. Irgend jemand hat da sehr richtig bemerkt, eine Frau fängt erst dann an geistreich zu werden, wenn sie keine Kinder bekommt.

Zweifelsohne würden weit mehr verlassene Frauen ins Wasser gehen, wenn es sich nur um den Mann und die Liebe handelte, aber in Wirklichkeit gehen sie nur ins Wasser, wenn sie die Schande fürchten oder nicht wissen, wie sie das Kind durchbringen sollen. Eine Frau, die den Sinn des Lebens wirklich erfaßt hat, wird in dem Mann, der ihr ein Kind geschenkt und sie dann verlassen hat, nicht den Verführer und Verräter sehen. Es ist ja gewiß tausendmal schöner, wenn die wahre Liebe dazu kommt und dann ergibt es sich meistens von selbst, daß man beisammenbleibt, auch wenn »der Rausch verflogen« ist, aber es gibt auch Fälle, wo der Mann für die Frau – mag sie sich dessen bewußt sein oder nicht – nur das Mittel zum Kind ist, ebenso wie sie für ihn das Mittel zur Betätigung seiner Manneskraft war. Und wozu noch zusammenbleiben, wenn der beidseitige Zweck erfüllt ist? Es ist eine schwere Verkennung der menschlichen Natur, wenn man das zur sittlichen Forderung aufbauscht, was höchstens einen praktisch berechtigten Hintergrund haben kann. Und wenn die Frau in solchem Falle verständig genug ist, wird sie den Mann dafür segnen, daß ihr durch ihn das höchste Gut ihres Lebens zuteil geworden ist, und wird ihn ruhig gehen lassen, wenn die Verhältnisse es mit sich bringen. Zu dieser Verständigkeit sollte man die Frauen erziehen und sie ihnen praktisch ermöglichen. Aber statt dessen treibt die Gesellschaft, die sich davor scheut, für die unehelichen Kinder sorgen zu müssen, den Mann zur Prostitution und die Frau zum »Verbrechen gegen das Leben«.

Was bleibt dem Mann denn anders übrig, wie das Bordell aufzusuchen, wenn er nicht in der Lage ist, für eine Familie zu sorgen, oder für alle Kinder, die er zu zeugen vermag, Alimente zu zahlen? Und was soll die Frau tun, wenn sie sich weder der allgemeinen Verachtung, noch dem für ihre Konstitution fast übermenschlichen Kampf mit dem Dasein gewachsen fühlt, und noch dazu weiß, daß auch ihr Kind dafür büßen muß, wenn es die Frucht einer Sünde ist, die weder Standesamt noch Kirche zur christlichen Pflicht geadelt hat. – Der liebe Gott im Paradies wußte die Frage besser zu lösen. Als die Sache einmal geschehen war, machte er aus der Notwendigkeit eine Tugend, und aus Adam und Eva ein Paar, mit der Aufgabe, die Welt zu bevölkern und gab ihnen noch dazu die

Verheißung mit auf den Weg. Bei diesem System war das Strafgesetzbuch überflüssig. Unsere moderne Gesellschaft würde Verbrechertum und Degeneration vielleicht besser bekämpfen, wenn sie sich das zum Beispiel nähme. Wie man von jedem Mann, der im Staat verwendet werden soll, den Beweis seiner Fähigkeit verlangt, so sollte man von jeder Frau verlangen, daß sie wenigstens einmal im Leben ein Kind zur Welt bringt, und danach erst beurteilen, ob sie ein brauchbares Mitglied der Gesellschaft zu sein imstande ist. Aber die Welt hat sich nun einmal angewöhnt, sich verkehrt herum zu drehen, und dabei wird es wohl auch vorläufig bleiben.

Es ist bei alledem wahrhaftig kein Wunder, wenn die beiden Geschlechter sich verkehrt verstehen, und sich wunderliche Vorstellungen von einander machen. Und es ist so, wie die Verhältnisse liegen, ganz berechtigt, wenn man sie vor einander warnt, indem man seinem Sohn sagt: Hüte Dich vor den Weibern, und die Tochter beschwört: Nimm Dich vor den bösen Männern in Acht.

Ich möchte hier noch einmal auf Laura Marholm zurückgreifen, und im Gegensatz zu ihrer Theorie von dem ewigen Lachreiz die Behauptung aufstellen, daß die Frau im allgemeinen weit eher geneigt ist, den Mann tragisch zu nehmen – weit tragischer jedenfalls wie der Mann die Frau. Es mag ja manche Frau geben, die in einem bestimmten Mann, und zwar ist es meist der Gatte, nur den »guten Kerl« sieht, über den sie sich gelegentlich lustig macht, aber im Grunde imponiert ihr der Mann als solcher doch stets – vorausgesetzt, daß er die Bezeichnung Mann wirklich verdient. Es ist eben nur Mode, das um keinen Preis einzugestehen, damit »er« sich seiner Überlegenheit nicht allzusehr bewußt wird. Wozu sonst dieser verzweifelte Kampf um die Gleichberechtigung, das Suchen nach Beweisen, daß man es ihm gleichtun kann?

Und woher die Eifersucht? – Außer der Mutterliebe, die wohl die größte und tiefgehendste Umwälzung im Seelenleben der Frau hervorbringt (und die Mutterliebe ist ja doch auch ein Gefühl, dessen Urheber im letzten Grunde nur wieder der Mann ist), gibt es nichts, was die Grundelemente der weiblichen Natur so bis ins Tiefste hinein aufzuwühlen vermag, wie eben die Eifersucht. Und während naturgemäß das Weib in allem, was mit der Mutterschaft zusammenhängt, eine passive Rolle spielt, tritt mit der Eifersucht ein dramatisches Moment in ihr Leben ein, das sich bis zur wildesten Tragik steigern kann.

Beim Mann ist es mit der Eifersucht etwas ganz anderes; selbst in akuten Fällen wird dieser – vorausgesetzt, daß er das erforderliche Quantum von Selbstgefühl besitzt – sich niemals völlig von ihr hinreißen lassen, sei es auch nur aus Furcht, sich lächerlich zu machen. Und wenn er sich genötigt sieht, einzuschreiten, so wendet sein Zorn sich in erster Linie gegen das treulose Weib, und dann erst gegen den Nebenbuhler – auch wenn er sich genötigt sehen sollte, diesen zu »fordern«, resp. aus der Welt zu schaffen – weil es sich nun einmal so gehört. Das Weib dagegen will nur die Konkurrentin beseitigen, unschädlich machen. Der Mann, mag er noch so schuldig sein, sinkt dadurch nicht in ihren Augen – im Gegenteil, er steigt im Preis, weil auch andere auf ihn bieten. Und in diesem Kampfe – Weib gegen Weib um den Mann – ist es zu allem imstande, zu den raffiniertesten Intrigen, der gefühllosen Grausamkeit – sagen wir es nur offen heraus: zur größten Gemeinheit. Der Mann wird die Gattin oder Geliebte, die ihn betrogen hat, verlassen, vielleicht auch töten, wenn er zum Äußersten gebracht wird; die Frau dagegen hört nicht auf, zu lieben, weil sie hintergangen worden ist, sie geht bis zum Letzten und Furchtbarsten, um die verratene Liebe zurückzuerringen, und über »die

Andre« zu siegen. Es sind stets nur Frauen gewesen, die zum Vitriol gegriffen haben, denen die Eifersucht diesen hyperteuflischen Gedanken eingegeben hat, die Rivalin, wenn sie auf keine mildere Weise beseitigt werden kann, wenigstens durch Vernichtung ihrer Schönheit unschädlich zu machen.

Es ist auffallend, wie wenig die Literatur sich mit der Eifersucht des Weibes im großen Stil beschäftigt hat. Sie hat einen »Othello« geschaffen, aber wo ist die Feder, die das weibliche Gegenstück dazu zeichnen könnte? Ein Mann würde wohl schwerlich dazu imstande sein – und eine Frau wird es niemals tun, darf es auch eigentlich nicht tun, weil sie sich und ihr ganzes Geschlecht in seiner grausamsten Blöße an den Pranger stellen müßte. Und alles das ist nur wieder ein Beweis, ein wie mächtiger Faktor der Mann im Leben der Frau ist. Er vermag das Wahrste und Beste, was in ihr schlummert, wachzurufen, er führt sie in die tiefe, süße Tragik hinein, die dem Liebesleben jeder Frau zu Grunde liegt. Und dafür zeigt sie sich auch ihm gegenüber – sobald sie wirklich das an ihm findet oder zu finden glaubt, was der Halt-und Mittelpunkt ihres Lebens ist – von ihrer schönsten und glücklichsten Seite – treu und opfermütig, tapfer und offen – dieselbe Frau, die irgend ein anderes Weib mit dem tödlichsten Hasse verfolgen kann.

Man denke z. B. an Rebekka West in »Rosmersholm«, die vor keinem noch so verbrecherischen Mittel zurückscheut, bis sie es endlich soweit gebracht hat, das verhaßte Weib des geliebten Mannes in den Tod zu treiben, und die gleichzeitig diesem Manne gegenüber an Liebe und Aufopferung nicht ihresgleichen findet.

Die Freundschaft zwischen zwei Frauen ist daher etwas unendlich seltenes, und nur dann möglich, wenn kein Mann in Frage kommt, also in Fällen, wo entweder jede einen hat, oder keine einen hat. Eine von den wenigen, die den Mut gehabt hat, in Bezug auf ihr eigenes Geschlecht der Wahrheit die Ehre zu geben, hat gesagt: »Ein Weib ist niemals offen und ehrlich gegen ein Weib, legt niemals ganz das Visier ab, sondern ist stets auf ihrer Hut, vorsichtig, berechnend, hinterlistig, verschmitzt – weil sie die tausend kleinen Mittel der Täuschung und Verstellung, die sie im Leben und in der Liebe braucht, auch bei ihresgleichen vermutet.«

Und wo bleibt bei all' dieser Tragik der »Lachreiz«? Es ist jedenfalls nur ein sehr bittersüßes Lächeln, mit dem die Frau sich über den Mann im allgemeinen lustig macht, oder ein Theaterlächeln, das über den schweren ernsten Kampf, der dahinter steckt, hinwegtäuschen soll.

Am gescheitesten handeln demnach wohl schließlich noch diejenigen, die den Mann überhaupt nicht »aufzufassen« suchen, sondern einfach den gegenseitigen sexuellen Standpunkt praktisch zur Geltung bringen. Es geschieht dies allerdings schwerlich aus Gescheitheit, denn die gescheitesten Frauen sind gewöhnlich nicht die erotisch veranlagtesten, sondern einfach aus Instinkt, und der Instinkt ist bekanntermaßen in allen Lebenslagen der sicherste Führer, weil er nicht durch Erwägungen und Reflexionen getrübt wird, und die Frau läßt sich im Allgemeinen weit mehr von ihm leiten wie der »denkende Mann«.

Aber das Weib mit dem normalen, unverkümmerten, unentwegten Geschlechtsinstinkt – wo ist das zu finden? In der guten Gesellschaft ist es eine Ausnahme und gilt für eine Abnormität, und selbst das mythische »Weib aus dem Volk« mit 7 unehelichen Kindern besitzt ihn vielleicht in weit geringerem Maße, wie man dem Anschein nach glauben möchte. In der Kokotte, dem »Mädel« und der Lebedame aus fin de siècle–Kreisen, da vielleicht noch am ehesten ist »das Weib« zu finden, das absolute Weib, das den Mann am besten kennt, und am richtigsten zu beurteilen und zu nehmen weiß. Das »lasterhafte« Weib hat oft mehr richtiges, ja sogar mehr Feingefühl auf dem Geschlechtsgebiet wie die beste Gattin und das keuscheste Gretchen, denn grade kraft seiner Lasterhaftigkeit, das ist: vielseitigen Kenntnis der Männer, sieht es in ihm weder den Übermenschen, noch den Schurken, sondern einfach »den Mann«, nicht als X, sondern als feststehende, gegebene Größe, ohne welche das Exempel nicht aufzulösen ist.

Es mag das vielleicht wie ein Widerspruch zu dem vorhin über die Mutterschaft und die daraus hervorgehenden Empfindungen Gesagten klingen, weil man sich den Typus der grande amoureuse gewöhnlich nicht mit dem der Mutter vereint zu denken pflegt. Aber einmal ist das Leben überhaupt so reich an Widersprüchen, daß es schwer ist vom Leben zu reden, ohne sich hier und da in einen Widerspruch zu verwickeln, und in diesem Falle liegt er überhaupt mehr in der Idee und der allgemeinen Annahme wie in der Wirklichkeit.

Man kann oft genug beobachten, daß gerade Frauen, die viel geliebt und gelebt haben, die besten Mütter werden. In Japan gelten die Mädchen sogar für die geeignetsten Ehefrauen, wenn sie eine bestimmte Anzahl von Jahren in den Teehäusern zugebracht haben, und die Teehäuser bedeuten etwa dasselbe, wie eine Berliner Kneipe mit Damenbedienung. Schließlich sei noch auf die moderne Literatur hingewiesen. Ich erinnere nur an Zola's »Nana«, den Typus der »feilen Dirne«, die durchaus nicht ohne Muttergefühl für ihren kleinen Louison ist, und während einer nochmaligen kurzen Schwangerschaft, – um sich im Pastorenjargon auszudrücken: »besseren Regungen zugänglich« ist; ferner an Prevost's »Zabeau«, welche die Liebe zu ihren Kindern an die Grenze des Wahnsinns bringt.

Man pflegt gewöhnlich anzunehmen, daß eine Frau, die viel mit Männern zu tun gehabt, dadurch überhaupt ihre Weiblichkeit einbüßt, und naturgemäß müßte doch gerade das Umgekehrte der Fall sein. – Dazu kommt noch das Geschrei nach Abschaffung der Prostitution, die doch das einzige Mittel ist, die Gesellschaft einigermaßen so zu erhalten, wie es allen wünschenswert erscheint. Wie schon oben gesagt, bleibt dem Manne nichts anderes übrig, und die Erfahrung zeigt, daß die Männer im Großen und Ganzen auch durchaus nicht gewillt sind, die Prostitution abzuschaffen. Es sind fast immer Frauen, die dafür eintreten, und zwar meistens solche, die das Leben vom Teetisch aus beurteilen. Trotzdem ist es eine Frau gewesen, Pauline Tarnowskaja*, die Mitarbeiterin Lombroso's, die auf Grund umfassender anthropometrischer Untersuchungen an Tausenden von Prostituierten die natürliche Prädestination zur Prostitution festgestellt hat; wie man ja bisher immer an die Prädestination des »Genies« als unumstößliche Tatsache geglaubt hat. Sie hat damit also bewiesen, daß die Natur selbst den Typus »Prostituierte« liefert.

Wer sich gegen diesen wissenschaftlichen Beweis sträubt und dabei bleibt, daß die Prostitution in direktem Gegensatz zu der eigentlichen Natur des Weibes steht, der tue einmal die Augen auf, um zu sehen, wie zahllose »anständige« und geachtete Frauen in der Ehe vollständig das Leben einer Prostituierten führen mit dem einzigen Unterschied, daß es nur ein Mann ist, anstatt mehrerer, dem sie sich tagtäglich ohne Liebe und ohne Sinnlichkeit hin-

---

* Pauline Tarnowskaja, »Etude anthropométrique sur les prostituées«, Paris 1887

geben, und der sie dafür versorgen muß – ohne daß sich ihr Gefühl jemals dagegen empört.

Selbstverständlich wäre es sehr töricht und zwecklos, ihnen das irgendwie zum Vorwurf zu machen, ebensowenig wie man es dem Mann verargen kann, wenn er die Frau so nimmt, wie sie sich ihm darbietet. Und grade darin liegt der Grund, weshalb die Frauen das Wesen und die Handlungsweise des Mannes oft so gänzlich mißverstehen – eben weil sie selbst sich nicht richtig zu geben und hinzugeben wissen.

Und das führt mich in Versuchung zum Schluß noch einmal Nietzsche zu zitieren: »Es ist ein Kind im Manne, das spielen will, auf, ihr Frauen, so entdeckt mir doch das Kind im Manne.«

NB!* Es erscheint hier ein seltener Vogel, und er hat einen goldenen Ring im Schnabel. Gräfin zu Reventlow, eine Angehörige des höchsten nordischen Adels, deren Vorfahren noch vor 100 Jahren den dänischen Thron inne hatten, diese hübsche, tapfere und mutige junge Frau hat mit dem feinen Instinkt, der gerade diesen Nachkommen aus einer vielhundertjährigen sorgfältigen Menschen-Auslese oft innewohnt, das Heraufkommen einer neuen Zeit gewittert und hat ihre Sache, ihr Talent, ihre Schönheit in den Dienst der neuen Bewegung der Geister gestellt, von der die Literatur nur einen Teil bildet. Gleich jenen Damen aus der höchsten französischen Aristokratie am Ende des vorigen Jahrhunderts, vor Beginn der französischen Revolution, hat sie ihr Wappen-Schild hingeworfen, den verrosteten Schlüssel zu ihrer Burg abgegeben, auf die tiefen Verbeugungen verzichtet und

---

* Dieser Absatz stammt wahrscheinlich aus der Feder von Oskar Panizza.

ging – ähnlich wie die Gräfin von Butler-Haimhausen, die Gräfin von Dennewig u. a. – unter das Volk, um die Sache der Gesamtheit zu ihrer eigenen zu machen. In dem Moment, da sie merkte, daß die Aristokratie des Blutes durch die Aristokratie des Geistes abgelöst werde, stellte sie sich sofort dem Aufgebot und erschien als Amazone in den Reihen der Schriftsteller, der Dichter und der Artisten, wo man sie mit Verwunderung betrachtete. Inzwischen ist sie auch schon konfisziert worden und hat so die Feuertaufe empfangen. Wenn zwei dasselbe tun, so war es auch hier nicht dasselbe. Solche Menschen sind eben ganz eigentümliche Streiter! Sie zwingen mit ihrem Namen eine ganze Vergangenheit, für die neue Sache zu streiten. Alle diese illustren Ahnen müssen nun nolens volens für die neue Bewegung Zeugnis ablegen. Denn woher stammt sie denn, diese Gräfin? Welcher Leute, welcher Leben, welcher Schicksale Endprodukt ist sie? Da wir heute wissen, daß kein Gedanke, kein Gedankenhauch, einer menschlichen Seele aufgeklebt, aufoktroyiert werden kann, wenn sie ihn nicht, wenigstens als Keim, von ihren Ahnen mitbringt: Welcher Gedanken letzte Konsequenz ist sie unweigerlich? . . . Also rühren Sie sich, meine Herrschaften, in Ihren Gräbern! – Natürlich erheben die noch lebenden, im aristokratischen Hühnerhof zurückgebliebenen, Gänschen voll Entsetzen ihre weißen holdseligen Flügel und blicken mit gespenstischen Augen und offenen Schnäbeln auf diese mutatio rerum . . . Wir aber begrüßen mit herzlichem Händedruck diese neue Streiterin, die, wie im deutschen Volksmärchen, mit ihrem »Schwan kleb' an!« alle bezaubert, wohin sie kommt, und rufen ihr entgegen: Heil!

Viragines oder Hetären*

Darüber, was Frauen ziemt, sind die Ansichten wohl noch nie so weit auseinander gegangen wie in unseren Tagen, wo die Emanzipation und gleichzeitig die Modernität auf erotischem Gebiet immer weitere Kreise zieht und diesen beiden gegenüber hartnäckiger wie je das Philistertum auf seinen Zopfanschauungen und Zopfgebräuchen beharrt, wie die bekannte hypnotisierte Henne, die sich nicht traut, über den Kreidestrich hinauszugehen.

Und all diese verschiedenen Anschauungen und ihre verschiedene Betätigung rufen allgemeine Streitstimmung hervor und verwirren manches harmlos neutrale Gemüt. Und wer hat Recht und wer hat Unrecht – und was ist hier das Rechte und was das Unrechte? – so hallt es hin und wider, denn wir ordnungsliebenden Europäer halten es nun einmal für notwendig, das bei jeder Gelegenheit festzustellen.

Natürlich ist keine der streitenden Parteien auch nur einen Augenblick darüber im Zweifel, daß ihre Ansicht die allein seligmachende ist. Diese Überzeugung gehört ja überhaupt zum Begriff einer »Partei«, wie die Schale zum Ei. Das einzige, worauf es in Wirklichkeit im realen Leben ankommt, ist: ob man als Partei stark genug ist, um die anderen Parteien unterzukriegen und mundtot zu machen.

---

* Der ursprüngliche Titel, den die Verfasserin diesem Aufsatz gegeben hatte, hieß »Was Frauen ziemt«. Der Herausgeber der »Zürcher Diskussionen«, Oskar Panizza, änderte ihn um in »Viragines oder Hetären«. Er erschien 1899.

Im großen und ganzen ist das Philistertum bis jetzt wohl noch immer die stärkste geblieben und wird es wohl auch immer bleiben, denn Ruhe, Ordnung und »erbärmliches Behagen« ist das, was den Menschen im allgemeinen am meisten imponiert und ihnen als erstrebenswertestes Ziel des Lebens gilt.

In den Schichten der Gesellschaft, die man innerlich und äußerlich zum Philistertum, zur Bourgeoisie rechnen kann, ist man sich völlig klar darüber, was der Frau ziemt und ansteht. Da gibt es keinen Zweifel und keine entgegengesetzten Meinungen. Vor allem handelt es sich darum, daß das Leben möglichst glatt und anständig ohne lärmende Konflikte abläuft. Die erste Bedingung dazu ist, daß von der Frau möglichst wenig Wesens gemacht wird. Daß sie sich ihren tadellosen Ruf bewahrt und einen gutsituierten Mann, also eine auskömmliche Versorgung, bekommt. In diesen zweien Geboten hanget das ganze Gesetz und die Propheten.

Als kleines Mädchen artig in die Schule und manierlich mit Eltern oder »Fräuleins« spazieren gehen, als großes Mädchen je nach den Verhältnissen als Nutzobjekt oder Dekorationsgegenstand im Hause figurieren, als Braut sittlich errötend an der Aussteuer nähen, als Frau dem Gatten sorgend und liebend zur Seite stehen, den Pflichten des christlichen Ehebettes nach bestem Vermögen nachkommen und ihre Kinder zu der selben trostlosen Lebenslangeweile erziehen. Klar und deutlich ist der Weg ihr vorgezeichnet, etwaige Freiheits- oder Lustbestrebungen werden rechtzeitig unterdrückt. Wo sie aber dennoch die Oberhand behalten wird, wird das räudige Schaf baldmöglichst aus der Gemeinde entfernt – zur Freude der Gottlosen, denen ein Sünder lieber ist wie 99 Gerechte.

Ein zweifellos interessantes Gebiet wie das eben berührte, ist die Emanzipation – dieses Heer von bewegten und bewegenden Frauen, die statt Kochlöffel und Nähnadel das Schwert der Rede und Agitation ergriffen haben und der ganzen Welt zum Trotz sich selbst und ihre Mitschwestern »befreien« wollen. Befreien – wovon und wozu? – Von der Sklaverei des Mannes, unter der das Weib seit Jahrhunderten schmachtet – so lautet immer die übliche Antwort. – Von der sozialen und geschlechtlichen Sklaverei. Die Frauenbewegung hat, wie alle Dinge, ihre zwei Seiten. Das Streben, die Frauen der arbeitenden Klasse aus ihrer Misere zu befreien, ihnen bessere Lebensbedingungen, höhere Löhne zu schaffen, sich der Kinder und Wöchnerinnen, besonders der unehelichen, anzunehmen, alles das ist der sogenannte berechtigte Verkehr der ganzen Bewegung, dem wohl kein vernünftig und human denkender Mensch seine Anerkennung versagen wird. Es sind das Gebiete, wo ein Zusammenwirken männlicher und weiblicher Kräfte geboten ist und durch dasselbe gewiß unendlich viel geleistet werden kann. Aber die »kämpfenden Frauen« würden sehr empört sein, wenn man ihnen zumuten wollte, sich darauf zu beschränken. Die Hauptkraft der redenden, schreibenden und agitierenden Bewegung konzentriert sich auf die Befreiung der gebildeten, gut situierten Frau, auf den Kampf um die Gleichberechtigung und Gleichstellung der Geschlechter, die durch höhere geistige Schulung der Frau, durch Errichtung von Mädchengymnasien, Zulassung zum Studium und zu den verschiedenen Berufen erreicht werden soll.

Die extremsten Bewegungsdamen haben die Behauptung aufgestellt: Das Weib kann alles, was der Mann kann, es ist nur durch jahrhundertelange Unterdrückung und Gewohnheit um die Möglichkeit zu physischen und geistigen Kraftleistungen gebracht worden.

Man stelle doch nur einmal einen wirklich normalen Mann und ein wirklich normales Weib, wie sie Gott erschaffen hat, nebeneinander und frage sich: Können zwei Wesen, die so verschieden geartet, gebaut, in jeder Beziehung so verschieden konstruiert sind und so verschieden funktionieren – können diese zwei Wesen jemals gleichberechtigt, d. h. mit dem gleichen Erfolg zur gleichen Betätigung gebracht werden? Hat es irgendeinen Zweck und würde es sich in irgendeiner Beziehung lohnen, das zu versuchen, eines von ihnen nach dem andern zu motivieren, die Geschlechtsunterschiede, die alle andern bedingen, zu verwischen, damit eines dem anderen ähnlicher wird? – Wozu hat die Natur denn überhaupt männliche und weibliche Wesen mit ihrer ewigen Verschiedenheit hervorgebracht? Wozu der anatomische Unterschied, der den Mann von vornherein zum Angreifenden, Ausübenden und das Weib zum Empfangenden, sich Unterwerfenden macht?

Die geschlechtliche Attacke ist die Urleistung des Mannes, die er auszuüben vermag, und von der aus sich sein ganzes Wesen und seine ganze Stellung in der Welt gebildet und entwickelt hat. – Das Weib erwartet, verlangt sie, gibt sich ihr hin. Das ist seine Funktion. Und warum soll in dieser äußerlich passiven Rolle etwas Erniedrigendes liegen? Für diejenigen Frauen, die der Psychiater als *natura frigida* bezeichnet, mag es ja sein. Gut, so soll sie es eben bleiben lassen. Aber für jedes wahrhaft erotisch empfindende Weib liegt gerade ein unendlich feiner Reiz darin, den stärkeren Gegner im Liebeskampf anzureizen, zu versuchen und sich ihm dann im selbstvergessenen Rausch zu schenken. Und sie wird im entscheidenden Augenblick durchaus nicht das Gefühl einer Niederlage haben – im Gegenteil, die Bejahung des Lebens ist immer ein Siegesgefühl.

Wir haben vorhin gesagt, daß das Wesen und die Stellung des Mannes im großen und ganzen durch eine Urleistung bestimmt wird. Alle Angriffspositionen und Angriffsberufe haben von jeher ihm zugehört, Soldat, Preiskämpfer, Politiker etc. Es heißt nicht umsonst im Sprichwort: »den Mann stellen«. Es wird niemand in den Sinn kommen, stattdessen zu sagen: »das Weib stellen«, oder »den Menschen stellen«.

Ähnlich verhält es sich auch mit anderen, auf anatomischen Unterschieden begründeten Leistungen, z. B. dem Baß- und Tenorsingen, das auf der Geschlechtsdifferenz des Kehlkopfes und der Stimmbänder beruht, oder dem Schnellaufen, das auf der senkrechten Stellung der Oberschenkel beim Mann beruht. – Mit der häufigeren Übung im Angriff und in allen gewaltsamen Leistungen ist dann selbstverständlich auch eine höhere Ausbildung (und Vererbung) der physischen Kraft und Muskulatur gegeben.

Wir wollen gewiß nicht bestreiten, daß es manche Leistungen gibt, deren beide Geschlechter fähig sind, wie mächtige Muskelanstrengungen, Holzspalten, Wassertragen, überhaupt alle häuslichen Arbeiten, die ja immerhin ziemliche Kraft erfordern, auch Radeln, Berge steigen etc. Wo es aber auf schwere körperliche Leistungen ankommt, liegt die Sache doch wesentlich anders. Man braucht ja nur einmal diese schwerarbeitenden Frauen der unteren Stände anzuschauen, die außerdem noch jedes Jahr ein Kind zur Welt bringen, um einzusehen, daß der weibliche Körper dem nicht gewachsen ist, daß er dabei aus der Form und allmählich zu Grunde geht. Übrigens sieht man selbst bei dem Landvolk, wo doch die weibliche Arbeitskraft nach Möglichkeit ausgenutzt wird, nur selten, daß die Frauen zu gewissen Kraftleistungen, beispielsweise zum Pflügen, herangezogen werden, ebenso, daß unter den Akrobaten, Athleten etc. das weibliche Geschlecht nur in der Minderheit vertreten ist. Alle diese Tatsachen deuten auch darauf hin, daß das Weib mit einigen wenigen Ausnahmen vor allen Leistungen, die ein hohes Maß an Muskelkraft, Schnellkraft und Behendigkeit erfordern, zurückschreckt. Und Ausnahmen stoßen bekanntlich die Regel nicht um.

Wenn wir auf das geistige Gebiet übergehen, so klingt die Behauptung der Frauenrechtlerinnen, daß die Frau dasselbe zu leisten im Stande sei wie der Mann, immerhin plausibler, aber wohl hauptsächlich deshalb, weil das Gegenteil schwer zu beweisen ist. Es kommt ja schließlich heutzutage öfter vor, daß Frauen trotz mangelhafter Vorbildung irgendein Studium glänzend absolvieren, also auf einem oder dem anderen geistigen Gebiet dasselbe fertig bringen wie ein Mann. Aber, – es ist ein großes Aber dabei, das den Beweis zu nichte macht: das Leben kommt zu kurz dabei. Der Mann ist neben seinem Studium oder Beruf noch imstande, zu genießen, zu lieben, seine Funktion als Mann auszuüben. Das kann die Frau nicht. Sobald sie zum Beispiel Mutter wird, ist es aus mit dem Studium, oder legt ihr wenigstens die Mutterschaft starke Beschränkung auf. Die Frau, die mit dem Mann erfolgreich konkurrieren will, kann also wiederum nicht als auf gleicher Stufe mit ihm stehend betrachtet werden. Greift doch nur ins volle Menschenleben hinein, denkt Euch einen fetten, fröhlichen Chorstudenten, der Tag und Nacht im Wirtshaus sitzt, trinkt, liebt, paukt und es schließlich zum Arzt, Anwalt oder sonst irgendeinem Beruf bringt und daneben eine Studentin. Die Studentin trinkt nicht, liebt nicht, sie lebt nur in ihrer Arbeit und für ihre Arbeit, als Weib zählt sie nicht mehr mit. Der liebenswerte Typus der studierenden Geliebten, den Wolzogen in seiner Claire de Vries im »Dritten Geschlecht« schildert, begegnet uns im Leben fast nie. Wir lernen in der Praxis immer nur überarbeitete, nervöse Berufsfrauen kennen, die der Welt und ihrer Lust abhold sind, weil sie eben beides nicht miteinander vereinigen können. Es soll das nicht etwa eine Verhöhnung der arbeitenden Frauen, d. h. derjenigen, die wirklich arbeiten müssen, sein. Die Energie und die Selbstverleugnung, die manche von ihnen an den Tag legen, mag ja höchst anerkennenswert sein, aber ein erfreuliches Bild ist es nicht.

Dabei wird die Zulassung zum männlichen Studium und den Berufen mit einer Vehemenz verfochten, als ob der Menschheit bedeutend auf die Beine geholfen würde, wenn es weibliche Ärzte, Anwälte, Richter etc. gäbe. Besonders weibliche Ärzte, »weil das Schamgefühl mancher Frauen sie hindert, sich einem männlichen Arzt anzuvertrauen«. Warum sucht man nicht lieber den Frauen dieses falsche Schamgefühl abzugewöhnen, hinter dem doch nur Dummheit oder Lüsternheit steckt. Eine normal empfindende Frau schämt sich gewiß weit eher vor einem weiblichen Arzt.

Und weibliche Richter und Anwälte – ich glaube, der Gedanke vor einem Forum von sittenstrengen Geschlechtsgenossinnen abgeurteilt zu werden, möchte zahllose Sünderinnen zum Selbstmord oder Meineid treiben.

Das Argument, daß einer der genannten Berufe die Frau befähigen soll, sich eine günstigere pekuniäre Lage zu schaffen, steht ebenfalls auf tönernen Füßen. Die bloße Möglichkeit, nach absolviertem Studium einen solchen Beruf überhaupt zu erlangen, ist wenigstens in Deutschland eine seltene Ausnahme. Es würden also viele Frauen studieren und nur wenige ihren Beruf ausüben können, somit eine Summe von Geld, Zeit und Kraft verloren gehen, die anderweitig besser angewendet werden könnte. Daß eine Frau überhaupt aus Not zum Studium greift, kommt schwerlich vor, sie studiert eben lediglich aus Begeisterung oder um die Welt von ihren Fähigkeiten zu überzeugen.

Bisher jedenfalls ist ausschließlich von der gleichen geistigen Befähigung geredet, geschrieben, aber weiter nichts bewiesen worden, als daß eine verschwindend kleine Zahl von Frauen Gymnasien durchmachen, Examina ablegen und eventuell auch einen Beruf ausüben können. Voilà tout.

Weibliche Denker, Philosophen, Erfinder, kurz das »Weibgenie« auf geistigem Gebiet, ist uns noch nicht vorgeführt worden. Wenn man dies nur auszusprechen wagt, so wird unfehlbar Sonja Kowalewska zitiert. Gewiß, sie hat mehr gekonnt und mehr geleistet wie mancher begabte Mann, aber ihre Lebensgeschichte ist der beste Beweis für das vorhin Gesagte – wie sie selbst förmlich unter ihrer Begabung und Wissenschaft gelitten und sich nach ganz anderem Lebensinhalt gesehnt hat. Und überdies ist die Kowalewska eine Erscheinung, wie sie in Jahrhunderten vielleicht ein einziges Mal vorkommt, während es fast zu allen Zeiten genial begabte Männer gegeben hat. Und daß von diesen einer an dem Zwiespalt zwischen seiner eigentlichen Lebensanlage und seiner Wissenschaft zugrunde gegangen wäre, ist mir auch nicht bekannt.

In Kunst und Literatur ist es mit den weiblichen Leistungen vielleicht etwas besser gestellt. Künstlerisches Gefühl, Geschmack etc. ist immerhin etwas, was sich bei der Frau noch eher findet wie überwiegendes Denken. Und doch, – was ist denn bis jetzt auf künstlerischem Gebiet von Frauen geleistet worden? Hier und da ein gutes Portrait, eine fein empfundene Landschaft oder ein wirklich lebenswahrer Roman – aber wo ist etwas Hervorragendes, wovor man unwillkürlich stehen bleibt, was einen wirklich packt und bis ins Innerste hinein durchschauert? Wie zum Beispiel bei Klinger, Rups, Dostojewsky, Garborg, Hamsun? –

»Ja, aber Marie Baschkirtschew«, erwidert das Gros der Frauenrechtlerinnen. – Wieder nur eine, eine Ausnahme, ein Phänomen, vom dem man aber nicht weiß, was schließlich noch daraus geworden wäre: eine große Künstlerin, eine große Geliebte oder beides – oder keines von beiden.

Eine Frau, die in der Kunst etwas leisten will, sich berufen fühlt, darin etwas zu leisten, hängt mehr wie bei allen anderen Berufsarten davon ab, wie sie zum Leben steht. Wer das Leben nicht kennt, wer nicht Schuld und Schmerzen, wer nicht Verzweiflung und schwindendes Glück an sich selbst erfahren hat, wird nie und nimmer etwas schreiben oder bilden können, was in der Seele anderer die tiefen Schauer des Lebens auslöst. Wo das nicht der Fall ist, kann auch nicht von Kunst gesprochen werden.

Es gibt aber doch Frauen genug, die das Leben kennengelernt haben in allen seinen Höhen und Tiefen, wird man mir einwenden. Ja die gibt es, aber meist bleiben sie als gebrochene Existenzen am Wege liegen, wenn sie nicht wenigstens die Mittel besitzen, um auf die Gesellschaft zu pfeifen. Einmal, weil alle tief gehenden Erlebnisse die Frau, eben in Folge ihrer physischen Beschaffenheit, mehr mitnehmen wie den Mann. Und dann auch, weil jede Frau, die sich ausleben will, den Kampf gegen die erdrückende Übermacht, gegen die Gesellschaft aufnehmen muß. Eine Frau, die eine Vergangenheit und womöglich noch eine Gegenwart hat, ist vor der Gesellschaft gleich dem Manne, der im Zuchthaus gesessen hat.

Das einzige künstlerische Gebiet, wo die Frau wirklich Gleichwertiges mit dem Mann leistet, ist jedenfalls die Bühne – der eklatanteste Beweis, daß sie nur da etwas zu sein und zu leisten vermag, wo sie ihrem Geschlecht und ihrer aus demselben hervorgehenden Veranlagung keinen Zwang aufzuerlegen braucht. Und das ist von allen Künsten nur bei der dramatischen der Fall; das Material, mit dem sie hier zu arbeiten hat, ist sie selbst, ihr eigener Körper, ihre Stimme, ihre Bewegungen, und der Mann ist hier nicht der Konkurrent, mit dem sie ihre Kräfte messen soll, sondern wie im Leben der Partner, der Mitspielende. Und ferner, was von großer Bedeutung ist, die Schauspielerei ist keine eigentlich produktive Kunst. Es handelt sich nur um die Auffassung, das Sichhineinleben, Nachempfinden. Wir haben große Schauspielerinnen und große Tänzerinnen, aber keinen bedeutenden weiblichen Komponisten oder Dramatiker.

All das zeigt uns so deutlich, daß die Natur sich nicht dreinreden läßt. Und wo man ihr dennoch dreinredet, da rächt sie sich. Was kommt denn dabei heraus, wenn man es wirklich durch Gewohnheit und Training dahinbringt, daß es im nächsten Jahrhundert Frauen gibt, die ebenso schwere Lasten heben oder (pardon, messieurs!) ebenso viel Ballast im Gehirn herumschleppen wie mancher hochgelehrte Mann? Daß die Frau selbst nichts von ihrem Leben hat, daß die Gaben des Genusses, die die Natur in sie gelegt hat, ungenossen verkümmern, daß sie für den Mann allen Reiz verliert und die Welt immer langweiliger und geschlechtsloser wird?

Das eine ist ja richtig, und das mag jeder, der nicht die Gottesgabe besitzt, die Dinge so zu nehmen, wie sie nun einmal sind, als Ungerechtigkeit empfinden. Der Mann hat die Stellung, die ihm von Natur wegen zukommt, er ist überall der Herrschende, Angreifende, in allen Lebenslagen, in allen Berufen. Er hat sozusagen das Element, wenigstens das Element in dem er leben kann, und die Möglichkeit in dasselbe zu gelangen, ist gegeben. Er kann leichter zu seinem Recht als Mann und als Mensch kommen, wie die Frau zu ihrem Recht. Sie ist nicht zur Arbeit, nicht für die schweren Dinge der Welt geschaffen, sondern zur Leichtigkeit, zur Freude, zur Schönheit. – Ein Luxusobjekt in des Wortes schönster Bedeutung, ein beseeltes, lebendes, selbstempfindendes Luxusobjekt, das Schutz, Pflege und günstige Lebensbedingungen braucht, um ganz das sein zu können, das es eben sein kann. Für den harten Kampf mit dem Dasein sind wir nicht gemacht, das weiß auch jede Frau, die durch die Verhältnisse zu solchem Kampf gezwungen ist. Sie leidet darunter, weil sie fühlt, daß es gegen ihre Natur ist. Wenn wir die kurze Zeit des Lebens damit ausfüllen, Männer zu lieben, Kinder zu bauen und an allen erfreulichen Dingen der Welt teilzunehmen, und dafür, daß wir unsere Kraft und unseren Körper den Männern und Kindern geben, verdienen wir, daß man uns das Leben äußerlich so leicht gestaltet wie nur möglich. Wir sind dazu da, es gut zu haben und uns nicht beklagen zu müssen. Aber statt dessen sind tausende und abertausende von Frauen gezwungen, sich um das tägliche Brot zu schinden und abzurackern, sich Körper und Geist durch übermäßige Anstrengungen zu zerstören und auf ihren Reiz und ihre Funktion als Weib ganz oder teilweise zu verzichten. Darin liegt das Verkehrte, das Unmenschliche, die Grausamkeit gegen das Weib. Darüber sollte man sich entrüsten und wehklagen, wenn doch einmal wehgeklagt werden muß.

Vielleicht entsteht noch einmal eine Frauenbewegung in diesem Sinn, die das Weib als Geschlechtswesen befreit, es fordern lehrt, was es zu fordern berechtigt ist, volle geschlechtliche Freiheit, das ist, freie Verfügung über seinen Körper, die uns das Hetärentum wiederbringt. Bitte, keinen Entrüstungsschrei! Die Hetären des Altertums waren freie, hochgebildete und geachtete Frauen, denen niemand es übel nahm, wenn sie ihre Liebe und ihren Körper verschenkten, an wen sie wollten und so oft sie wollten und die gleichzeitig am geistigen Leben der Männer mit teilnahmen. Das Christentum hat statt dessen die Einehe und – die Prostitution geschaffen. Letztere ist ein Beweis dafür, daß die Ehe eine mangelhafte Einrichtung ist. In einem Teil der Frauen sucht man von Jugend auf durch die christlich moralische Erziehung das Geschlechtsempfinden abzutöten, oder man verweist sie auf die Ehe mit der Behauptung, daß die Frau überhaupt monogam veranlagt sei. Gleichzeitig richtet man die Prostitution ein, zwingt also den anderen Teil der Frauen, poligam zu sein, damit den Männern geholfen werde, für die wiederum die Ehe unausreichend ist. Der Geschlechtstrieb und seine Befriedigung überhaupt wird als notwendiges Übel hingestellt, dem so oder so abgeholfen oder der gesteuert werden muß. In der Ehe wird er zur Pflicht gestempelt, außerhalb derselben verpönt, oder seine Befriedigung in möglichst unästhetischen Formen, wie unsere heutige staatliche konzessionierte Prostitution, gebracht. So geht mir doch mit der Behauptung, die Frau sei monogam! – Weil ihr sie dazu bringt, ja! Weil ihr sie Pflicht und Entsagung lehrt, wo ihr sie Freude und Verlangen lehren solltet. Weil ihr kein Schönheitsgefühl im Leibe habt. Was ist denn ästhetischer und im wahren Sinne moralischer: wenn ihr euere blühenden Mädchen zu abgestorbenen Gespenstern macht und euere Söhne ins Bordell schickt, oder wenn ihr sie sich miteinander in der Schönheit ihres Lebens freuen laßt.

Gottseidank, unsere christliche Gesellschaftsmoral hat

sich mehr wie gründlich überlebt, die letzten Jahrzehnte, die moderne Bewegung, hat die junge Generation etwas von der mutigen Frohheit des Heidentums gelehrt. Wir haben angefangen, die alten Gesetzestafeln zu zerbrechen.

Warum sollte das moderne Heidentum uns nicht auch ein modernes Hetärentum bringen? Ich meine, den Frauen den Mut zur freien Liebe vor aller Welt wiederzugeben. In Frankreich ist man uns in dieser Beziehung, in der erotischen Kultur jedenfalls, weit voraus. Wir Deutschen müssen uns erst das schwere Blut, das kalte nordische Schuldbewußtsein und Verantwortungsgefühl abgewöhnen.

Und um wieder auf die Frauenbewegung zurückzukommen: sie ist ausgesprochen Feindin aller erotischen Kultur, weil sie die Weiber vermännlichen will. Sie will unseren blutarmen höheren Töchtern durch Gymnasium und Studium das bißchen Geschlecht noch völlig abgewöhnen, womöglich durch ihre idealen Forderungen à la Björnson's »Handschuh« auch die Männer zur Askese erziehen.

Es kann einem Angst und Bange werden, wenn man die »Extremisten« im geteilten Rock und gestärkter weißer Weste auf den Katheder steigen und »das Weib« reden hört. Sie meinen ja auch gar nicht das Weib, sie wollen ja gar nicht das Weib. Gott weiß, was sie überhaupt wollen. Es ist uns aus guter Quelle bekannt, daß hier in München im vorigen Jahre eine Versammlung von Viragines stattfand, wo unter anderem auch die Frage aufgeworfen wurde, ob die Männer überhaupt noch zum Geschlechtsgenuß zugelassen werden sollten. Mit knapper Stimmenmehrheit und einer einzigen Stimmenmajorität wurde die Frage »für dieses Mal noch« bejaht, wenn auch unter manchen Einschränkungen. – Mein Gott, es fällt uns ja nicht ein, die lesbische Liebe prinzipiell zu »verdammen«. Der Verdammungsstandpunkt ist für uns moderne Heiden überhaupt ein überwundner. Unter der anmutigen Form, wie sie uns Pierre Louys in seiner jungfräulichen »Aphrodite« schildert, sind wir gern bereit, sie als berechtigt anzuerkennen, als Bereicherung der Welt um ein graziöses Laster. Aber an den Viragines unserer Tage mit Herrenwesten und Lodenröcken irgendein ästhetisches Wohlgefallen zu finden – das ist zuviel verlangt.

Darwin erzählt uns, daß die englischen Schafzüchter sexuelle Zwischenformen aus ihrer Herde ausmerzen, weil sie weder schöne Wolle noch gute Hammelrücken liefern. Die Natur hat unter den Menschen bereits dasselbe getan, die neuesten Lehrbücher der pathologischen Anatomie behaupten, daß die Hermaphroditen am Aussterben sind.

Die Viragines, die bei uns die Männer abschaffen wollen, sind wohl zum größeren Teil nur hermaphroditische Geister, mit denen der gesund erotische Geist des neuen Heidentums, dessen Sieg wir vom nächsten Jahrhundert erhoffen, bald aufräumen wird.

Erziehung und Sittlichkeit*

Von uns »modernen« Menschen, die wir der jüngeren Generation angehören, haben viele – ich darf wohl ruhig sagen, die meisten – einen schweren Kampf kämpfen müssen, ehe sie sich von dem angestammten Milieu, von dem Einfluß einer sogenannten guten Erziehung und all ihren vorsintflutlichen Moralprinzipien und Anschauungen freimachen, um sich auf den Boden einer freieren Lebensauffassung zu stellen.

Es ist deshalb auch wohl mehr wie selbstverständlich, daß wir danach trachten, diese Errungenschaften des Kampfes unseren eigenen Kindern zukommen zu lassen.

Wir werden uns dabei unbedingt in einen schroffen Gegensatz zu der Erziehungsmethode stellen müssen, die in allen guten Familien üblich ist und deren Hauptcharakteristikum das Verschleiern und Vertuschen aller das Geschlechtsleben betreffenden Fragen ist.

Eben dieses Vertuschungssystem soll durch die lex Heinze nun auch der Allgemeinheit im öffentlichen Leben – soweit es sich innerhalb des Gebietes von Kunst und Wissenschaft bewegt – aufoktroyiert werden. Eines seiner Hauptmomente ist die Verpönung des Nackten in der Kunst.

Wir aber sehen im Nackten überhaupt – sowohl im Leben wie in der Kunst – nicht nur keine »Sünde«, sondern ein *positives* erzieherisches Moment von hoher Bedeutung. Denn wir wollen die heranwachsenden jungen See-

---

* Dieser Aufsatz, wahrscheinlich 1903 geschrieben, wurde erstmals in der Langen-Müller-Ausgabe, die diesem Taschenbuch zugrunde liegt, publiziert.

len nicht in dem lüsternen Schauder vor der Nacktheit erziehen, sondern zur gesunden Freude an allem Schönen, mag es nun Kunst oder Natur, nackt oder angezogen sein – zum gesunden Abscheu vor allem, was wirklich unschön ist.

Sie sollen jenes künstlich angezüchtete »Schamgefühl« gar nicht kennenlernen, das in jedem Wesen des anderen Geschlechts einen Gegenstand der verbotenen Neugier sieht und eben dadurch auch am eigenen Körper ein unheimlich lockendes Rätsel.

Vielleicht wäre das zu erreichen, indem man sich nicht mehr ängstlich vor dem Anblick der persönlichen oder bildlichen »Nudität« schützt und seine natürliche, naive Neugier durch eine seinem Verständnis angemessene Antwort zufrieden stellt, anstatt sie durch das obligate »Das verstehst du doch nicht« – oder »Davon spricht man nicht« – noch mehr zu reizen. Wir wollen ihm gerade seine Unbefangenheit bewahren, indem wir das Sexuelle so viel wie möglich aus den das Leben des Kindes bedingenden Elementen ausschalten. Dieser Zweck kann nur dadurch erreicht werden, daß das Geschlechtsbewußtsein, so lange es irgend angeht, zurück gedrängt wird. Und das Mittel, diesen Zweck zu erreichen, ist nicht etwa jenes Vertuschungssystem, das das Kind in ewigem Zweifel läßt und eben dadurch seine Neugier reizt – sondern eine gemeinsame Erziehung beider Geschlechter ohne alle überflüssige Geheimnistuerei und verbunden mit der Ausbildung eines rein ästhetischen Wohlgefallens an der Nacktheit.

Wir wollen deshalb in der Erziehung darauf hinwirken durch häufige Betrachtung des Nackten – sei es im Leben oder in künstlerischen Darstellungen, sei es am eigenen oder am Körper eines anderen –, daß die Wertung des Schönen immer stärker in den Vordergrund tritt. Und

eine solche Anschauungsweise wird das »Schnüffeln«
nach den Sexualcharakteren ganz von selbst aufheben. Es
wird uns auf diese Weise unendlich viel leichter fallen,
das Kind vor jeder verfrühten Schädigung seines Geschlechtslebens zu bewahren, es zu lehren, daß der Maß-
stab seiner Handlungen nicht sein »moralisches«, sondern ausschließlich sein ästhetisches Gefühl sein soll. Das
ist meiner Ansicht nach das beste Schamgefühl, was wir
in unseren Kindern entwickeln können.
Tritt dann später bei dem geschlechtsreifen jungen Menschen durch Betrachtung des Nackten eine sinnliche Reaktion ein, so brauchen wir dieselbe nicht zu fürchten.
Wir wollen die Auslösung des Geschlechtstriebes nur so
weit als möglich herausschieben – bis sie mit dem Eintritt
der völligen physiologischen Reife zur gebieterischen inneren Notwendigkeit wird. Mir speziell als Mutter würde
es weit sympathischer sein, wenn mein Sohn mit 18 Jahren ein ihm gleichstehendes junges Mädchen verführt, als
wenn er sich seine Unschuld bis in die Zwanzig hineinbe-
wahrt, um sie dann schließlich im Bordell zu verlieren. –
Wenn dann Knabe und Mädchen sich beim Erwachen als
Mann und Weib wiederfinden, so wird diese bestätigte
Erkenntnis des eigenen wie des anderen Geschlechts ihnen zu einer Offenbarung werden, aus der sie als neue
Menschen hervorgehen. Und dann werden sie auch den
Verlust der »Unschuld« nicht etwa als Niederlage sondern als Triumph, als frohen Sieg empfinden.
Zur Niederlage hat ihn überhaupt erst das Christentum
gemacht, das bei seinen altruistischen Tendenzen jede
Forderung, die aus jedem rein persönlichen Empfinden
hervorgeht, mit der unliebenswürdigen Bezeichnung
»Sünde« belegt. Aber das lebendige Recht, das jede nor-
male und erst recht jede starke Persönlichkeit in sich
trägt, läßt sich durch tote Abstraktionen und dogmati-

sche Formeln nicht aus der Welt schaffen, um so weniger, da all diese moralischen Forderungen von einer einzigen dazu noch mythisch–sündlosen Persönlichkeit – Christus – abgeleitet sind.

Das Christentum hat den Menschen in einen unlöslichen Konflikt zwischen seine eigene Natur und die ihm aufgezwungene Moral gestellt.

Da die Kirche einzig und allein durch diesen moralischen Zwang die Obermacht behaupten konnte, so schuf sie zum Beispiel einerseits als Vorbild das Zölibat, andererseits muß sie aber daneben die bekannte Pfarrersköchin dulden, von der der Volkswitz sagt: Der Teufel holt keine Pfarrersköchin, denn da die Vertreter der Kirche im letzten Grunde ja auch nur Menschen sind, so leiden sie ebensogut wie alle anderen unter den »Anfechtungen des Fleisches«. In der Kasuistik erfanden sich dann speziell die Jesuiten ein vorzügliches Mittel, das moralisch Verbotene sophistisch in ein moralisch Erlaubtes zu verdrehen und so die Befriedigung ihrer natürlichen menschlichen Sinnlichkeit zu ermöglichen – wie z. B. der Holländer Cornelius Adriansen oder der Pater Girard.

Bekannt genug ist ja fernerhin das Ausfragen in der Beichte, das mit Vorliebe an Kindern geübt wird, um ihnen den Begriff der Keuschheit klar zu machen.

Wir morallosen Nichtchristen sind gewiß die Letzten, die es jemand zum Vorwurf machen, wenn er tut, was er nicht lassen kann. Wir empören uns nur gegen die Heuchelei, die durch diese christliche Moral großgezüchtet wird und die jetzt durch die Lex Heinze noch mehr gesteigert werden soll – wir empören uns dagegen, daß diese Art von Leuten Jahrhunderte hindurch die Erzieher der Menschheit waren – daß sie jetzt uns und unsere Kinder lehren wollen, was Schamgefühl ist.

Aber die Lex Heinze ist schließlich nie eine vereinzelte

Äußerung, auf die wir, wenn sie uns wirklich aufgedrängt werden sollte, schon die rechte Antwort in Worten und Werken finden wollen. Wir machen vor allem Opposition gegen die ganze Anschauungsweise, die sich solche Eingriffe in das persönliche Leben und Empfinden erlaubt.

Und im Prinzip der Erziehung wird der Konflikt fortbestehen, so lange eben das Christentum besteht. Der erste, allererste Begriff, den die christliche Erziehung das Kind lehrt, ist »die Sünde«. Dadurch wird ihm von vornherein die Harmlosigkeit dem Leben gegenüber genommen und zugleich der lockende Reiz des Heimlichen, Verbotenen suggeriert. Es beginnt an sich selbst zu zweifeln, denn es erfährt, daß es mit eigener Macht die Sünde nicht überwinden kann, daß es gleichsam an einer unheilbaren Krankheit – der Erbsünde – leidet, also »sündig« ist, selbst wenn es gar nichts Schlimmes getan hat. Mit einem Wort, es sieht sich in lauter unlösliche Widersprüche verwickelt, besonders natürlich wieder da, wo der Religionsunterricht das sexuelle Gebiet streift.

Zum Beispiel: Das Kind lernt in der Religionsstunde »Du sollst deinen Vater und deine Mutter ehren« – und: »Gott selbst hat den Ehestand eingesetzt und geheiligt« – Und gleichzeitig muß es in der Kirche beten: »Ich armer sündiger Mensch, der ich *in Sünden empfangen* und *geboren* bin« –

Ist das etwa kein Widerspruch? Ich soll meine Eltern ehren und die Ehe ist etwas Heiliges – und doch müssen meine Eltern eine Sünde begehen, um mich in die Welt zu setzen. –

Wird das Kind dadurch nicht direkt angetrieben, in dem Zusammenleben seiner Eltern etwas Verbotenes zu sehen und darüber nachzugrübeln, worin hier Verbotenes besteht? –

Man erzählt ihm von Christi Geburt und Marias Schwangerschaft, während dieselben Vorgänge im gewöhnlichen Leben ängstlich verborgen oder mit albernen Storchengeschichten umgangen werden.

Es lernt in der biblischen Geschichte, daß Abraham, Jakob, Salomo, David etc. auserwählte Knechte Gottes waren. Dabei gibt man ihm unbedenklich die Bibel in die Hand, wo es lesen kann, daß Jakob ein äußerst mangelhaftes Verhältnis für die Begriffe: Mein und Dein hatte – daß Abraham im stillschweigenden Einverständnis mit dem lieben Gott sich »zu seiner Dienstmagd Hagar legte« – daß Salomo »700 Weiber zu Frauen hatte und 300 Kebsweiber«. Das sind nur ein paar aufs Gradewohl herausgezogene Beispiele, es ließen sich aber noch unzählige andere anführen, die, ohne gerade unzüchtig zu sein, doch das Schamgefühl gröblich verletzen können. Die Bibel ist so ziemlich die pikanteste Lektüre, die man einem heranwachsenden Kinde in die Hand geben kann. Und doch fällt es – meines Wissens wenigstens in den meisten protestantischen Familien – keinem Menschen ein, dieselbe wegzuschließen. –

Das Christentum gibt in seinem Dekalog fast ausschließlich Verbote, es stellt nur fest, was der Mensch nicht soll, nicht darf, ohne jede Rücksichtnahme auf die Wünsche und Bedürfnisse des Individuums. Niemals ist die Rede davon, was dasselbe darf, kann, mag, muß.

Der gleiche Widerspruch zieht sich auch durch unser ganzes Gesellschaftsleben, das ja immer noch auf christlichen Grundlagen beruht und ebenso durch das Staatsleben, in dem z. B. der Totschlag verboten, der Krieg aber erlaubt ist.

Und was kommt bei dieser negierenden Lebensauffassung heraus?

Das Christentum verspricht dem sich gläubig Unterwerfenden zur Belohnung imaginäre Güter in einem Jenseits, das noch »keines Menschen Auge geschaut hat«. Den Lebensinhalt des Christen bildet also im Grunde nur die Sehnsucht nach dem Tode.

Wir aber wollen unsere Kinder nicht in dieser hoffnungslosen Entsagungsödigkeit aufziehen, die man uns in unserer Kindheit gepredigt hat, – die manchen von uns um den schönsten Teil seiner Jugend gebracht hat. Dieses trostlose »Nein!« dem Leben gegenüber – das eben ist die Erbsünde von der wir sie erlösen wollen, zu einem frohen, selbstbewußten: »Ja«.

Und da sie nun doch einmal in Sünden empfangen und geboren sind, wollen wir sie auch den Mut zur Sündhaftigkeit lehren, – die wir lieber Lebensfreude nennen.

Briefe an Paul Schwabe

1896–1899

Mein lieber Paul*,

sei mir nur nicht böse, daß ich nicht schon längst mehr
schrieb, aber es hat mich diesmal arg niedergeworfen. Ich
muß ganz ruhig liegen, der Doktor verlangte Bett und
Krankenhaus, aber ich liege zu Hause auf meinem Diwan, den ich mir im Herbst angeschafft habe. Unter ein
paar Wochen werde ich wohl nicht davon kommen. So
schmählich sind alle meine Pläne vereitelt worden. Ich
hätte Dich so gerne gesehen. Dein Brief erfreute mich
sehr. Aber Du willst mir nun schon wieder was schicken,
wirklich Du verwöhnst mich gar zu sehr. Ich habe tagelang nichts anderes zu mir genommen wie Cognac und
habe jedesmal an Dich gedacht. – Deinen Verdacht, daß
ich mit Mukls oder Simpeln zu stark gefeiert hätte, muß
ich energisch zurückweisen. Ich war mit zwei ebenfalls
heimatlosen Malern und einem Schriftsteller am Weihnachtsabend zusammen, es traf sich zufällig, waren zudem Leute, die ich nicht einmal viel kenne.
Wir saßen im Ratskeller und sentimentelten und gingen
um 12 Uhr in die Christmette.
Mukl und ich begegnen uns nur auf freundschaftlichem
Fuß, er wohnt mit einem Freund zusammen in einer mit
allem Komfort der Neuzeit, Haushälterin mit einbegrif-
fen, eingerichteten Behausung und lädt mich zuweilen zu
Tisch ein. – Mit den Simpeln bin ich auf dem besten Wege
zu verkrachen.
Ich schicke Dir anbei mein Werk. Es wurde in Leipzig

---

* Paul Schwabe, geb. 1862, war in den neunziger Jahren in gehobener
Stellung in Frankfurt a. M. kaufmännisch tätig. Wann und unter welchen Umständen die Freundschaft zwischen ihm und F. R. begann, ist
nicht bekannt. Allem Anschein nach hat er nur eine lose Verbindung zu
dem Künstler-Freundeskreis von F. R. gehabt.

konfisziert, sofort von der Presse weg. Das hat eine Mordsreklame gemacht. Mit Langen ist die Sache so: Ich habe mir immer Vorschuß geben lassen, wenn ich etwas brachte. Neujahr ließ er mir durch »Korfiz Holm« schreiben, »Das Jüngste Gericht« gefiele ihm sehr, und er bäte um mehr solche Beiträge. Worauf ich ihm einfach meine »Rechnung« schickte, und ihm jetzt noch einmal einen ziemlich groben Tretbrief geschickt habe. Bisher hat er noch nicht reagiert.

So lieber Paul, meine Kräfte erlahmen wieder, ich bin so arg schwach, wie ich mich nicht erinnern kann, gewesen zu sein und viele innere Schmerzen. Mein Lebensmut geht sehr auf die Neige. Laß bald mal von Dir hören. Und leb wohl Du Lieber, sei vielmals gegrüßt von

Deiner Fanny

[Oktober 1896]

Mein lieber guter Paul,

habe soviel, vielen Dank für Deine Sendung. Ich war ganz gerührt, daß Du mich schon wieder beschenkst, und ich danke Dir von Herzen dafür, Du Guter, daß Du so an mich denkst.

Ich liege vollständig auf dem Rücken, kann mich kaum regen und rühren. Was eigentlich los ist, hat man noch nicht weg. Dr. v. Norden behandelt mich und ist rührend in seiner Fürsorge.

Was Du wohl zum Jüngsten Gericht gesagt hast? Ich habe Dr. Müller und Dr. Heiss eins davon geschickt. Ach lieber Paul, es ist ziemlich desperat, so dazuliegen und zu denken, daß man nie recht gesund sein wird, nie recht wird arbeiten können, und nie ein Heim um sich haben, das immer für all das verunglückte und zu Wasser gewordene Streben Ersatz gibt. Ich bin jetzt oft nahe daran, am Leben zu verzweifeln, aber dann auch wieder so apathisch, daß ich mir sage, jetzt kann nicht noch viel Schlimmeres kommen als was schon dagewesen ist.

Nun leb wohl mein Lieber, und hab noch einmal meinen Dank, daß Du so lieb meiner gedacht hast.

Tausend Dank und 1000 Grüße

Deine Fanny

[Januar 1897]

Mein lieber Paul,

sei mir nicht böse, daß es so lange gedauert hat, bis ich auf Deinen lieben guten Brief danke. Nun muß ich Dir ganz offen etwas mitteilen. Ich möchte nur, lieber Paul, in Dir kein unangenehmes Gefühl erregen und Dich auch nicht erschrecken. Also ich bin seit 3 Monaten in anderen Umständen. Die Ärzte haben es erst jetzt mit Sicherheit sagen können, ich war die ganze Zeit sehr krank und elend und jetzt ist die Lage ziemlich bedenklich. Es ist die Frage, ob es überhaupt so weit kommen wird, und ob ich es mit dem Leben überstehe.

Ich wäre so glücklich, wenn ich ein Kind hätte, und der Gedanke, vielleicht zu sterben, wird mir auch nicht schwer. Ich warte es also in Ruhe ab – übrigens war es nur eine flüchtige »Begegnung«, ich bin längst äußerlich und innerlich wieder allein.

Ich will heute nicht mehr schreiben, Paul, aber ich bitte Dich dringend, schreib mir bald ein Wort und denke gut an mich.

Deine Fanny

[Frühjahr 1897]

Lieber Paul,

und nun komme ich noch mit einer mich tief beschämenden Bitte. Ich bin augenblicklich so in Not, daß ich wirklich nicht aus und nicht ein weiß und möchte Dich fragen, ob Du mir 50 M leihen kannst – wenn Du es *gut* kannst, ich hoffe schon im nächsten Monat zurückzahlen zu können, und weiß mir nur für den Moment nicht zu helfen: es wird mir nur furchtbar schwer, Dir mit dieser Bitte zu kommen. Wenn ich gesünder wäre, könnte ich ja mehr arbeiten, aber es ist mir jetzt sehr schlecht gegangen. Mit meinem Hausherrn habe ich mich endgültig verkracht und muß entweder in 8 Tagen fortreisen (weiß aber noch nicht, ob ich die Kräfte habe) oder mir eine andere Bude suchen – und mein Aprilgeld habe ich schon zur Hälfte verbraucht. Im April hoffe ich auf allerhand Einnahmen, aber die nächsten 14 Tage ist nichts zu erwarten und – nichts mehr da, nur noch das Bett zu versetzen. Du wirst es begreifen, daß ich von meinem Mann nichts extra verlangen kann unter den jetzigen Umständen, wir hören fast gar nichts mehr voneinander, und er ist auch nicht in der Lage. Sei mir nicht böse, Paul, und sage ganz ruhig Nein, wenn es Dir nicht paßt.

Ich habe jetzt für Langen eine Probe von einem französischen Buch zu übersetzen, wenn ich es gut genug mache, wird er es mir geben, und das wird mich in die Lage setzen, es wieder auszugleichen, aber ich habe noch nicht dran können, weil ich zu elend war.

– Nun habe ich wieder nur von mir und meinen Sorgen geschrieben – aber ich kann heut nimmer und antworte nächstens mehr auf Deinen Brief. Bücher habe ich leider augenblicklich nicht, nur Knut Hamsun »Pan«, das schicke ich Dir – die anderen sind schon aus bitterer Not zum Antiquar gewandert à 50 Pf. Aber ich denke Langen nächstens einige abzunehmen.

Es ist schon $\frac{1}{2}$ 2 nachts, ich habe bis 1 Uhr an meiner Übersetzung gewurzelt und morgen 17 Seiten abzuschreiben, darum verzeih mir, wenn ich schleunigst Schluß mache.

– Lebe wohl lieber Paul und glaub mir, daß ich diesen
Notschrei nicht getan hätte, wenn es nicht ein wirklicher
wäre –

Sei 1000 mal gegrüßt von

Deiner Fanny

[Mai 1897]
München
Georgenstr. 27/I

Lieber Paul,

Du kannst Dir gewiß den Grund meines langen Schwei-
gens denken, ich habe mich so arg geschämt, daß ich
meine Schuld noch nicht habe abtragen können. Bist Du
mir auch nicht böse, lieber Paul, es erfolgt nun allernäch-
stens. Ich sitze den ganzen Tag an meiner Übersetzung,
war lange Zeit so elend, daß ich nichts tun konnte und
habe deshalb auch noch nichts bekommen können. Ich
bleibe nun doch in München, ich war draußen, aber bei
meinem bankrotten Zustand in jeder Beziehung war es
nicht durchzuführen, ich bin jetzt geschieden und
komme natürlich überall in eine schiefe Lage, da fühle ich
mich doch hier ruhiger. Man muß sich eben ein dickes
Fell gegen die böse Welt anschaffen, die Flut des Klat-
sches bricht natürlich unaufhaltsam herein, aber muß
ertragen werden. Vor drei Wochen fuhr ich fort, selig aus
München herauszusein, dachte, am Bodensee sehr billig
leben zu können und Ruhe zu haben. Mein Hausherr
hatte mich noch glücklich verklagt, hat aber, wie er hörte,
daß ich nach der Schweiz sei, die Klage zurückgezogen,
sonst hätte ich 68 M und die Kosten zahlen müssen. Aber
da draußen habe ich es, wie gesagt, einfach nicht ausge-
halten und bin nach der ersten Rechnung schleunigst
zurück, habe hier jetzt eine ideale Bude um 8 M gefunden, sitze wieder an meinem alten Tisch und arbeite, was

das Zeug halten will. Mir bleibt ja nicht viel Zeit mehr, noch 3 Monate. Siehst Du, zuweilen könnte ich ganz verzweifeln, aber wenn ich an das Kind denke, und mich damit tröste, ärger wie jetzt kann es ja nicht kommen, dann habe ich wieder Mut.

Und was machst Du denn? Wo fährst Du in der Welt herum? Und die Zukunft?

Nicht wahr, man fängt an, sich nach Ruhe und Heim zu sehnen, mit jedem Jahr, das man älter wird.

Ich schreibe Dir jetzt wohl immer Elegien, aber es wird schon wieder besser werden. Und nun leb wohl für heut und sei mir nicht böse. 1000 herzl. Grüße

Deine Fanny

München 19.5.97
Georgenstr. 27/I

Mein lieber Paul,

Gestern abend bekam ich Deinen lieben Brief, es war das einzige, was mich an diesem Tag erfreute, und heute morgen Deine Sendung. Wie lieb von Dir, daß Du an meinen Geburtstag gedacht hast, ich danke es Dir von Herzen, der Cognac erwärmt mich angenehm, und vor mir steht der kleine Vergißmeinnichtstrauß. Du bist so gut gegen mich und ich empfinde es doppelt, glaube mir, weil ich im Leben so wenig verwöhnt worden bin.

Sonderbar, an den Bibelspruch habe ich auch jetzt öfters gedacht, muß ihn aber noch richtig stellen: Die Füchse haben Gruben, und die Vögel unter dem Himmel haben Nester, aber des Menschen Sohn hat nicht, da er sein Haupt hinlege.

Ich schrieb Dir schon, daß ich am Bodensee war? und dort die Entbindung abwarten wollte, aber da draußen in der schönen Gegend und der Ruhe um mich her kam das Gefühl der Heimlosigkeit so über mich, daß es mich nahezu um den Verstand gebracht hat und ich nach 14 Tagen spornstreichs nach München zurück fuhr. Allerdings auch der Teuerung halber – ich lebe hier drei mal so billig wie auf dem Lande und die ideale Bude ist wirklich nicht so schlimm, besser wie das erste Atelier in der Heßstraße.

Jetzt hab ich noch 3 Monate vor mir, fühle mich momentan entsetzlich, kaum durch den Tag durchzukommen, infolge dessen ist meine Siegesfreude bedenklich herabgestimmt. Aber ich freue mich unsagbar auf mein Kind, man hat doch ein ganz neues Leben vor sich.

Die böse Welt ist allerdings schlimm hier, und wenn ich mich nicht so stolz fühlte auf meine Mutterschaft, so weiß ich nicht, wie man das Spießrutenlaufen ertragen sollte, obgleich ich relativ noch nicht sehr stark bin.

Im Juli werde ich mir eine kleine Wohnung mit mehreren Zimmern mieten, eigentlich sind die Anforderungen an meine Kräfte wirklich übermenschlich, Wohnungssuche, einrichten etc. und ich muß mir oft alle Mühe geben, den Mut nicht zu verlieren. Aber der Gedanke später in meinem eigenen »Heim« zu sein und im weißen Schlafrock mit meinem Baby auf dem Arm »durch die Gemächer zu schreiten«, richtet mich wieder auf. Diese Vorbedingung, nämlich der Schlafrock, ist schon vorhanden. Ich hatte noch einen sehr hübschen weißen Kleiderstoff, der 1 Jahr in meinem Koffer geschlummert hatte, und hab mir draus einen bauen lassen. – Übrigens in 14 Tagen, lieber Paul, trage ich meine Schuld mit der größten Bestimmtheit ab. Diesmal wird es nicht bei dem Versprechen bleiben, soll ich es dann direkt an Dich oder an die früher gegebene Adresse schicken? Daß es Dir auch in der Beziehung nicht gut geht, hat mir sehr leid getan – woher kommt das, Du hast doch noch die gleiche Stellung wie sonst? Meine Finanzlage wird in Zukunft sich etwas bessern, ich

schrieb Dir wohl im Herbst, daß mein ältester Bruder
mich hier aufsuchte und wir uns einander wieder genä-
hert haben. Neulich war er wieder hier, und ich hab ihm
alles gesagt, und er wird mir in Zukunft etwas helfen.
Wenigstens bin ich dadurch in der Lage, mich in eine
vernünftige Klinik legen zu können (Dr. »Ziegenspeck«)
ich werde bei meiner Narbe etc. jedenfalls länger liegen
müssen, vielleicht auch eine Operation an derselben
durchmachen, wenn sie sich zu sehr dehnt. Und diesmal
wird mich hoffentlich kein Staatsanwalt wieder vorzeitig
aus dem Krankenhaus treiben und um die Nachkur bringen. Gespenster!
Ich sehe jetzt fast keinen Menschen, arbeite an meiner
Übersetzung und nähe, esse bei meinen Hausleuten und
schlafe auf »Diwan dem Schrecklichen«, da ich mein Bett
vor meiner Abreise versetzt habe. Da es Sommer ist, geht
es ganz gut so.
Und nun leb für heute wohl, es ist spät und ich bin sehr
müde. Hab noch einmal meinen herzlichsten Dank für
Dein liebes Meiner Gedenken und sei 1000mal gegrüßt
von

                   Deiner Fanny
Zum Malen komme ich fast gar nicht mehr, sonst hätte
ich Dir längst etwas geschickt.

                          M. 15.6.97
Mein lieber Paul,
hab vielen Dank für Deinen lieben Brief, der mich sehr
erfreute. Du brauchst nicht zu fürchten, daß mir die
Tilgung meiner Schuld zu schwer geworden wäre. Ich
komme jetzt allmählich ganz gut mit meinen Finanzen
zurecht.
Du mußt verzeihen, wenn meine Schrift heute sehr
schlecht ausfällt – ich bin ganz lahm geschrieben. Langen

wollte schnell die Übersetzung haben und ich habe diese wirkliche Riesenarbeit jetzt glücklich heute beendigt. 350 Druckseiten, macht 500 geschrieben, erst übersetzen, dann korrigieren, schließlich ins Reine schreiben – die Abschrift habe ich jetzt in 10 Tagen gemacht, trotz verschiedentlich sehr schlechtem Befinden; es ist wirklich grausam, was das arme Kind schon alles für seine Zukunft mittun muß.

Jetzt habe ich wieder 280 Druckseiten zu übersetzen, die mir 150 M einbringen, aber in 14 Tagen fertig sein sollen, dann kommt der Umzug am 1. Juli, und dann noch einen Roman zu übersetzen. Wenn ich nur mit alledem noch fertig werde, es darf ja nicht vor der Zeit kommen, also Anfang August.

Du glaubst nicht, wie ich mich darauf freue, 3 Wochen im Krankenhaus zu liegen und mich nicht rühren zu brauchen. Ich kenne keine anderen Ruhezeiten in meinem Leben, wie wenn ich krank bin, und deshalb finde ich wirklich eine Art Genuß darin.

Du denkst, daß ich mich zur Kapitalistin aufgeschwungen habe, weil ich mir eine eigene Wohnung nehmen will? Dieselbe kostet nur 30 M, und ich hoffe sogar zum Frühjahr eine billigere zu bekommen. Es ist eigentlich auch etwas kühn und wird noch etwas problematisch, wie es gehen wird. Ich will nämlich auch ein Mädchen nehmen, habe sogar schon eins in Aussicht, das macht 10 M im Monat, wird aber andererseits auch sparsamer sein, da es für mich kochen und waschen wird und außerdem (es ist die Nichte von meinen früheren Hausmeisterleuten) hat sie mir versichert, daß sie sehr gut versteht zu hungern. Wir werden uns eben »redlich durchschlagen«. Bei Langen werde ich jetzt wahrscheinlich chronisch mit Übersetzungen beschäftigt werden und kann damit meine Schulden zahlen. Die Leute sind selig über Raten à

10 M, und bei diesem System kann man langsam aber sicher damit fertig werden. Diesen Monat hab ich außerdem endlich sogar 30 M an die hungrigsten Gläubiger gezahlt, und nächstens wird wieder Bett und Wäsche ausgelöst, was wieder 50 ausmacht.

Und schließlich, wenn ich ein Kind habe, kann ich unmöglich alles allein machen, a wegen meiner schwachen Kräfte – Gott weiß wie es damit stehen wird –, b weil ich arbeiten muß, um was zu verdienen.

Die Wohnung hat 3 Zimmer. Eins muß als Mädchenzimmer und zum Kochen dienen, eins als Arbeits-Wohnzimmer und das andere zum Schlafen und für das Kind. Ich freue mich so darauf, endlich eine Art Heim zu haben, ich bin diese Wirtschaft mit Spiritusmaschine so müde, ich kann gar nicht sagen wie sehr.

Überhaupt wird jetzt alles anders werden. Ich habe die feste Absicht, mit meiner »Vergangenheit« völlig zu brechen, – ich kann wohl sagen, ich habe schon damit gebrochen, – seit ich das Kind in mir fühle. Es ist mir beinah, als ob das mir das Leben gerettet hat, um es noch einmal neu anzufangen.

– Vor einiger Zeit war ich bei Dr. Heinss, der mir erzählte, bis jetzt wären 3 Kurgäste in Pullach. Sehr komisch wie er es mir zart zu verstehen gab, daß ich lieber nicht dorthin kommen soll, weil seine Frau für meine Sachlage nicht das rechte Verständnis haben würde.

Wie leid tut es mir, daß es Dir mit Deinen Nerven wieder schlecht geht, . . .ist vielleicht gar nicht so übel. Aber die Hauptsache wäre, die Ursache zu beseitigen. Kannst Du Dich nicht irgendwie etablieren, anstatt zu reisen? Ich fürchte, Du wirst Dich immer wieder damit kaputt machen.

Wo gehst Du denn diesen Sommer hin, wenn Du Urlaub hast. Ich glaube, in allen Kuranstalten wird man nur noch nervöser. Du solltest stattdessen Fußtouren machen oder so was.

Aber jetzt versagen meine Schreibkräfte allmählich. Leb also wohl für heute und laß wieder von Dir hören, vom 1. Juli ist meine Adresse Georgenstraße 29. 1000 Grüße

F.

M. 26.7.97

Mein lieber Paul,
habe wieder viel herzlichen Dank für Deinen Brief. Du hattest so lange nichts von Dir hören lassen.

Ja, wann wir uns wohl einmal sehen werden. Und es wäre so schön, ich denke oft, ich kann es gar nicht mehr aushalten, so gänzlich allein, nur einmal einen Menschen, der mich versteht und zu dem ich sprechen könnte. Und das Schreiben, was ist es dagegen, Du sagst es ja auch in Deinem heutigen Brief, daß man so vieles einander sagen möchte, was das Papier nicht verträgt.

Und jetzt ist mir oft das Herz so voll – es ist sonderbar und ich hätte das früher gewiß für Unsinn gehalten, wenn man es mir gesagt hätte. Aber ich fühle mich jetzt so gänzlich umgewandelt, als ob ich nun endlich die Lösung gefunden hätte zu mir selbst. Siehst Du, ich habe so arg unter mir selbst gelitten, unter meinem Leichtsinn und alledem. Und nun ist das alles einfach weg. Es liegt doch alles bei mir jetzt so unglücklich, wie nur möglich, daß ich allein bin, krank bin etc., und doch bin ich so glücklich wie noch nie. Es war das Beste, was mir geschehen konnte – das klingt schon beinah wie Laura Marholm.

– Aber es ist so, als ob das alles, was einem im Leben verkehrt gegangen ist, einen Ausgleich finden sollte. Ich habe nie Mutterliebe gehabt, ich habe alles andere verloren, und jetzt soll das Kind mir alles ersetzen. Und jetzt schon, wo noch alles so ungewiß ist, aber wo ich sein

Leben in mir von Woche zu Woche deutlicher fühle, da macht mich das schon ganz glücklich und hilft mir über alles hinweg, ich freue mich beinah auf all die Schmerzen, die noch zu überstehen sind –

Aber auch wieder empfindet man die Heimlosigkeit und all das doppelt. Die Füchse haben Gruben und die Vögel unter dem Himmel haben Nester, aber des Menschen Sohn hat nicht, da er sein Haupt hinlege.

Da muß man nun noch herumsuchen und irren, bis man den Platz gefunden hat, wo es zur Welt kommen darf. Mein Arzt will mich in Tübingen billig unterbringen und deshalb will ich erst an den Bodensee herunter gehen, um die 2 Monate mich der Welt zu entziehen und weil es von dort nicht so weit ist und schließlich weil es dort besseres Klima ist und billig.

M. 14.8.97

Mein lieber Paul,
hab vielen Dank für Deinen Brief und sei mir nicht böse über das, was ich Dir heute zu sagen habe.

Ich habe meinen Mann wiedergesehen, und ich habe wieder eine Hoffnung, daß wir doch noch wieder zusammen kommen, wenn auch vielleicht noch längere Zeit darüber vergehen wird. Und ich bin fest entschlossen, für diese Hoffnung allein zu leben in allem, und habe ihm gesagt, daß ich mit allem, was jemals in meiner Vergangenheit gewesen ist, jede Verbindung gelöst habe. Mißversteh mich nicht, Paul, ich habe nicht das Gefühl, als ob in unserem Verkehr etwas Unrechtes liegt. Du bist ja während dieses ganzen Jahres wie ein Bruder für mich gewesen, was sage ich, *mehr* wie ein Bruder. Und doch wirst Du es verstehen wenn auch das sein muß, wenn ich nicht mehr schreiben kann. Ich muß jetzt ihm gegenüber ein völlig freies Gewissen haben, dann kann noch einmal alles gut werden. Sei mir nicht böse, halte mich nicht für undankbar und kaltherzig. Ich werde an Dich niemals anders wie mit Wärme und Dankbarkeit denken – und wenn ich Dir gegenüber nicht so fühlte, wie ich es tu, dann würde ich Dir nicht so offen das sagen. Es wird mir ja so schwer, Dir zu sagen – schreibe mir nicht mehr. Aber ich rechne darauf, daß Du mich verstehst und mir nicht böse bist. – Vergiß mich nicht, ich werde auch nie vergessen, was Du mir gewesen bist.

Für mich fängt jetzt ein ganz anderes Leben an, aber ich fühle endlich die Kraft dazu. – Auch dazu, jedes Opfer zu bringen, was das von mir verlangt.

Und was soll ich weiter noch schreiben? Wenn mein Kind da ist, werde ich Dir noch einmal Nachricht geben, weil ich weiß, daß Du daran denken wirst, wie es mit mir geht. Es wird wohl bald sein – und ich schreib Dir deshalb jetzt noch vorher, da in dem Fall ich sehr krank werden sollte, Briefe in andere Hände geraten könnten. – Deshalb bitte ich Dich, schreib mir nicht mehr. – Und sei mir nicht böse. Hab Dank für Alles, was Du mir gewesen bist.

Deine Fanny

M. 20.9.97

Mein lieber Paul,
nun will ich Dir noch einmal schreiben und Dir vor allem Dank sagen für Deinen guten lieben Brief. Hab Dank, daß Du mich verstanden hast, es tut mir weh, von Dir Abschied zu nehmen – ich werde Dich nicht vergessen und es wird immer ein tiefes und warmes Gefühl sein, mit dem ich Deiner gedenke.

Nun ist mein kleiner Junge schon 3 Wochen auf der Welt. Ein schönes kräftiges Kind mit großen blauen Augen. Gott sei Dank, daß es so gesund ist, ich hatte immer

Angst, daß es schwächlich sein würde. Die Entbindung war sehr schwer, zwei Ärzte, Zangen, Narkose etc. Ohne die Ärzte hätte es mich wohl bald das Leben gekostet, das Kind war zu groß. Und dazu all meine alten Geschichten. Es drohte nachträglich noch Entzündung. Ich hatte die ganzen Tage Fieber und große Schmerzen. Aber nachher habe ich alles schnell überwunden und bin jetzt schon seit ein paar Tagen wieder auf und ganz mobil.

Der Kleine ist meine ganze Freude und doch bin ich sehr traurig gestimmt, wenn ich so an alles denke. Wie es nun wohl alles werden wird. Ich hoffe meinen Mann Weihnachten zu sehen, vielleicht wird sichs dann entscheiden. Deinen Wunsch, lieber Paul, werde ich nicht vergessen. So bald ich wieder arbeiten kann, sollst Du ein Andenken erhalten.

Und nun leb wohl

Deine Fanny

München, 18.5.98
Hohenzollernstraße 1 c Rg.

Mein lieber Paul,

hab Dank, daß Du meiner gedacht hast. Wirklich beim Anblick Deiner Karte sind mir Tränen in die Augen gekommen, es war der einzige Brief, den ich heute erhalten und was magst Du von mir denken, daß ich nicht ein einziges Mal an Dich geschrieben habe. Nach meinem letzten Brief an Dich konnte ich mich nicht dazu entschließen, obgleich der Grund, der mich damals dazu trieb, nicht mehr besteht. Und glaub mir, ich habe Deine treue Freundschaft oft entbehrt, und es ist mir eine große Freude, sie nicht verloren zu haben. Nun ist es bald ein Jahr, daß wir nichts mehr voneinander gehört haben. Wie mag es Dir seitdem ergangen sein, führst Du noch das unstete Reiseleben und was hast Du für Zukunftspläne?

Nun will ich Dir erst von mir erzählen – was ich damals hoffte, hat sich nicht erfüllt. Mein Mann hat allem ein Ende gemacht, nachdem das Kind geboren war. Wir hören nichts mehr voneinander. Ich habe damals geglaubt, diesen Schlag nicht überwinden zu können, nachdem ich meine ganze Seele an diese Hoffnung geklammert hatte. – Aber mein Kind hat mich gerettet, ich habe die Ruhe und das Glück wieder gefunden – ein großes unendliches Glück, wie ich es noch nie empfunden habe. Mein kleiner Rolf ist ein schönes gesundes Kind, und wenn er in seinem Bettchen sitzt und mich mit seinen großen Augen anschaut, dann wird mir alles leicht, und das Vergangene weicht immer mehr zurück. Aber es waren oft schwere Zeiten, lieber Paul, mit meiner Gesundheit habe ich nach wie vor zu kämpfen, über kurz oder lang muß ich wieder operiert werden, und oft ist es recht arg. Und dabei so viel Arbeit, daß ich kaum einen freien Moment finde. Wie er 8 Wochen alt war, habe ich mein Mädchen entlassen und seitdem mit einer Zugeherin gewirtschaftet, die vormittags kommt. Du kannst Dir denken, was es da alles zu tun gibt, und mein Hausstand ist nach aller Urteil tadellos in Ordnung. Du würdest Dich wundern, wie anders es jetzt ausschaut wie einst im Atelier. Ich habe eine sehr nette Wohnung mit 3 Zimmern und Küche und Garten (25 M!). Dabei furchtbar viele Übersetzungen, oft ist es Tag und Nacht durchgegangen. Es ist jetzt viel schwerer zu arbeiten, wenn man ein kleines Kind neben sich hat, das jeden Augenblick etwas braucht oder schreit, wenn man nachdenken muß.

Und dann will ich Dir etwas erzählen, was ich sonst ängstlich vor meinen Bekannten geheim halte, ich bilde mich jetzt zur Bühne aus. Es ist hier eine Theaterschule, und ich habe mich prüfen lassen und bin vorläufig für brauchbar erklärt worden. Bis zum Oktober bin ich »fertig«, und wenn ich dann Glück habe (natürlich ist alles noch »wenn«) kann ich mich doch besser durchbringen und für Rolfs Zukunft sorgen. Aber nun mach Dir einen Begriff, in was für einer Hetze ich lebe. Haushalt, Kind (das natürlich die erste Rolle spielt und vor nichts zurückstehen darf), Übersetzen – Rollen lernen, üben und dreimal in der Woche Unterricht. Es ist sehr weit weg, und nimmt einen ganzen Vormittag. Übrigens habe ich erst die zweite Stunde hinter mir. Aber zu meinem Trost hat mir der Direktor gesagt, er würde schon etwas aus mir machen können. Es wird mich die Ausbildung 3–400 M kosten, die ich diesen Sommer zu verdienen hoffe.

Ich habe den Winter über wahnsinnig gespart und habe jetzt zum erstenmal einen Monat vor mir, wo ich mehr wie 20 M für meinen eigenen Unterhalt anwenden kann. Ich bin so heruntergekommen, daß ich kein reguläres Mittagessen mehr vertragen konnte, aber jetzt füttere ich mich wieder rauf.

Ich will Dir aber nicht zu viel Schauergeschichten erzählen, es wird und muß jetzt vorwärts gehen.

Könntest Du jetzt einmal einen Blick zu mir herein tun, mein ganzer Schreibtisch liegt voll von Übersetzungen. Daneben steht der Kinderwagen, und der Bubi sitzt darin und klappert mit seinem Spielzeug. – Ich schicke Dir sein und mein Bild, das worauf er allein ist, schickst Du mir vielleicht zurück, da es das letzte ist, was ich besitze.

Für heute will ich schließen, ich muß die Wäsche aus dem Hof holen und den Kleinen zu Bett bringen.

Lieber Paul, laß mich bald wieder von Dir hören und hab auch vielen Dank.

Deine Fanny

Lieber guter Paul,
soeben kommt Deine höchst erfreuliche Sendung. Hab
herzlichen Dank für dieselbe wie für Deinen Brief – ich
weiß, Du liebst nicht, wenn man viel Worte macht. So
sage ich denn nur kurz ich habe mich sehr gefreut. Du
hast ein besonderes Talent, das ausfindig zu machen, was
meinem Herzen wohl gefällt.

Nein, lieber Paul, die 100 M habe ich nicht vergessen, sie
stehen schrecklich mahnend in meinem Haushaltsbuch
und in meinem Herzen angeschrieben – und wenn ich sie
unerwähnt ließ, so war es nur, weil sie mich schon so
drücken, daß ich gar keine Worte mehr dafür habe, und
es geradezu als eine Schamlosigkeit empfinde, daß ich
Dich trotzdem jetzt wieder um 50 M anpumpe. Voilà –
Nun ich denke in nächster Zeit so zu arbeiten, daß ich
allmählich wieder aus dem Dalles herauskomme. Don-
nerstag ist die entscheidende Untersuchung, wo die Ärzte
konfratieren werden, ob die Operation überhaupt versucht werden soll. Bete für mich.

Und nun leb wohl lieber Paul, ich schreibe demnächst
länger und schicke Dir Bücher.
Einstweilen mit herzlichem Dank und Gruß

Deine Fanny

Brief an Ludwig Klages

1913

Palma de Mallorca
Terreno
Calle Dos de Mayo 17
Espanã
[März1913]

Lieber Klages,
es sind Wochen vergangen, ehe ich endlich schreibe, und
dabei habe ich so oft Ihren Brief wieder gelesen und viel,
viel darüber nachgedacht.

Sie haben wohl recht, daß wir beide, wie wir damals
waren, tot sind. Aber dann ist auch alles andere, Irrtü-
mer, Mißverstehen und Verfehlen vielleicht mit tot und
untergegangen. – Aber warum ist die Sehnsucht lebendig
geblieben, in mir wenigstens ist sie nie eingeschlafen,
sondern immer stärker geworden, und denken Sie nicht,
Klages, daß ich es mit Erinnerung verwechsle und Ver-
gangenes wieder suchen wollte. Sie sollen deshalb auch
nicht, wie Sie sagten, mißtrauisch gegen Ihre eigenen
Empfindungen sein. Vielleicht sind wir wirklich jetzt
ganz jemand anderes, und doch ist es am Ende auch jetzt
eine Art Heimweh, die uns einander wieder begegnen
läßt.

Sie müssen mich nicht auslachen, aber ich bin wirklich
abergläubisch – ich wollte Ihnen damals nicht schreiben,
daß ich Sie treffen möchte, aber ich nahm es gewissermaßen als Zeichen, daß wir uns dann zufällig trafen. Dann
habe ich an Sie geschrieben, wir würden uns vielleicht
eher wieder begegnen, als man jetzt dächte – und nun hat
sich inzwischen wieder verschiedenes geändert, so daß
ich wahrscheinlich in einiger Zeit wieder nach München
komme.

Wenn ich heute recht dumm schreibe und nicht recht
sagen kann, was ich sagen möchte, so müssen Sie es
verstehen. Ich möchte Ihnen gewissermaßen etwas brin-

gen, aber ich weiß nicht recht, ob Sie es brauchen können. Sie sollen aber wenigstens wissen, daß es da ist.

Es ist ganz sonderbar, hier auf dieser Insel zu sitzen und an Sie zu schreiben – in Gedanken schreibe ich schon seit 4 Wochen, aber ich wollte erst eine gute, ruhige und klare Stimmung finden. Aber es war wieder einmal alles anders. Mir scheint doch allmählich, daß äußere Ruhe etwas ist, was es für mich nicht gibt, und man muß sich darin gewöhnen.

Eben will ich abschicken, da kommt Ihr Brief aus Ascona – Haben Sie Dank für Ihre Mühe – es ist mir wirklich ärgerlich, daß der alte Herr* Sie nun auch noch behelligt. Wollen Sie mir bitte umgehend seine Adresse mitteilen. Auf keinen Fall soll ihm der Name des Vaters mitgeteilt werden – aber ich werde ihm gleich selbst schreiben.

Und nun leben Sie für heute wohl, lieber Klages, und Sie wissen wohl, daß ich mich sehr über ein Wort von Ihnen freuen würde.

Ihre F. Reventlow

---

* Baron Alexander von Rechenberg-Linten, ehemals kaiserlich russischer Gesandter in Madrid, Schwiegervater von F. R. Es handelt sich um den Namen des Vaters des illegitimen Sohnes von F. R., dessen Vormund Klages war und den ihr Ehegatte adoptieren wollte.

Nachwort

Von Wolfdietrich Rasch

Am 3. Septenber 1905 notiert Franziska Reventlow, die sich damals am Bodensee aufhielt, in Bregenz das Folgende in ihrem Tagebuch: »In den Zirkus, komisch, ich habe doch jedes Mal das Gefühl, das wäre eigentlich mein Beruf und mein Leben gewesen, und zwar so stark, daß ich ganz von der Überzeugung durchdrungen bin. Ich hatte auch Talent gehabt, bis Gottes Hand mich traf.« Anscheinend hatte die Gräfin Beziehungen zu diesem Zirkus in Bregenz, den sie schon am 27. August besucht hatte. Dafür spricht eine Eintragung vom 4. September: »Vormittags Zirkusprobe und Zirkuswehmut«. Franziska Reventlow meint Talent für Zirkuskünste gehabt zu haben, vielleicht für eine Zirkusreiterin, wie sie Seurat in seinem letzten großen Bild darstellt oder später Kafka in seiner berühmten Prosa »Auf der Galerie« zeichnet? Mit dieser Annahme mag sich die Gräfin irren, wie sie sich mit ihrem Glauben an ein Talent zur Malerin oder zur Schauspielerin irrte, sie nahm eine Zeitlang Schauspielunterricht.

Doch wie es sich auch damit verhalten mag: es sagt viel über sie, daß sie »ganz von der Überzeugung durchdrungen« ist, der Zirkus sei ihr Beruf und ihr Leben gewesen. Es spricht hier die Heimatlose, die sich nach glücksarmer Kindheit von der quälenden Unterdrückung durch die den engen gesellschaftlichen Konventionen ihrer Zeit verhaftete Familie freigemacht, damit aber auch für immer entwurzelt hat. Sie erkennt im Zirkus die eigentliche Gegenwelt, die entschiedene Lebensform der Außenseiter, die Welt der »Fahrenden«, wie Rilke sagte. Aber das ganz subjektive Bekenntnis zur Zirkussphäre, der sich Franziska Reventlow zugehörig fühlte, stimmt überein mit einer weithin gültigen Zeiterfahrung, die in den Zirkusleuten Symbolfiguren des eigenen Daseins und Schicksals sieht. In jenen Jahren hat z. B. Picasso immer wieder Zirkusleute, Gaukler, Saltimbanques gemalt, ebenso wie etwa Rouault und viele andere Maler in Paris, die ständig den alten Zirkus Medrano auf Montmartre besuchten. Auch auf den Bildern der deutschen Maler trifft man die Artisten häufig, gleichnishafte Gestalten, in denen die Künstler und Dichter sich selbst begegnen. Man weiß auch, wie nahe etwa Frank Wedekind der Zirkuswelt stand.

So aber ist es sehr häufig: wenn Franziska Reventlow über sich selbst spricht, spricht sie zugleich von ihrer Zeit. Lebensgefühl, Denkweise, Erfahrungswelt der Jahrhundertwende werden faßbar, artikulieren sich in den Worten der Gräfin. Darum sind ihre Selbstaussagen so wichtig. Ihre autobiographischen Schriften und Zeugnisse sind gewiß zunächst höchst reizvoll als Bekundungen einer ungewöhnlichen Frau, als Selbstdarstellung einer faszinierenden weiblichen Persönlichkeit, deren Leben und Schicksal den Leser bewegt. Aber zugleich sind sie repräsentativ für ihre Epoche, haben den Wert bedeutender Zeitdokumente.

Zu den autobiographischen Schriften der Reventlow gehören im weiteren Sinne auch ihre Romane und viele ihrer Erzählungen. Denn wenngleich die Momente subjektiver Erfahrung hier objektiviert, in erzählerische Form transponiert und mit Phantasie durchsetzt sind, bleiben doch die Personen dieser Autorin, ihre Umwelt, die Menschen, die sie kannte, immer darin erkennbar. Aus den Tagebüchern und Briefen läßt sich das nachweisen.

In besonderem Maße aber ist Franziska Reventlows erster Roman, »Ellen Olestjerne«, (der aus rechtlichen Gründen in diese Taschenbuchausgabe nicht aufgenommen werden konnte, Anm. d. Red.) eine Selbstdarstellung. Er ist nichts anderes als ihre Jugendgeschichte, der Bericht über ihr

Leben von ihrer Kindheit im Husumer Schloß bis zu ihren ersten Münchner Jahren und der Geburt ihres Sohnes Rolf. Nur die Namen sind im Roman verändert, z. T. auch die Daten und Jahreszahlen.

Franziska Reventlow schildert ihre Lebensgeschichte im Rückblick: der Roman wurde 1900–1901 geschrieben, großenteils in Lenggries und Schäftlarn, 1902 überarbeitet, 1903 gedruckt. Ludwig Klages, der der Reventlow damals nahestand, gab ihr manche Hilfe und ging das Manuskript mit ihr durch.

Im vorliegenden Band ist den Erzählungen eine Nachlese von – im weiteren Sinne – autobiographischen Schriften angefügt. So zeichnet z. B. der Aufsatz über Theodor Storm, der mit Franziska Reventlows Eltern eng befreundet und ein häufiger Gast im Husumer Schloß war, das Bild des Dichters, wie es die Gräfin in ihrer Kindheit erlebt hat. Auch die beiden Beiträge zur zeitgenössischen Diskussion der Frauenfrage, die Oskar Panizza in seiner Schriftenreihe »Zürcher Diskussionen« veröffentlichte, sind nicht so sehr wegen ihres sachlichen Inhalts interessant wie als persönliche Äußerungen, die Franziska Reventlows eigene Erfahrungen und Denkweisen spiegeln. In dem Aufsatz »Viragines oder Hetären« hebt sie den *Unterschied* der Geschlechter hervor und wendet sich entschieden gegen jene modernen Tendenzen, die auf eine Vermännlichung der Frau ausgehen und ihr genau die gleiche Leistungsfähigkeit auf allen Gebieten zusprechen und abfordern wie den Männern. Franziska Reventlow verlangt unbedingte sexuelle Freiheit für die Frau. Aber für männliche Berufe und für den harten Lebenskampf scheint ihr die Frau nicht geschaffen. »Wir sind dazu da, es gut zu haben und uns nicht plagen zu müssen.« Der Aufsatz »Das Männerphantom der Frau« bringt, ebenso wie der in Zeitschriften zuvor nicht gedruckte Essay über »Erziehung und Sittlichkeit«, scharfe Angriffe auf das heuchlerische moralische »Vertuschungssystem«, unter dem die junge Reventlow arg gelitten hatte. Gleichzeitig wertet sie die Mutterschaft als höchste Bestimmung der Frau, ganz wie es ihrer eigenen Erlebnisweise entsprach.

Die literarischen Werke der Reventlow sind reizvoll und fesselnd, aber sie selbst, ihre innerlich freie, überlegene Person ist bedeutender als ihre Romane und Novellen, und darum sind die Tagebücher und Briefe und die weiteren autobiographischen Zeugnisse die wichtigsten Bestände ihrer schriftlichen Hinterlassenschaft.

Für die verschiedenartigen, auch Briefe einbeziehenden Beiträge dieses Bandes bildet der Lebensgang der Gräfin das zusammenhaltende Band. So ist es für die Orientierung des Lesers nötig, die biographischen Daten mitzuteilen. Franziska Gräfin Reventlow wurde 1871 als Tochter des Landrats Ludwig Graf Reventlow in Husum geboren. Sie war das zweitjüngste Kind, hatte fünf Geschwister. Ihrem drei Jahre jüngeren Bruder Karl stand sie besonders nahe. Ihre Kindheit und Jugend waren beschattet durch die übermäßige Strenge und Engherzigkeit der Eltern. Besonders die Mutter unterdrückte jede freiere Regung und eigenwillige Entfaltung Franziskas, die unter der lieblosen Kälte ihrer Mutter zu leiden hatte. Sie hat das in ihrem ersten Roman schonungslos mitgeteilt. Von früh bis spät fuhr die Mutter sie an, jeder Blick sagte: »Wozu bist du überhaupt auf der Welt?« In einem Brief an den Jugendfreund gesteht sie, »daß ich keine Mutter habe, nie gewußt, was Mutterliebe ist«.

Nicht minder hart und kleinlich war die Vorsteherin des »Freiadeligen Magdalenenstifts Altenburg«, eines Mädchenpensionats, in dem Franziska 1886 untergebracht wurde. Sie hat im Roman wie in einem ausführlichen, in diesem Bande erstmals gedruckten Bericht das Leben in dem Stift geschildert, wo harmlose Schulmädchenstreiche wie Verbrechen behandelt wurden. 1887 mußte sie das Stift verlassen.

1889 ließ sich ihre Familie in Lübeck nieder, Franziska durfte dort das Lehrerinnen-Seminar besuchen. Über die Lübecker Jahre geben ihre Briefe an den leidenschaftlich geliebten Jugendfreund Emanuel Fehling reiche Auskunft. Die Unterdrückung durch die Eltern dauerte fort und verschärfte sich durch Franziskas Weigerung, sich dem konventionellen Verhalten des unselbständigen »jungen Mädchens« anzupassen. Die moderne Literatur, die eine Gruppe junger Freunde heimlich im »Ibsenklub« las und diskutierte, vermittelte starke Impulse zu einer inneren Befreiung. 1892 mündig geworden, floh Franziska aus dem Elternhaus zu einer befreundeten Familie in Wandsbek. Dort bewarb sich der Assessor Lübke um sie und verlobte sich mit ihr. Großzügig und verständnisvoll erlaubte ihr der Verlobte, 1893 für ein Jahr nach München zu gehen, um Malerei zu studieren. Hier wurde sie schnell heimisch im Kreise der Schwabinger Bohème, geriet in den Wirbel der Feste und Liebesabenteuer, in dem sich ihr Verlangen nach einem Leben in völliger Freiheit erfüllte.

Im Mai 1894 heiratete sie in Hamburg den Assessor Lübke, aber nach einem Jahr bürgerlichen Ehelebens trieb ihr Freiheitsverlangen sie nach München zurück, wo sie 1895 ihr früheres Leben wieder aufnahm, bis im nächsten Jahr eine schwere Krankheit sie niederwarf. Nach einer Operation einigermaßen wiederhergestellt, von ständiger Finanznot bedrängt, erwarb sie ihren Unterhalt mühsam durch Übersetzungen für den Verlag Langen. 1897 bekam sie einen Sohn, dessen Vater sie niemals verriet; nur ein flüchtiges Abenteuer hatte sie mit ihm verbunden. Sie sah in der Mutterschaft, in der leidenschaftlichen Liebe zu ihrem Sohn Rolf eine wesentliche Erfüllung ihres weiblichen Daseins.

Ein bisher ungedruckter Brief an Paul Schwabe (vom 18. 8. 1897) läßt erkennen, mit welcher überraschenden Intensität Franziska Reventlow während ihrer Schwangerschaft auf eine neue Gemeinschaft mit ihrem in Hamburg verbliebenen Mann hoffte. »Ich bin fest entschlossen, für diese Hoffnung allein zu leben in allem und habe ihm gesagt, daß ich mit allem, was jemals in meiner Vergangenheit gewesen ist, jede Verbindung gelöst habe.« Der Gatte, der die Scheidung schon vorher hatte vollziehen lassen, wies die neue Annäherung schließlich zurück und trennte sich endgültig von Franziska. »Ich habe damals geglaubt«, so schrieb sie etwas später (18. 5. 1898), »diesen Schlag nicht überwinden zu können.«

Ein Bedürfnis, der ständigen finanziellen Misere zu entkommen, ein Verlangen nach Stabilität und Ordnung wurden fast übermächtig bei der Gräfin Reventlow, die durch die immer wieder aufkommende Krankheit in ihrer vitalen Kraft geschwächt war. Aber sie blieb zunächst gebunden an ihr mühsames Münchener Dasein mit vielen Liebhabern und einigen bedeutenden Freunden. In der Kunst der Malerei brachte sie es trotz immer neuer Versuche nicht weiter. Schließlich hatte sie genug von der unsicheren Münchener Existenz und zog 1910 nach Ascona, schloß dort im Mai 1911 eine rein formale Scheinehe mit dem trunksüchtigen, nahezu tauben baltischen Baron Rechenberg-Linten, um dessen Erbe zu sichern, das ihm nach dem Tode seines Vaters zufallen sollte. Doch die Gräfin hatte mit diesem als eine Groteske ablaufenden Versuch, ihre Existenz wirtschaftlich zu sichern, kein Glück. Als der Schwiegervater 1913 starb, hatte er den Sohn vorher enterbt, so daß sich die Erbschaft auf ein Pflichtteil reduzierte. Auch das war für die

Gräfin hilfreich, aber gerade als die Summe an den »Credito Ticinese« überwiesen war, machte diese Bank bankerott. Franziska Reventlow nahm den Verlust gelassen hin. Sie blieb auch während der Kriegsjahre in Ascona und Umgebung und schrieb in ihren letzten Jahren drei Romane und einige Erzählungen. Sie lebte jetzt in einer resignierten Ruhe, mit wenigen Freunden. Über ihre Freundschaft mit dem Rechtsanwalt Mario Raspini-Orelli in Locarno schrieb sie (Herbst 1916) an Friedrich Kitzinger: »Und das hiesige Idyll besteht immer noch – man wird alt und beständig.« Zwei Jahre später, am 27. Juli 1918, erlag sie der Krankheit, die ihr schon so lange zu schaffen machte.

Das ist der Lebensgang einer ungewöhnlichen Frau, deren Dasein sich zwischen Lebensrausch und Verzweiflung bewegte. Ellen Olestjerne, ihr anderes Selbst, ließ sie in ihr Tagebuch schreiben: »Aber immer noch könnte ich für einen Moment der Freude meine ewige Seligkeit verkaufen. – Ich könnte es nicht nur, ich tue es.« Aber völlig bejaht hat Franziska Reventlow diese extreme Haltung doch nur in den ersten Münchner Jahren, als ihre Lebenslust ungebrochen aus der Fülle ihrer Natur hervorging. Wenig später, nach ihrer Krankheit, wird diese ganz auf den Augenblick gestellte Existenz mehr und mehr Flucht, Betäubung, Kompensation für bitter Entbehrtes, wird Wiederholung, die vom Leerlauf bedroht ist. Was die junge Franziska Reventlow bei ihrem Ausbruch aus der Familie erreichen wollte, das war: sich selbst als eigenständiges Wesen zu finden und zu behaupten. Ellen Olestjerne bekennt sich zu den Versen aus Ibsens »Peer Gynt«: »Das Eine darfst du nie verschenken, – dein Selbst, dein Ich, den heilgen Dom – du darfst's nicht binden – nicht es lenken – nicht hemmen seines Lebens Strom . . .«

Als Franziska Reventlow ihren Lebensroman schrieb, wußte sie, daß dieses Selbstwerden einen sehr hohen Preis kostet in einer Zeit, in der die Gesellschaft den Frauen diesen Weg verwehrt oder doch sehr erschwert. Die von ihrer Krankheit deprimierte Ellen gibt sich Rechenschaft: »Was hatte sie nicht schon alles hingegeben in dem unbändigen Drang nach ihrem innersten Selbst, das so viel zum Opfer wollte – Heimat, Geschwister, selbst den Bruder, den sie so sehr liebte, . . . den Mann, dem ihre erste große Leidenschaft gehörte – sein Kind – Reinhard – alles . . .« Franziska Reventlow, die zu allen Opfern bereit war, gelang es, sich selbst zu finden, so wie sie es gewollt hatte, aber das warf sie, trotz aller Freunde, in eine solche Einsamkeit, daß ihr manchmal in schmerzhaft wachen Augenblicken die Wirklichkeit dieses Selbst verloren ging: »Ich glaube überhaupt, lieber Freund«, so schrieb sie 1901 an Klages, »daß ich oft nicht weit davon bin, verrückt zu werden, z. B. in solchen Momenten, wo man vor dem Spiegel steht und vergebens sucht, sich klarzumachen, daß ich das bin. Und dann ist man auch wirklich nicht da und fühlt, daß nur ein absolutes Nichts da ist.«

Dokumente

Die Herausgeberin dankt dem Leiter des Klages Archivs (Deutsches Nationalmuseum – Deutsches Literaturarchiv) in Marbach, Herrn Hans Eggert Schröder, den Herren Richard Lemp und Ludwig Hollweck von der Monacensia und der Handschriftensammlung der Stadtbibliothek München sowie Herrn Dr. Ernst Theo Rohnert, München, Frau Annegret Marcussen, Husum, und Frau Beatrice del Bondio-Reventlow für Material, wertvolle Informationen und Hinweise.

Else Reventlow

»Mit gewichtiger Festigkeit, mit gleichmütiger Sicherheit treten Sie auf.

Alle Schnörkeleien, alle kleinliche Eitelkeit verachten Sie; gleichmütig gehen Sie Ihren Weg, oft kommt es dabei vor, daß Sie die zarte Rücksicht für andere dabei aus dem Auge verlieren und dadurch, unabsichtlich, verletzen. Ihrem Denken und Tun legen Sie etwas zu viel Wichtigkeit bei, Sie sammeln und forschen auf *einem* Gebiet. Sie gehören nicht zu jenen Schablonen-Salondamen, die in Gedanken an Toilette und Geselligkeit ihr Genüge finden, aber auf idealem Gebiet liegt Ihr Feld nicht, Sie neigen mehr zum Realismus, und Materialismus könnte zur Klippe werden, wenn nicht manche, freilich wohl durch anderes unterdrückte Seite Ihres Wesens ein Gleichgewicht hielte. Ihr Wille ist fest, oft etwas kampfbereit.«

CENSUR

für *Fanny von Reventlow*

Unterrichtsgegenstand	Fleiss	Fortschritte	Unterrichtsgegenstand	Fleiss	Fortschritte
Religionslehre	2		Geographie	1	2
Bibl. Geschichte	2		Rechnen	1	2
Deutsche Sprache	2		Musik		
Deutsche Literatur	2		Gesang	2	5
Weltgeschichte	1	2	Zeichnen	2	
Französ. Sprache	2		Schönschreiben		
Englische Sprache	2		Handarbeit	3	
Naturgeschichte	1	2			

Betragen: *IV.*

Besondere Bemerkung: *Sie ist zerstreut und vergeßlich.*

Die **Pröbstin** des freiadeligen Magdalenenstiftes

Gräfin Zedlitz Trützschler

Anmerkung. 1 = sehr gut.   2 = gut.
3 = ziemlich gut.   4 = leidlich.
5 = ungenügend.

Herbst- und Osterzeugnisse Altenburg 1886/87

Ostern 188*7* Classe *I*

CENSUR

für *Fanny zu Reventlow*

Unterrichtsgegenstand	Fleiss	Fortschritte	Unterrichtsgegenstand	Fleiss	Fortschritte
Religionslehre	2	.	Geographie	3	2
Bibl. Geschichte	.	.	Rechnen	.	1
Deutsche Sprache	3	2	Musik	.	-
Deutsche Literatur	.	2	Gesang	.	5
Weltgeschichte	.	2	Zeichnen	.	-
Franzöz. Sprache	.	3	Schönschreiben	.	-
Englische Sprache	4	5			
Naturgeschichte	2	3	Handarbeit	.	-

Betragen: *V*

Besondere Bemerkung: *Durch Mangel an Pflichttreue und Gewissenhaftigkeit war sie ein nach theiliges Beispiel für Andere.*

Die **Pröbstin** des freiadeligen Magdalenenstiftes

[Unterschrift]

Anmerkung. 1 = sehr gut. 2 = gut.
3 = ziemlich gut. 4 = leidlich.
5 = ungenügend.

Im Herbst dieses Jahres erscheint zunächst für Subskribenten
das Buch

ELLEN OLESTJERNE

Eine Lebensgeschichte

von

F. GRÄFIN ZU REVENTLOW.

———

Zur Einzeichnung — Preis des Subskriptionsexemplars 5 Mk.
— laden ein

Helene Böhlau, München	*·Frank Wedekind, München*
Maximilian Harden, Berlin	*Hans H. Busse, München*
Dr. Karl Wolfskehl, München	*Rainer Maria Rilke, Paris*
Dr. Ludwig Klages, München	*Anna Croissant-Rust*

Otto Falkenberg, München.

*Subskriptionsanzeige für die Erstausgabe der »Ellen
Olestjerne« im Marchlewski-Verlag*